◆财经商贸

Chuangye Jingying

创业经营

黄雄伟 ◎ 主 编

重庆大学出版社

图书在版编目（CIP）数据

创业经营／黄雄伟主编. ――重庆：重庆大学出版
社，2018.4（2021.2 重印）
ISBN 978-7-5689-1004-0

Ⅰ . ①创… Ⅱ . ①黄… Ⅲ . ①企业管理—研究—中国
Ⅳ . ①F279.23

中国版本图书馆 CIP 数据核字（2018）第 025913 号

财经商贸类专业创业知识教材

创业经营

黄雄伟 主编

策划编辑:杨　漫

责任编辑:李桂英　何俊峰　　版式设计:杨　漫
责任校对:张红梅　　　　　　　责任印制:赵　晟

*

重庆大学出版社出版发行

出版人:饶帮华

社址:重庆市沙坪坝区大学城西路 21 号

邮编:401331

电话:(023) 88617190　88617185(中小学)

传真:(023) 88617186　88617166

网址:http://www.cqup.com.cn

邮箱:fxk@ cqup.com.cn（营销中心）

全国新华书店经销

POD:重庆新生代彩印技术有限公司

*

开本:787mm×1092mm　1/16　印张:12.25　字数:283 千

2018 年 4 月第 1 版　　2021 年 2 月第 2 次印刷

ISBN 978-7-5689-1004-0　定价:35.00 元

前言 | PREFACE

创业是当今社会发展的大趋势,不仅能实现创业者的个人价值,还能为社会提供更多的就业岗位,创业创新可推动社会经济持续、健康地发展。

我国是一个人口大国,具有13亿多人口、9亿多劳动力,一方面,由于我国经济体量大,就业问题单依靠发展大中型企业是难以根本解决的。另一方面,我国人口多,现实和潜在的市场需求也很大,随着经济的快速发展,创业的商机也越来越多。需求的多样性和多层次性,客观上需要更多的小企业、微型企业来满足市场的需求。国家鼓励有创业愿望、创业条件、创业风险承担能力的人加入创业的行列,并为创业者提供政策支持,推动以创新为核心的创业教育,弘扬"敢为人先、追求创新"的创业精神,不断拓展大众创业、万众创新的空间,汇聚经济社会发展新动能,形成小企业"铺天盖地"、大企业"顶天立地"的发展格局,促进我国经济保持中高速增长,迈向中高端水平的持续发展。

然而,创业不是凭一腔热情就能成功的。创业的过程是艰辛的,而且会遇到很多意想不到的挫折和阻碍,甚至会承受多次失败的考验,只有百折不挠、执着追求,才能达到目标。因此,创业者要想预测风险、控制风险,还需学习创业过程中要用到的经济专业知识、法律知识、社会实践操作经验等。本书介绍了创业中需要了解的一些基础知识,是一本帮助创业者学习的指导书。

本书共11章,分别阐述了创业者创业应具备的基本条件和素质,企业经营的基本原理,创办企业的一般步骤,企业的注册,创业企业的税务知识,创办企业的人员组织管理,创办企业的市场评估分析,创办企业的财务预测分析,创业企业的定价,创业企业的盈亏分析,创业企业的市场营销,连锁加盟经营,创业项目的选择等基本理论,同时介绍了创业者的一些创业经营案例,并进行原理与实用相结合的分析,以增强指导性。

本书经过广东省韶关市中职学校五年的创业教育实验教学,并在此基础上不断修改补充,可用作职业学校在校生学习创业知识的教材,也可用作社会创业培训的教材,同时也可作为社会创业人士学习创业知识的指导书。

本书在编写过程中参阅借鉴了不少文献、论著,在此向原著者表示衷心感谢!

由于编者水平有限,加之时间较为仓促,书中难免会有许多不足之处,敬请读者批评指正,以便日后修改和完善。

编　者　贵雄伟

2017 年 9 月 30 日

目 录 | CONTENTS

第一章　创办企业概述

　　创业确实可以改变人生,改变生存方式,改变家庭生活。创业一旦成功,创业者将拥有属于自己的企业及产业,自己的一片天地,将依靠经营获取经济收益,创业者会收获事业上的成功与精神上的满足。

　　但是,创业是有风险的,既有可能成功,也有可能失败。做任何事情都需承担一定的风险,风险有不确定性。创业属于敢于冒险、甘愿承担风险、勇于去行动的人,创业也不是盲闯、蛮干。创业是一种经营行为,因此创业者需要懂得经营管理之道,了解自己,了解企业,了解市场。

　　本章向你介绍创办企业须了解的几个基本问题、企业经营的基本原理、创业者须具备的基本条件和素质。

第一节　创办企业的基本概念

案　例:

　　创业者江伟,韶关供销学校财会专业毕业,曾任韶关市外贸土产进出口公司、韶关啤酒厂的会计、TCL 集团韶关分公司财务主管。他看到了净水市场的商机,2005 年辞职创业创办了"泉来净水设备公司",取得泉来净水设备在韶关市销售的代理经销权,启动资金为 5 万元。经过 5 年的辛苦经营,企业年销售额达 500 多万元,个人净资产达到 600 万元,是启动投入资金 5 万元的 120 倍,5 年的创业投资收益超过了 30 年打工的工薪收入。目前,企业正规划以连锁加盟的形式不断扩大发展。

　　农民创业者黄小平,连州市大路边镇油田村人,初中文化,10 年前在该村创办了砖厂,启动资金 10 万元。经过 10 年的经营,净资产达到 800 多万元,聘用近 100 名村民为企业的专职工人,企业每年用工的工资总额支出达 300 多万元,解决了本村不便外出打工的农民在家就业的问题,做到家庭种植与打工兼顾,是农村经济发展的典型模式。黄小平的企业还经常捐资村的福利建设事业,热心教育捐资,照顾孤寡老人,很受村民的拥护和尊敬。

　　创业者黄丽芳夫妻俩,卫校中专毕业,由于进入医院就业艰难,便放弃就业,毅然选择了艰辛的创业之路,在连州市大路边镇开起了药店,启动资金 2 万元。经过 6 年的辛勤经营,有了自己的一间药店,并在连州市下辖县城拥有了自己的一套商品房,购买了两间商铺和一辆小轿车,这也许是他们打工一辈子都不能圆的梦想,终于提前实现了。

一、创办企业的几个基本问题

1.什么是创业

简单地说,创业就是创办企业。郁义鸿等学者认为,"创业是一个发现和捕捉机会并由此创造出新颖产品或服务和实现其潜在价值的复杂过程"。

从创业者的角度而言,创业是创业者在创业热情冲动的动机支配下,发现机会,实现其经营活动,也就是创业者具体去创办企业、经营企业的一系列过程。

从创业的主体人员看,创业的人员类别有失业者创业、退休者创业、大学生创业、辞职者创业、兼职者创业、农民创业等;从创业的项目内容来看,创业有开实体店创业、网店创业、项目创业、创办企业型创业;从创业的行业来看,有传统型企业创业、科技技能型创业、服务型创业、文化创意型创业等。

随着我国经济持续增长和创业者风险承受能力的提高,国家鼓励创新创业,选择创业的人数越来越多,无论城市、乡村,创业的热潮在我国各地一波又一波地兴起,推进大众创业、万众创新,形成社会经济发展的新动力源泉。

2.创业企业

本书的创业企业是指由创业者新创办的企业,也就是企业的早期发展或指小型企业的创办过程,企业的成长阶段,包括创办的小微企业、店铺、当铺、项目承包经营、产品代理经销、特许连锁店、网店经营等。

3.创业者与投资者

创业者是指创办企业的初始人,是企业最初的创办人、经营者,是企业整个经营过程的守护者,投资者是企业的出资人。创业者一般既是经营者又是投资人;投资者可能是经营者,也可能不参与企业的经营,只是企业的所有人之一。

4.为什么要创业

创业与就业的区别:就业是岗位工作,是受雇关系,是企业给你一个岗位工作;创业是自己创办企业,不但解决自己的工作岗位,还为别人创造就业岗位。通过创业满足社会的需求,创业带动就业,国家鼓励能人创业,民众要充分就业。

我国人口众多,经济体量大,单依靠大中型企业并不能完全解决就业,而大中型企业也需要许许多多的小型企业为之服务,人们的社会需求是多种多样、多层次的,客观上需要更多的小企业为之服务。随着我国经济的迅速发展,市场更开放、更成熟,国家对创业的鼓励和扶持,也需要更多有创业愿望、创业热情和创业条件的人加入创业行列。

5.什么是企业

企业就是以赢利为目的的从事商品生产经营和交换活动的经济组织。企业是一个人或一个群体,以赢利为目的而进行的商品生产和交换活动的经营组织。企业是由人、财、物、产、供、销、管理要素为主构成,是人们赢利的工具。要实现自己创业的梦想,就需要创办自己的企业,拥有企业,才会拥有你飞腾的事业。

企业具有以下6个特征:

①企业是独立自主、自负盈亏的经济组织；

②企业有自己的名称、章程、管理制度；

③企业要有一定的经营场所、经营条件、设施；

④企业有一定的人员组织；

⑤企业有一定的资金；

⑥企业有健全的财务组织。

6.企业是如何经营赢利的

企业经营是企业通过投入资金，购买设备，聘请工人生产经营，费用开支，生产出市场需要的产品，在市场上销售产品服务，回收资金。如果企业的收入资金大于当期经营支出的资金，那么这个企业就赢利了。

用公式表示：

$$企业利润＝企业收入－企业支出$$

如果你拥有一个企业，企业所有的收入归你的企业，当然企业所有的支出也需要你的企业承担。企业的净收入越大，你的财产就会越多，就越能实现你的梦想，创业可以改变你的人生。

二、创办企业的一般步骤

创业者创办企业需经过创业筹备、企业开业、企业经营 3 个阶段，一般包括以下几个步骤：

①创业者的创业前期准备包括寻找、发现市场商机，筛选投资项目，分析判断项目的可行性，创业启动资金的筹集；

②决定创办企业，注册登记，办理相关法律手续；

③企业的开业经营活动；

④企业经营的业绩评估分析；

⑤企业经营技术的创新；

⑥企业的规划发展。

第二节　创办企业必须具备的基本条件

一、创业者应具备的条件

想创业首先要分析自己的实际情况，判断自己是否适合创业，是否具备创业的素质、条件，是否具有创业的热情。创业确实可以改变自己的人生和生存方式，改变家庭生活，改变身份，提高地位。创业一旦成功，创业者将拥有属于自己的企业及产业，积累财富，拥有自己的一片天地，将拥有依靠经营获取的经济收益，会有事业成功的满足感，但是创业者必须具备一定的条件。

1.要有经营头脑和眼光

在市场经济决定一切的时代,这就要求创业者要有审时度势的头脑与眼光,能在市场中发现商机。有赚钱机会时,有头脑和眼光的人能及时付诸行动,从不眼高手低。创业机遇掌握在敢于行动的人手里。

2.要具有敢于冒险的精神

投资是有风险的,并不是所有的投资都能赢利,也可能亏损,甚至血本无归。做任何事情都会有风险,财富不会从天而降。只有那些为了追求财富而敢于冒险的勇敢者,才能把握机遇,获取财富。有风险才会有丰厚的利润回报,创业是属于勇敢者的"游戏"。

3.要具有相关的经济、商业经营知识

一般来说,创业者创业需学习、懂得以下几个方面的知识:

①了解开办企业的相关法规知识,如如何登记注册、办理税务登记、资本金验资、应交哪些税费、如何计税、发票领用及使用等;

②营销知识:市场预测、市场调查、消费心理、产品定价、产品促销等;

③资金及财务知识;

④劳动用工和社会保障知识;

⑤公关及交际礼仪等。

上述知识的获取,除在学校学习外,还可以在社会实践中通过专业培训、就业指导咨询、自学或向别人请教等多种方式获得,也可以边干边学,带着问题学习、实践,学以致用。

4.善于沟通,积累人际人脉关系

常人都知道,成熟的人际关系网络可以积聚更多的财富,留住客户、扩大销售,是许多创业者想要达到的目标。人与人是先认识,进而相知,最后才能建立稳固的合作关系。创业者要有沟通交际能力,才会有解决问题的能力。

5.创业要有一定的启动资金

如果企业没有资金,再好的项目、计划也是空想。创业者首先应具有一笔启动资金,企业才有可能开业。一般来说,启动资金越充足越好,因为企业经营启动可能会遇到意想不到的情况,随时可能出现资金周转困难。然而,创业者在创业阶段能筹集到的资金往往是有限的,这就要求创业者更要学会对资金需求的测算,既不造成浪费,又要能保证企业周转的需要。

6.要赢得家人和朋友的支持

创业者在创业过程中,取得家人和朋友的支持非常重要。就业找工作,家人大都非常支持,如果创业,有的家人可能出于种种原因,大多不会支持。一般来说,家人的反对通常是担心亏本。创业需要一大笔钱,如果经营失败会赔光家里的所有收入,创业者还有可能没有时间照顾家庭、累坏身体等。因此创业者首先要考虑如何与家人沟通好,打消家人的顾虑。应收集好创业的准备资料,做好创业计划,勾勒出未来创业后的种种场景与状况,既要让家人了解成功的愿景,也要顾及可能的失败做最坏打算,使他们能了解你的想法,相信你的能力与追求的梦想,进而支持你。不可硬干和先斩后奏,留下许多产生矛盾的后遗症。

7.要有接受失败和承担风险的心理准备

赚钱的过程中不可能没有风险,即使把钱放在银行,也可能会有风险。创业者不怕风险,但也应当估计风险,控制好风险,进而争取将风险降到最低。创业风险来自以下几个方面:

①选择项目失误;

②管理不善;

③选址不当;

④资金不足;

⑤创业者不专心经营;

⑥经营过程出现所有权纠纷;

⑦缺乏足够的专业知识、经验和业务关系。

二、创业者应具备的素质

创业者的基本素质包括创业意识、创业心理品质、创业精神、竞争意识、创业能力。

1.创业意识

要想取得创业的成功,创业者必须具备自我实现、追求成功的强烈的创业意识。强烈的创业意识,能帮助创业者克服创业道路上的各种艰难险阻,将创业目标作为自己的人生奋斗目标。事业的成功总是属于有思想准备、有规划的人,也属于有创业意识的人。

2.创业心理品质

创业之路是充满艰险与曲折的,有可能成功,也可能失败。创业需要面对变化莫测的市场环境以及随时出现的需要迅速正确解决的问题和矛盾,这需要创业者具有非常强的心理调控能力,保持能赢也能输的沉稳心态,还需具有良好的创业心理品质。

3.创业精神

自信就是对自己充满信心,自信心能赋予人主动积极的人生态度和进取精神。不依赖、不等待,要成为一名成功的创业者,必须坚持创业目标,坚定信念,顽强拼搏,直到成功。信念是生命的力量,是创业的原动力。

4.竞争意识

竞争是市场经济最重要的特征之一,是企业赖以生存和发展的基础,也是立足社会不可缺乏的一种精神。人生即竞争,竞争本身就能促使提高。

5.创业能力

创业者应具备创业的能力,具体包括决策能力、综合管理能力、学习能力、理财能力以及讲诚信和良好的信誉。

三、创业者需挖掘出好的企业构思

创业者创业需要有好的企业构思和企业思路。挖掘出好的企业构思有两个基本条件。

1.从生产技术专长出发

创业者要从自己的技术专长出发,也就是从自己熟悉的行业去挖掘企业构思,自己知道如何做,怎样做出好的产品。俗话说"隔行如隔山",在自己不熟悉的行业很难找到切入口,也会走很多弯路,成功的概率较低。

2.从顾客的需求出发

创业者首先需了解市场,找到目标顾客,知道谁会购买你的产品,他们需要的是什么样的产品?这些问题弄清楚了,才决定做什么产品项目,这样成功率才会较高。

如果只从自己的专长出发,却不知道是否有顾客,创业就可能失败;同样,如果创业者没有技术生产高质量的产品或提供优质的服务,就没有人来买这些产品和服务,创业也不会成功。有了好的企业构思,把它变成创业计划,变成创业行动,就能创办属于自己的企业。

要想创业需要具备一定的条件和素质,同时要挖掘出好的创业项目,筛选出适合自己的项目是创业成功的一半。创业者的创业过程是艰辛的,要有充分的心理准备和吃苦耐劳的精神,也要有失败的心理准备,成功是留给有充足准备的人。有了心理准备,在遇到困难和挫折的时候,泰然处之,执着地追求,最终就能达到目标,实现你的创业梦想。

第三节　创办企业如何发现商机

何谓商机?商机就是能赚钱的机会。供需双方在时间、地点、成本、数量、对象上的不平衡状态;找到他们的差异,并且想办法满足其需求,就是商机。市场需求的多样性,资源供给的差异性,技术经济发展的不平衡性,是商机存在的根本原因。

市场上每时每刻都存在着商机,但并不是所有的人都能发现并且能抓住。有些人在商机面前反应迟钝,强调经营的条件,忽视主观努力,让商机白白地溜走,等别人成功了,才后悔当初自己没有发现。

有些创业者立志要创业,但是,常常因为找不到商机而愁眉苦脸。其实只要细心观察,商机就不难发现。在我们生活的各个地方,只要有人,有人的需求,就会有商机。只要你目光敏锐,就能捕捉到。

创办企业如何发现商机,请看以下案例:

连州市油田村的创业者黄小平,他曾做过电工,碾米加工,承包过村里的小水电站。后来他观察到村里外出打工的人,赚到的钱大都寄回家建房子。农村人最大的希望就是建一幢房子。农村外出打工的人越来越多,农村建房的人也将会越来越多,建房对砖的需求也会很大,于是他筹钱建起了砖厂。他成功了,半个县农村建房的砖都是黄小平提供的。

国营棉纺厂的下岗工人陆嫂,初中文化,下岗后在广东顺德一个体老板家做保姆。她工作勤快,个体老板舍不得她离开。她一干就是10年,平均月工资有1 500多元,老板的小孩从1岁开始由她照顾到小学五年级,她每天除负责家庭三餐还需接送小孩上下学。在小孩刚上四年级那年的一天,女主人对陆嫂说:"我们家已离不开你了,现在小孩已升四年级了,虽然大了,但我们还是不放心,怕他放学不回家在外面玩,上学还需要你接送,只是工钱需减300元。你已成为我们家的一员,只要你不想离开,你可以在我们家一直做下去。"陆嫂心想,虽然话好听,减少工钱的意思是让自己回家。可是她转念又想,我已40多岁了,在这里一年有2万多元的收入,可以贴补家里很多开支;而且,她现在也有兼职,同时帮另外两家人接送小孩上学,每人每月给300元的接送费。虽然雇主降低300元的工钱,但她的总收入并没有减少,反而多了300元,她决定坚持做下去。

陆嫂在接送小孩上学时也了解到,有许多小学生家里原来都有保姆,但在他们上一年级时就被辞退了,转而找兼职的接送。有许多无人接送的小学生放学后就在学校附近或路上玩,有些家长中午不在家的,小孩就不回家,跑去玩游戏。陆嫂心想,请一个保姆一年工钱近2万元,加上包吃住也应有3万元的开支。如果我在学校附近帮助照看小学生,也就能让中午不能回家的家长放心。如果每个学生每月收取100元,100个学生一年就有10万元的收入,凭她十几年的保姆经验一定能将此工作做好。于是她辞掉保姆的工作,在学校附近找好地方办起了小学生午托服务中心,聘请了小学老师课余给服务中心的孩子做辅导,按小时算工钱,监督学生的作业完成情况。结果很受家长欢迎,家长很放心地把小孩托付给她,解除了家长的烦恼,她的生意也很不错。

所以,创业者只要有一双慧眼,善于观察,细心分析,把有关的问题联系起来,就会发现处处都有商机,创造财富的梦想就能实现。

一般来说,商机来源于我们生活,常见的商机可从以下几个方面来寻找:

1.短缺物品

人们常说"物以稀为贵",物品短缺是经济活动的第一动因,物品短缺,价格会上升或者抢手畅销。只要找到货源就是商机。

2.社会文化发展变化

随着科技的进步,环境的变化、人们生活的变化、价值观的变化等都会带来商机。例如娱乐、旅游休闲、美容、健康保健、养老、文化体育行业的纷纷兴起。

3.通用需求,传统行业

人们的吃、穿、住、行等每天都在重复,无论时代怎样变化,这些需求永远都是存在的,只是生活方式在变化,只要你认真耕耘,就会有收获。

4.价值的发现挖掘

俗话说,冬吃萝卜胜过吃人参,白萝卜具有顺气消痰,解毒生津多种功效,人们冬季爱吃萝卜,萝卜就会热销;萝卜满足了人们的某种需要,具有了使用价值。

5.文化与习惯

一些节日的用品需求,如中秋节的月饼需求,春节节日用品的需求,城市人喜欢金橘、花卉,端午节需吃粽子等。

6.社会热点的流行

社会流行就是商机。例如社会上流行喝矿泉水,人们就会少喝饮料,多喝矿泉水,矿泉水的价格即便比大米贵,人们还是愿意消费。

7.政府的发展战略和政策

例如,政府提倡节约能源,所以太阳能热水器、节电节能的家电就畅销,低碳环保、生态绿化、循环利用资源产业就会有好的发展势头。

总之,对于想创业的有心人士,只要善于观察、动脑,善于联系、解决别人的问题,便处处能发现商机。各个地方都有商机,只要用心去寻找,它们就会不约而同地出现在你面前。许多成功的创业经营者都是从商机中找到获得财富的捷径最终致富的。

【案例1.1】

创业成功来源于好的想法

广东粤北某山村农民工黄亮,16岁时离开家乡跟随同乡到市自来水公司维修队做自来水管道工程维修工。某次在一城市居民家维修漏水的水管,客户热情地从饮水机里倒了一杯矿泉水给他。他随意问了一句矿泉水多少钱一桶,主人回答桶装水20元一桶送到家。他说,我老家高山上岩洞里就有一口矿泉水井,不用钱还取之不尽,用之不竭,哪里需要这么贵?你们城里人就是有钱。客户开玩笑说,那你把山泉水引来作自来水,我们愿以双倍价钱买。

黄亮回去后一直琢磨客户的那句"把山泉水引来作自来水"的玩笑话,城里人有了送到家的自来水还不满足,还要把矿泉水送到家。家乡大山上岩洞的"山泉水",虽然不能引至城里,但可以引到自己老家啊。他想到老家祖祖辈辈都是用肩膀挑水,至今没有享用过城里的自来水。他心里一亮,有了把家乡5 000米外高山上的山泉水引到家乡作自来水的想法。他想到:城市自来水公司是每户安装水表,需要收取3 000元的管道初装费;水费每吨收取2.50元。如果按照城里自来水公司的模式,每户工程管道初装费收3 000元,水费只收每吨0.50元,不用再挑水,农村人肯定乐意使用。而且高山上的泉水,"水往低处流",没有抽水的电费成本,只要铺好水管,泉水就会源源不断地流来。自己在自来水公司工作20年,安装、维修技术样样拿手,技术不成问题。

他回到老家,把从5 000米外高山引泉水到每家的自来水工程的想法及收费标准向村里人宣传,可是村里人都说他异想天开。有人说,黄亮你能把水引到村里,我们村400多户村民,每户交5 000元给你。黄亮不死心,想干的事情绝不放弃,只要有"愚公移山"的精神,一定能把高山泉水引到村里。他用20多年积蓄的60多万元购买工具、水管,并成功说服其妹夫及2个表兄合伙投资,共投资300多万元而且马上动工。一年时间过去了,只完成了1/3的管道,然后他又不断地向亲戚朋友宣传,介绍他的自来水工程,用借款及投资的方式又筹到500多万元,当把管道铺到村外1 000米时,他再也没有资金而停工了。这时,村里人看到最后只需要1 000米管道自来水就可引到家,纷纷缴纳了3 000元的初装费,黄亮用村里筹集到的资金终于完成了最后1 000米工程,实现了把高山上矿泉水送到每家每户的想法。

附近村庄看到高山的泉水变成家里的自来水,纷纷前来缴纳3 000元管道初装费,加入黄亮的自来水工程。于是,他成立了一个"高山泉水自来水有限公司",自己任董事长,继续投入后期工程。全镇2/3的村庄、2万多人口使用他的山泉自来水,5年后他的高山泉水自来水有限公司覆盖了4个镇、6万多人口,自来水公司的年水费收入超过千万元,黄亮的个人资产超过5 000万元。

黄亮外出打工学到了技术,一个好的想法,改变了家乡,也改变了自己的家庭生活,实现了他创业成功的梦想!

【案例1.2】

创业经营前须储备相关知识、技能

无论干什么事情,都需要未雨绸缪,创业经营也是如此。如果你对自己生意的专业知识不懂,成功的可能性将会很小。

广州有位先生,他听说家居绿色花卉盆景很赚钱,便筹资20万元开了家花卉盆景店,但他不懂花卉专业知识,也不懂消费者的爱好需求,买进的花卉经常不对路,因此销路不好。有时候顾客在他店里买回的花卉很快就枯死了,而在其他花店买的就不会,因此经常被顾客上门退货,要求赔偿损失,经营一团糟,很快面临关门。后来他遇到学花卉园艺专业的顾客,他向顾客请教,好心的顾客告诉他,那是因为不懂花卉专业知识造成的。比如他天天给花浇很多次水,容易造成花卉烂根、枯黄;有许多花卉有病虫害也会枯黄;不同的花卉有不同的生长特性,需要的土壤肥料也不同。他听了这位顾客的话,到书店买了很多有关花卉专业知识的书籍学习,并请了一位花卉园艺专业的在校生来店做兼职。终于功夫不负有心人,他懂得了许多花卉知识,掌握了各种花卉习性,并经常指导顾客,他的花卉店生意终于兴旺了起来,避免了关闭的命运。

又如,两家同样经营服装的小店,所用的营销措施类似,但一家赚钱、一家亏损。原因在于两家店的老板进货眼光有差异,对市场顾客需求特点了解不同。赚钱的老板进的货通常都是流行的适销对路货,而亏本的老板进的货不对路,销量平平。因此,开服装店的核心是专业知识的眼光、流行的资讯、供应渠道、对消费者的了解等。

所有行业都有自己的专业知识、专业经验,特定的业务关系,同时还需要经商的知识,这是获得竞争优势的关键。没有这些作支撑,再多的钱也可能被赔光。因此,创业者应该学习相关的经营理论知识、相关专业技能和相关行业的经验。有知识可先知,无知识只有等先赔钱才后知,而且每次赔钱都不知。

【案例1.3】

慧眼寻找商机

山西有位罗先生,早年开煤矿挣得千万资产,后政府整顿煤炭市场,禁止小煤矿开采,罗老板关闭小煤窑,在家过上吃老本的休闲生活。他在一次朋友聚会活动中,听一位朋友说在西藏吃到一种叫"藏香猪"的野猪肉,"香、嫩、脆",口感非常好,是从来没有品尝过的美味,如果能养成这种野猪,肯定能赚钱。罗老板听后,心中又萌生继续做老板的念头,制订养"藏香猪"的创业计划。

不久，罗老板去西藏买到了这种"藏香猪"的野猪种猪，带回家进行配种试验，终于繁殖成功。他马上购买了一大片养野猪的山林，建造猪舍，购买养殖设施，办起了"藏香猪"生态养殖场，不到5年时间，繁殖的野猪达到了500头。这种野猪养到3年最重的也只有60千克，再也养不大了，一般只有45~60千克，他的野猪在山上放养，除了吃野果外，还需要喂玉米、地瓜，3年饲养周期成本很高。这种野猪肉虽然好吃，卖价比当地猪肉价格高了1倍，每0.5千克要卖到30多元，没人接受，卖不出去了。他投入的养殖场，需要源源不断购买玉米等饲料的资金投入，耗光了他千万元家产，连自己的房子、小汽车也当光了，他从有千万元家产又变成了穷光蛋，但他不肯放弃养野猪的梦想。

他又听一位朋友说，现在市场上时兴有机食品，在省城超市有机米、有机菜、有机水果每千克能卖到二十几元，如果把野猪肉当作有机的野猪肉一定能卖高价。他继续打听什么是有机食品，了解到有机食品需要北京的有关认证机构认证，具有有机食品标志才能在超市出售。他找到了国家有机食品认证中心，按认证机构要求，经过3年严格质量指标考核和按规定饲养生产流程标准，他的"藏香猪"终于获得了中国有机食品标志及证书。在2000年上海世博会展示标价180元1千克，并且迎来十多家企业与其洽谈合作。他为了自己重做老板的梦想，拒绝了上亿元的投资，坚持只能出让49%的股权合作的条件，最后选择了与投资5 000万元的一家连锁大酒店合作办成他的"藏香猪"野猪有机食品生产公司。

很快他的有机食品企业得到迅速发展，终于再次实现了自己做老板的梦想。

市场上每时每刻都存在着赚钱的商机，但不是所有的人都能抓住。有些人在商机面前反应迟钝，强调客观条件，忽视主观努力，让商机在自己面前转瞬即逝。对于有心的创业经营者来说，这些商机并不神秘，它们就像一个个孤立的环，只要把它们互相连接起来，创造财富的梦想就能轻松实现。商机来源于你的生活，创业者需慧眼识商机。

【小贴士】
创业要从赚小钱开始

①赚大钱不易，赚小钱不难。不要不屑于赚小钱，因为赚小钱也需要能耐，而这正是磨炼赚大钱的"基本功"。

②要有"钱难赚"的认知。有这样的认知，无论是就业还是投资创业，都会以较严肃的态度来面对。态度认真，做事踏实，便不会草率行事，创业就容易成功。

③要有坚实的专业能力。只懂皮毛的人可能赚皮毛钱和运气钱，要赚大钱，还需丰富的商贸专业知识，若只是一知半解，就难以达成自己的赚钱目标。

④要有长期的事业规划。不要一入社会就想赚大钱，梦想成为富人。事实上真正赚大钱需要有一定的经验和阅历，了解社会、了解市场，并能在商场熟练运用，大多数人都是在中年后事业容易成功。因此要有长期的规划，不要异想天开。

思考与练习

一、思考题

1.什么是创业？创业者与投资者有哪些区别与联系？

2.创业与就业有何区别？你想创业吗？说说你将来创业的打算。

3.你现在知道企业经营的基本原理吗？你觉得创业难吗？说说你的创业想法。

4.创办企业包括哪些步骤？

5.什么是企业？说说你知道的具体企业，并说明它属于哪种类型。

6.评价一下自己，你现在具备创业的素质和条件吗？你有信心吗？你想改变自己的生存方式吗？

7.创业者创业需要有一个好的企业构思，企业的构思从哪里来？

8.创业者如何发现商机？

二、案例分析

学会估算自己有多少钱创办企业

农民工杜金海家住在粤北山区的一个乡镇上，全家4口人，两个大人、两个孩子，一个读高二，一个读初二，爱人在家务农及照顾孩子。为了解决家庭的经济困难，他一直在珠江三角洲打工，从事室内建筑装修工作，每月工资大约2 000元，在当时，他的工资算是高的。他省吃俭用，但每月能寄回家的钱只有1 500元左右。他已经外出打工10年了，虽然一家人的生活过得节省，但10多年也只积蓄了6万元。眼看两个小孩就快中学毕业，成绩也不错，现在送一个上大学，学费、生活费四年开销最少也要10万元。两个小孩都读大学少说也要20万元，即使安排其中一个读技校，也需要5万多元。如果还是这样外出打工，即使再过10年也难筹足20多万元的学费。他发愁了，以后的路该如何走呢？

他回想自己辛辛苦苦打工10多年也只能勉强维持家庭基本生活，但自己却学到了一身室内装修的技术，防盗网、不锈钢铁门、铝合金门窗、瓷砖装修样样都是自己的拿手活。他发现，如今农村人外出打工挣的钱都拿回家建房子，而且房子装修得跟城市里的一样漂亮，城市的装修逐步向农村转移普及。想到这，他发现了农村装修工程的商机，何不自己做一回老板，拼一条路出来，也许小孩的学费就有望了。他决定在家乡开办一家装修公司，承接农村家庭装修业务，估计每年可赚5万~6万元。

杜金海盘算着资金问题，购买一套装修所用的工具需要3万多元；当地一个店铺的月租金需要500元；店铺每月的水电费预计要200元；承接装修工程需要购买一辆工具车拉工具材料，在市场上他找到一辆二手小型工具车需要50 000元，开店至少需要近10万元。他想到家庭眼前的开支，虽然一日三餐吃的米、青菜不用买，但一个月的水电费也需要100元，盐、油、酱、醋、日用品等需要40元，煤气一罐60元，两个小孩现在读中学的开支一年需准备5 000元，人情礼节需要1 000元，家庭最基本的年开支需要6 000元，加上预防生病的备用金4 000元，一年的家庭生活开支需要2万元。如果开业顺利，估计需要半年才能供给家庭生活费；如果一旦失败，6万元的积蓄没有了，又没有外出打工，家庭开支怎么办？他做了最坏的打算，即使开公司失败，买的装修工具也有用处，他在家乡为别人打零工，做家庭装修一年挣2万元还是可以实现的。于是,杜金海决定开办装修工程公司,走创业之路。

为了获得家人的理解和支持,他召开了家庭会议,向全家说明自己准备在家乡开办家居工程装修公司的创业计划。全家人都支持他开办公司,决定过一年艰苦的生活。他的小孩还表示:"如果开公司失败,就放弃上大学,外出打工,将来自己挣钱走自学成才的道路。"得到家人的理解和支持,他的企业也很快开业,相信他的企业一定会成功的。

思考:

1.你认为农民工创业者杜金海的创业计划可行吗,他是否具备创业的能力和素质? 他的创业胆量和拼博的气魄值得借鉴吗?

2.如果你帮杜金海策划,该拿出多少资金办公司? 如果企业启动资金不够,你有什么好的建议?

3.如果你现在准备创办企业,试计算需要投入多少资金?

4.请你用下面的表格帮助杜金海计算该用多少资金来创办企业:

项　目	内　容	预测时间/月	金额/元
家庭积蓄及收入	1.现有积蓄资金		
	2.办企业之前收入		
	3.总收入(A)		
预测家庭支出	1.家庭生活伙食费基本开支		
	2.家庭偿还债务		
	3.其他支出		
	4.总支出(B)		
可用于办企业的资金(A-B):			

第二章　创办企业的注册

　　创业者创业筹备初期有许多事情要做,其中一件重要的事情是办理有关法律手续。创业者创办企业首先需要合法经营,需要给自己的企业一个合法的身份,这就是企业注册了。创业者开办企业需要办理哪些手续呢? 法律法规又有哪些规定?

　　本章将向你介绍创业者适合注册什么样的企业,开办一家公司的注册资本最低限额是多少? 注册资金可以分次投入吗? 开办企业须去哪里审批,企业注册的一般步骤和程序。

第一节　创办企业须办理哪些手续

一、你适合注册什么样的企业

　　要开办企业,首先须知道你准备办一个什么性质的企业,企业的组织形式和规模是怎样的? 因为不同的企业有不同的法律要求,对不同的企业类型注册资本金有不同的最低限额。注册资本是指依法登记,投入企业的资本金,是属于企业长期使用的自有资金。除法律规定外,投资者不能随便抽回本金,资本金随企业产生而存在,直到企业转让、关闭才能退出企业,投资者才能收回资本金。不同的企业法律关系对首次注册的最低资本金有不同的限制。企业开办后,在以后的经营过程中,根据企业经营的需要也可以接收新的投入资本金,形成新的注册资本金。工商部门可变更注册资本。注册资本实际上是工商部门依法登记属于企业的资本金,财务上用"实收资本"登记企业资本金。企业除了使用资本金外,还可以使用借入资金经营,借入资金是按约定期限需归还的资金。当然,企业经营实际需要的资金,创业者可根据实际需要筹集,法律不作规定,法律只规定企业创办时资本金的最低下限和准入条件。

　　我们先来了解不同类型的企业注册资本的最低限额及注册的基本要求,据此结合自己的实际情况选择适合自己的企业类型。

　　1.个体工商户

　　对注册资金实行申报制,法规上没有最低限额,基本要求有以下几条:

　　①有经营能力的城镇待业人员、农民以及国家政策允许的其他人员,可以申请从事个体工商业经营。

　　②申请人必须具备与经营项目相应的资金、经营场地、经营能力和业务技术。

③经营特征,资产属于个人所有,自己是所有者,既是劳动者又是管理者。

④利润分配和债务承担,利润归个人或家庭所有,由个人经营的,以其个人资产对企业债务承担无限责任。由家庭经营的,以家庭财产承担无限责任。

2.个人独资企业

对注册资本实行申报制,没有最低限额,基本要求有如下几条:

①投资人为自然人。

②有合法的企业名称。

③有投资人申报的出资。

④有固定的生产经营场所和必要的生产经营条件。

⑤有必要的从业人员。

⑥财产为投资个人所有,投资人既是投资者又是管理者。

⑦利润归个人所有,投资人以其个人资产对企业债务承担无限责任。

3.合伙企业

合伙企业是指依照《中华人民共和国企业法》在中国境内设立的,由合伙人订立合伙协议,共同出资,合伙经营,共享收益,共担风险,并对合伙企业债务承担无限连带责任的营利性组织。

对注册资金实行申报制,没有最低限额,基本要求有以下几条:

①有两个以上的合伙人,并且都是依法承担无限责任者。

②有书面合伙协议。

③有各合伙人实际缴付的出资。

④有合伙企业的名称。

⑤有经营场所和从事合伙经营的必要条件。

⑥合伙人应为具有完全民事行为能力的人。

⑦法律、行政法规禁止从事营利性活动的人,不得成为合伙企业的合伙人。

4.有限责任公司

有限责任公司是依照《中华人民共和国公司法》(以下简称《公司法》)设立,股东以其出资额为限对公司承担责任,公司以其全部财产对公司债务承担责任的企业法人。

有限责任公司的特征及基本要求有以下几条:

①公司是法人主体的企业,设立的条件是2人以上、50人以下的股东组成。

②股东共同制定公司章程,有符合公司章程规定的全体股东认缴的出资额。

③有公司名称,建立符合有限责任公司要求的组织机构。

④有固定的生产经营场所和必要的生产经营条件。

5.股份有限公司

股份有限公司是指全部注册资本由等额股份构成并通过发行股票(或股权证)筹集资本的企业法人。

股份有限公司有以下6个特征:

①股份有限公司是独立的经济法人。投资人为通过购买股票出资的股东,股东人数不受限制。

②股份有限公司的股东对公司债务负有限责任,其限度是股东应付的股金额。

③股份有限公司的全部资本划分为等额的股份,通过向社会公开发行的办法筹集资金,任何人在缴纳了股款之后,都可以成为公司股东,没有资格限制。

④公司股份可以自由转让,但不能退股。

⑤公司的账目须向社会公开,以便投资人了解公司情况,进行选择。

⑥公司的设立和解散有严格的法律程序,手续复杂。

股份有限公司的基本要求有以下几条:

①设立股份有限公司,应当有 2 人以上 200 人以下为发起人,其中须有过半数的发起人在中国境内有住所。

②股份有限公司发起人必须按照法律规定认购其应认购的股份,并承担公司筹办事务。

③股份有限公司的设立必须经过国务院授权的部门或省级人民政府批准。

④股份有限公司的注册资本为在公司登记机关登记的全体发起人认购的股本总额。在发起人认购的股份缴足前,不得向他人募集股份。

⑤股份有限公司注册资本有最低限额的,由法律、行政法规另行规定。

股份有限公司分为上市股份有限公司和非上市股份有限公司,上市公司是指经国务院授权证券管理部门批准在证券交易所上市交易股票的股份有限公司。股份有限公司申请股票上市交易必须符合《证券法》规定的下列 6 个条件:

①股票须经国务院证券管理部门批准已向社会公开发行。

②公司股本总额不少于人民币 3 000 万元。

③向社会公开发行的股份达到股份总额的 25%以上,公司股本超过人民币 4 亿元的,其向社会发行的比例为 10%以上。

④公司在最近 3 年内无重大违法行为,账务报表无虚假记载。

⑤公司董事会成员应当有 1/3 以上的独立董事,独立董事除行使规定的股份有限公司的股权外,对公司关联交易、聘用或解聘会计师事务所等重大事项进行审核,发表独立意见。对上述事项经 1/2 以上独立董事同意后,提交董事会讨论。

⑥国务院规定的其他条件。2013 年 12 月 28 日,第十二届全国人大常委会对《公司法》进行了修改,自 2014 年 3 月 1 日起执行。新修改的《公司法》对最低注册资本作了修改规定:将注册资本实缴登记制改为认缴登记制。对公司注册资本最低限制除法律法规有另行规定外,取消了有限责任公司、一人有限责任公司,股份有限公司最低注册资本分别应达 3 万元、10 万元、500 万元的限制;不再限制公司设立时股东(发起人)的首次出资比例以及货币出资比例。

也就是说,公司的最低注册资本不再有规定,转为采取由公司股东(发起人)自主约定认缴出资额、出资方式、出资期限等。以投资者认缴出资并记载于公司章程的方式注册登记。创业者根据创业需求决定筹资,也可以先注册经营,以后根据企业经营发展需求再筹集资本金,《公司法》的修改降低了创业门槛。

6.股份合作制企业

股份合作制企业是指由企业全体人员入股投资而设立的股份制企业,股东既是投资者又是企业员工,一人一票,民主参与企业的管理。其特征有以下3个:

①企业全员入股,不是一股一票参与管理,而是按一人一票参与企业的管理。

②无资本数量的限制。

③股东除了按员工领取工资报酬外,还以投资人的身份按出资比例分享利润,并以出资额为限承担有限责任。

7.中外合作经营企业

中外合作经营企业是指中国的企业或其他经济组织与外国的企业,其他经济组织、个人,依照中国的法律经中国政府批准设在中国境内的,由双方通过合作经营企业的合同约定,约定各自的权利和义务的企业。

中外合作经营企业有以下5个特征:

①合作企业的一方为外国合作者,另一方为中国合作者。

②合作企业各方的权利和义务在签订的合同中确定。

③合作企业的外国投资者可以先行收回投资,合作期满后,合作企业的全部资产一般归中国合作者所有。

④无特殊的注册资本限制,是有限责任公司形式的,注册资本按有限责任公司的规定执行。

⑤中外合作经营企业按照合作合同约定分配利润,并以其全部资产承担债务责任。

8.中外合资经营企业

中外合资经营企业是指中国合营者与外国合营者依照中国的法律和行政法规,经中国政府批准,设在中国境内,由双方共同投资、共同经营,按照各自的出资比例共担风险,共负盈亏的企业。

中外合资经营企业有以下5个特征:

①投资人至少包括一个中方投资者和一个外方投资者,合营企业是一种股权式企业。

②属于有限责任公司形式的企业,注册资本按有限责任公司的规定执行。

③申请设立合资企业,应当将中外合资者签订的协议、合同、章程等文件报请国务院对外经济贸易主管部门或者国务院授权部门和地方政府审查批准,并符合有限责任公司的设立条件。

④外国合营者的投资比例一般不低于25%。

⑤股东按出资比例分配利润,并以出资额为限承担有限责任。

二、开办企业的审批

开办企业须到工商局依法注册登记,工商局是依《公司法》对企业管理的政府主管部门。同时在行业上我国又实行业务行业主管制度,行业业务主管部门实行业务资格审查、许可。法律、法规有规定的,必须取得主管部门的许可核准才能从事该行业;法律法规、政策没有限制的,便可到工商部门先注册登记。有的企业需要经主管部门的后置审核登记或备案即可。在实践中,创业者也可以到工商局去办理注册,如果工商局需要你提供行业主管部门的许可证书或核准批文,就到该部门办理审批手续;如果工商局不需要,就说明该行业不需许可就可以进入。因此创业投资者需要知道自己开办的企业是属于哪个部门管辖,从事不同的行业有不同的行政管理审批部门。创业者在决定创业的方向后,接下来应该了解需要去找哪个主管机构咨询、审批。政府部门审批有的前置审批,有的后置审批。注意了解当地政府当年的政策有无变化,知道自己的创业企业由哪个部门审批。以下介绍的是一些行业对应的审批部门:

①从事食品的生产、销售、餐饮,审批部门是食品药品监督管理部门。

②烟草专卖品的生产、经营,审批部门是烟草专卖局。

③药品的生产、经营,审批部门是食品药品监督管理部门。

④化学危险品的生产经营,审批部门是安全生产监督管理部门。

⑤金银收购、金银制品的加工和经营,审批部门是中国人民银行。

⑥旅行社,审批部门是旅游局。

⑦特种行业(旅馆、印刷、废旧金属回收、文化娱乐、浴室等),审批部门是公安局。

⑧计算机网络服务,审批部门是公安局。

⑨公路、水路运输、客运经营,审批部门是交通运输局。

⑩汽车维修,审批部门是交通运输部门。

⑪快递业务经营,审批部门是邮政管理机构。

⑫娱乐、文化艺术、体育,审批部门是文化局。

⑬图书报刊和录像制品的出版、经营,审批部门是新闻出版广电总局。

⑭免税商店设立,审批部门是海关。

⑮职业介绍所,审批部门是人社局。

⑯房地产经营、物业公司,审批部门是住建局。

⑰开发盐业资源、制盐企业,审批部门是所在省盐务局。

第二节　企业注册的步骤和程序

一、企业注册的步骤

创办企业首先要给自己的企业一个合法的身份,依法享有权利和承担义务,这就需要给企业注册。

1.各类企业注册的步骤

①核名。核名就是给企业取一个名字,须到工商局领取一张"企业(字号)名称预先核准申请表",填写准备取名的公司名称,由工商局上网(工商局内部网)检索是否有重名,如果没有,就可以使用这个名称了。工商局会核发一张"企业(字号)名称预先核准通知书"。

②租房。创业者须确定企业的经营地点。可去专门的写字楼或其他地方租一间办公

室,若自己有厂房或办公室就更好。租房要签订租房合同,并让房东提供房产证的复印件。同时签订租房合同后,还要到税务局购买印花税,贴在租房合同的首页。日后凡是需要用到租房合同的地方,都需贴了印花税的合同复印件,税率是年租金的千分之一。

③编写"公司章程"。公司章程是企业的经营管理制度的依据及规定投资人权利义务的有效法律文书凭证。日后公司的组织机构的设置、利润的分配、分享利润承担风险都会以章程为依据,公司的章程在最后由所有股东签字认可。公司章程样式可以参照有关样式,股东讨论后,结合自己企业实际情况修改编写,也可以请有关专业人士编写。

④刻私章。到刻章的地方刻一枚私章(临时用,在公司正式成立前主要有许多办手续的地方用到)。

⑤到会计师事务所,领取一张"银行询证函"。联系一家会计师事务所,领取一张"银行询证函"(必须是原件,须会计师事务所盖章)。

⑥去银行开立公司验资账户。开业的业主(股东代表)带上公司章程,工商局发的核名通知、法人代表私章、身份证、验资的资金、空白询证函表格到银行开立公司账户,你要告诉银行是开验资户,开好后各个股东按原先出资要求按自己的出资额存入公司的验资账户,以备银行及会计师事务所验资。

⑦办理验资报告。拿着银行出具的股东交款单和盖了章的询证函,以及公司章程、租房合同、房产复印件到会计师事务所办理验资报告。

⑧注册公司。到工商局领取公司设立的各种表格,包括设立登记申请表、股东发起人名单、董事经理监事的情况、法人代表登记表、指定代表或委托代理人登记表,将这些表格填好后,连同核名通知、公司章程、租房合同、房产证复印证、验资报告一并交给工商局。大概3个工作日后可领取营业执照。

⑨刻公章、财务章。公司注册领取营业执照后,还须刻公章及财务专用章。公章须凭营业执照到公安局指定的刻章社(店)刻公章、财务章。后续的步骤中均需用到公司的公章和财务章。办完之后,就可以依法行使企业的权利和承担相应的义务了。

⑩办理企业组织机构代码证。凭营业执照到技术监督局办理组织机构代码证,办此证需要半个月。技术监督局会发一个预先受理代码证明文件就可以办理后面的税务登记证、银行基本户的开户手续。

⑪到银行开基本账户。凭营业执照、组织机构代码证去银行开立基本账户。最好在原来办理验资的银行的同一网点办理;否则,会多收验资账户费用。

⑫办理税务登记。领取营业执照后,30日内到当地税务局申请领取税务登记证。(注:国税地税合并)

办理税务登记时,必须有一个会计,因为税务局要求提交的资料中有一项是会计资格证和会计的身份证。公司必须有健全的会计制度。刚成立的公司业务少,而会计的工作量也较少。这时可请一个兼职会计,每个月到公司建账,只需要几天时间就可建好,兼职会计一般工资较低。

⑬申请领购发票。在国税地税合并前,需分别到两个税局申请发票。如果开办的公司是销售商品的,应该到国家税务局申请领取发票;如果是服务性质的公司,则到地方税务局

申领发票(注意,每个月要按时向税务局申报纳税,即使企业因没有开展业务而不需要缴税,也要进行零申报,否则会被罚款)。

企业注册全部手续办理完成需要 20~30 天。

2."五证合一、一照一码"改革(新版营业执照)

2016 年 7 月 5 日,国务院办公厅发布了《关于加快推进"五证合一、一照一码"登记制度改革的通知》(以下简称《通知》),在全面实施工商营业执照、组织机构代码证、税务登记证"三证合一"登记制度改革的基础上,再整合社会保险登记证和统计登记证,实现"五证合一、一照一码",并从 10 月 1 日起正式实施。

"五证合一、一照一码"是指工商营业执照、税务登记证、机构代码证、社会保险登记证、统计登记证合并成一个证(新版营业执照),统一由工商部门(市场监督管理局)核发加载统一社会信用代码的营业执照,一本营业执照,一个统一的身份号码,政府各部门统一认可。

按照《通知》要求,登记制度改革将全面实现"五证合一",全面实行"一套材料、一表登记、一窗受理"的工作模式,申请人办理企业注册登记时只需填写"一张表格",向"一个窗口"提交"一套材料"。各部门通过统一网络平台审核,统一联审核准的材料统一认可,由工商部门(市场监督管理局)统一核发一本营业执照,加载统一的社会信用代码。

也就是说,今后创业者办理企业注册登记,只需要提供一套材料,到工商局注册窗口办理,在工商局办事窗口就可以领到统一的营业执照,无须分别到税务局、质监局、人力社保局、统计局办理税务登记证、组织机构代码证、社会保险登记证、统计证。"五证合一,一照一码",利用电子化登记管理,网上办理,简化注册、信息变更手续,是国家优化营商环境,推动大众创业、万众创新的重要举措。

3.营业执照的正本和副本

《企业法人营业执照》和《营业执照》均分为正本和副本,二者具有相同的法律效力。

正本为悬挂式的,每个企业只核发一本,应当置于住所或营业场所醒目的位置,否则会受到行政处罚。

副本为折叠式的,企业根据需要可以向登记机关申请核发多个。副本一般在外出办理业务时使用,如办理银行开户、企业代码证、签订合同、参加诉讼等。副本复印件盖上企业行政公章就可当原件使用。《企业法人营业执照》也是企业设立以及历次变更是否完成工商登记的证明。

4.何时需要换发营业执照

按照《公司登记管理条例》第二十六条规定:公司变更登记事项,应当向原公司登记机关申请变更登记。未经变更登记,公司不得擅自改变登记事项。《公司登记管理条例》第三十九条规定:变更登记事项涉及《营业执照》载明事项的,登记机关应当换发公司营业执照。

二、个体工商户注册登记的程序

1.办理登记工作时间

依照《城乡个体工商户登记管理暂行条例》等法律、法规和规章的规定,办理各类个体工商户登记注册,凡手续完备、证件齐全,符合法定条件的,自受理之日起在以下期限内办理完毕。

①名称预先登记,3 个工作日。

②个体工商户开业、变更、注销登记,15 个工作日。

2.登记需要提交的文件

(1)申请个体工商户名称预先登记应提交的文件、证件

①申请人的身份证明或由申请人委托的有关证明。

②个体工商户名称预先登记申请书。

③法规、规章和政策规定应提交的其他文件、证明。

(2)申请个体工商户开业登记应提交的文件、证件

①申请人签署的个体开业登记申请书(填写个体工商户申请开业登记表)。

②从业人员证明(本市人员经营的须提交户籍证明,含户口簿和身份证,以及离退休等各类无业人员的有关证明;外省市人员经营的须提交本人身份证、居住证、劳动用工证、经商证明及初中以上学历证明;育龄妇女还需提交计划生育证明)。

③经营场地证明。

④个人合伙经营的合伙协议书。

⑤家庭经营的家庭人员的关系证明。

⑥名称预先核准通知书。

⑦法规、规章和政策规定应提交的有关专项证明。

三、有限责任公司设立程序

1.发起人

发起人有数人时,应当签订发起人协议或作出发起人会议决议。其内容主要包括:公司经营的宗旨、项目、范围和生产规模、注册资本、投资总额,以及各方的出资额、出资方式,公司的组织机构和经营管理,盈余分配和风险分担的原则等。

2.订立公司章程

公司章程须经全体股东同意并签名盖章,报登记主管机关批准后,才能正式生效。

3.报经有关部门审批

一般情况下,有限责任公司的设立只要不涉及法律、法规的特别要求,直接注册登记即可。对于法律、行政法规规定必须报经审批的,应当在报送审批前办理公司名称预先核准,并以公司登记机关核准登记的公司名称报送审批。依我国有关法律的规定,需要办理审批的有限责任公司主要有三类:

①法律、法规规定必须报经审批的。

②公司营业项目中有必须报经审批的事项。

③我国国有企业股份制改造需要经过审批。

4.缴纳出资并验资

股东按出资协定及公司章程的规定出资,出资可以用货币、实物、知识产权、土地使用权

等作价出资,但法律、法规规定不能作为出资的财产除外。股东缴纳出资经法定的验资机构对股东出资的价值和真实性验资并出具验资证明,验资机构通常包括会计师事务所、资产评估事务所等法定机构。

5.申请设立登记

设立有限责任公司,应当由全体股东指定的代表或者共同委托的代理人向公司登记机关申请设立登记。法律、行政法规规定设立有限责任公司必须报经审批的,应当自批准之日起 90 日内向公司登记机关申请设立登记,逾期申请设立登记的,申请人应当报审批机关确认原批准文件的效力或者另行报批。申请登记时应当向登记机关提交以下规定的文件:

①公司董事长签署的设立登记申请书。

②全体股东指定代表或者共同委托代理人的证明。

③公司章程。

④具有法定资格的验资机构出具的验资证明。

⑤股东法定资格证明或者自然人的身份证明。

⑥载明公司董事、监事、经理的姓名和住所的文件以及有关委派、选举或者聘用的证明。

⑦公司法定代表人任职文件和身份证明。

⑧企业名称预先核准通知书。

⑨公司住所证明。

⑩法律、法规规定必须报经审批的,还应提交有关的批准文件。

6.登记发照

营业执照的签发日期为有限责任公司的成立日期。凭登记机关颁发的企业法人营业执照,公司可以刻制公章、开立银行账户、申请纳税登记。

7.签发出资证明书

出资证明书是证明股东已缴纳出资额的文件,由公司在登记注册后签发。证明中应载明:公司名称,公司登记日期,公司注册资本,股东姓名或名称,缴纳的出资额和出资日期,出资证明书的编号和签发日期,出资证明书由公司盖章。

第三节　创办企业出资的有关问题

创办企业的出资,是指创业者及投资人筹集资金创办企业,从资金来源渠道可分为三类:一是创业者及投资人使用自己的资金投入企业创业,二是创业者用借来的资金投入企业创业,三是企业内部积累及接受的捐助资金。企业的资金按性质可分为三大块:一是企业的资本金,资本金是企业长期使用的资金,从企业创办注册开始,直到企业消亡为止,都属于企业的资金,企业不需要归还,投资者中途不能抽走(除法律规定的减资外)。投资者只能从经营的盈利分红收回投资,或在企业转让及关闭的剩余财产中分回。二是企业的借入资金,借入资金是企业按约定时间、条件使用,到期需归还的资金。三是企业的积累及接受的捐助资金,是企业内部资金,来源于企业经营的盈利的积累及外部的资本公积,属于企业全体投资人所有,企业也可以长期使用。

创业者创办企业筹集的资金大多是企业的资本金,企业的资本金需要在公司登记部门即工商局依法登记注册,因此也称为"注册资本"。会计记账以"实收资本"科目登记入账,会计上又称"实收资本"。创业者创业初期筹集企业资本金是较困难的,其来源主要是自己的个人资金"存款"、合伙投资人投入的资金及其他投资人投入的资金。如果创业者从第一种渠道难以筹足资本金,也可以从借入渠道筹集企业所需的资金。从上两节的学习内容中我们知道,法律、法规只规定创办企业的"注册资本"的最低下限,而且非公司法人的企业(个体工商企业、合伙企业、个人独资企业)并没有最低资本金的限制,因此创业者也可以选择用借入资金创办企业,法律只对"注册资本"监管,对借入资金没有限制。当然,创业者需评估偿债的风险能力,到期需归还债务,企业的资本金可以在以后的经营盈利积累充实资本金。只要创业成功,企业在不断发展,企业的资本金就会得到源源不断的充实,这就是我们常说的"借鸡生蛋"原理。

一、注册资本与企业资金

注册资本是企业设立时需要依法登记的资本,法律对不同的企业有不同的准入规定,而且也是可以变更的。企业在开办以后,随经营的需要可增加资本金,同时变更工商局登记注册的"注册资本"。企业的注册资本越多,代表企业的资本越多,在市场的经营交易活动中信誉越高,企业的地位越高。因此,企业有一定的公积金后就会转增资本金或者用增资扩股的方式增加资本金。企业的资金是企业创立和企业经营运转所需资金的总和,包括企业资本金、借入资金、企业积累的公积金等,是企业资源的货币价值的表现。企业资金的需要是根据创业的项目、企业的规模、不同时期企业的市场需要决定企业的资金需求。

创业者可以创办无注册资本金的企业,但不能创办无资金的企业。无资金的"皮包公司"是不能运转的,也是市场不允许的。创业者可以根据筹资能力和企业不同发展阶段的资金需求,把企业由小做大,也可以一步到位创办达到大规模的企业。总之,要根据创业者的实际情况筹资创办企业。

二、企业出资的形式

依据《公司法》的有关规定,对企业投资的出资可以是货币资金出资、实物资产投资、无形资产出资等。

1.货币资金出资

货币资金出资是指投资者直接投入的现金资金,是投资者最主要的出资形式。企业创办初期,必须吸收一定量的现金。各国的法律、法规均规定企业的设立现金在资本总额中的比例。创业者初期筹资应以现金为主,因为企业筹建初期各个方面都需要现金的开支。

2.实物资产的投资

实物资产投资是指投资者以实物估价出资,包括房屋、建筑物等固定资产和材料、产品等流动资产。创业者吸收实物资产投资时,实物资产必须是企业所需的,可以节约企业的现金支出,或者容易变现的资产,也可以是保值抵押的房产。但在创业初期更需要现金的流转。

3.无形资产出资

无形资产出资是指投资人以无形资产作价出资。无形资产可以给企业带来超值的价值资源,包括专利权、商标权、非专利技术、土地使用权等。企业在接受这类投资时,应考虑对企业是否会产生效益,注意做好资产评估、产权转移、财产验收等工作。对于无形资产投资,应注意其数额不得超过规定的无形资产出资限额。

三、吸收直接投资的程序

吸收直接投资是吸收投资者投入企业的资本金,是企业筹集自有资金的主要方式。但创业者需要知道直接投资的筹资注意的问题。

1.确定吸收直接投资的资金数额

企业吸收的直接投资属于所有者权益,形成企业的资本金。其份额达到一定的比例时,就会对企业的经营控制权产生影响,因此创业者需合理确定吸收直接投资的数量。如果创业者希望自己一直控制企业,自己的投资应占大部分比例,占有最多的股份,如果没有资金的能力,则需考虑使用借入资金。

2.确定吸收直接投资的具体出资形式

为提高资产的营运能力,企业应根据有关规定,合理地选择吸收直接投资的具体形式,保证流动资产与固定资产、现金资产与非现金资产的最佳配置等。

3.签署合同或协议

吸收直接投资的合同对于投资双方非常重要。投资合同应明确双方的权利与义务,包括投资人的出资数额、出资形式,资产支付期限、资产违约责任、投资回收、收益分配、损失分摊、控制权分割、资产管理等。

4.筹资的落实

签署协议文件后,企业应按文件规定,采取适当方法按时取得投资者的出资,以便及时办理有关资产验证、注册登记等手续。如果投资者不按时出资或违约应承担违约责任。

四、注册资本的验证

企业的注册资本须经法定的验资机构进行真实性审验,并出具验资证明。

1.以货币资金出资的注意事项

①货币资金清单必须与发起人协议、章程等的规定相一致。
②投资者认缴的投资款必须按规定如数、如期缴入被审验单位开立的临时账户。
③收款单位必须为被审验单位。
④缴款单位必须为被审验单位的投资者。

⑤缴付款项的用途为投资款。

⑥投入货币的币别必须符合发起人协议、章程的规定。

⑦银行回单必须加盖收讫章或转讫章,并要求银行出具询证函。

2.实物资产投资的注意事项

①实物资产出资清单填列的实物资产品名、规格、数量、质量和作价依据等内容应与发起人协议、章程的规定一致,必须经被审验单位验收盖章并获得各投资者的确认。

②实物资产的交付方式、交付时间及交付地点必须符合合同、协议、章程的规定。

③投资者以房屋、建筑物出资时,应提供房屋、建筑物的平面图、位置图,房屋、建筑物的产权应为投资者所有。

④以机器设备和材料等实物出资的,应提供制造厂家或销售商的发票及售货证明、厂家或销售商的营业执照复印件。

⑤投资者与被审验单位之间在规定期间内办理产权转让手续。

⑥实地勘查和清点实物,实物资产应与出资清单相符。

3.无形资产出资的注意事项

①无形资产出资清单填列的内容必须与发起人协议、章程等的规定相一致。

②以工业产权和非专利技术出资的提交的相关资料如名称、专利证书、商标注册证书、有效状况、作价依据必须齐全,应当经被审验单位和各投资者确认,并办理财产转移手续。

③以土地使用权出资的,应取得土地使用权证明和土地平面位置图,其名称、地点、面积、容积率、用途、使用年限及作价依据应当正确,应经被审验单位和各投资者确认,经过土地管理部门批准转让,办理土地使用权证明的变更登记手续。

④土地使用权、工业产权及非专利技术的有效年限应短于被审验单位的经营年限。

⑤以无形资产(不含土地使用权)出资的,新《公司法》取消了对无形资产出资比例不得高于注册资本 20%的限制,但明确规定注册资本中货币出资比例不得低于 30%。

五、注册资本变更登记

企业创办以后,创业者可以根据企业的发展需要增加资本金,也可以增加新的投资者增资扩股,或者从企业经营积累的公积金中转增资本金,这时企业的资本金发生了变化。一般来说,企业的注册资本越多,在市场从事商贸交易活动的信誉就越高,给债权人的保障程度也越高。企业增加注册资本,应当在资本金转增后或自股款缴足之日起 30 日内申请变更登记。申请变更登记应提交下列文件:

①公司法定代表人签署的变更登记申请书(公司登记机关制式表格)。

②由全体股东签署的股东会增加公司注册资本决定的纪要。

③填写企业申请注册资本金登记表。

④具有法人资格的验资机构出具的验资报告(包括要求提交的附件)。

⑤股东(法人或自然人)名录表(公司登记机关制式表格)。

⑥由全体股东签署的公司增加注册资本的章程修正案。

⑦公司正、副本营业执照。

⑧公司登记机关要求提交的其他文件。

公司减少注册资本,应当自减少注册资本决议或决定作出之日起 90 日后申请变更登记,并在报纸上 3 次登载公司减少注册资本的公告。申请变更登记应提交的文件与公司增加注册资本变更登记应提交的文件相同,此外还应提交:公司在报纸上 3 次登载减少注册资本公告的证明材料;公司债务清偿或者债务担保情况的说明文件。

【案例 2.1】

依法筹资才能保护正当权益

2006 年 8 月的某日清晨,某地派出所接到一位老大娘报警,称有一位年轻人独坐在沿江河边,之后跳入河中被一个大叔救起……后来记者了解到了这位年轻人苦涩的故事。小伙子姓孙,2005 年从上海某高校毕业后,被一家生物科技有限公司录用。入职后的公司培训中,公司老总亲自宣传公司正在股份制改造,3 年后准备上市,需要筹集 1 000 万股本金在外省开设新的分公司。公司发行股票 5 元人民币每股,预计 3 年上市后股票价格升至 30~50 元,新入职的员工的首要工作是发行股票筹集认股资金。公司的奖励机制是发行认购到 10 000 股,公司与员工签订 5 年合同;发行认购了 100 000 股安排部门主管职位;发行认购了 500 000 股任命部门经理职位,成为董事会股东。小孙回到老家说服了父母,用家里准备给哥哥结婚买房子的钱 100 万元认购了 200 000 股,同时发动自己的亲朋好友认购了 300 000 股,他的业绩达到了 500 000 股,为公司筹集到了 250 多万元,他终于被总经理任命为业务部门的经理。由于是创业初期,工资是很低的,小孙认为自己也是公司的创办人投资人之一,需要共同渡过创业难关,也不计较,当上了部门经理,他还是感到非常兴奋。

一年后,公司还是没有被批准成为股份制企业,也没有办理变更手续。公司却遇到一次债务官司被调查,原来公司拖欠债权人账款 3 年迟迟未还。公司被起诉后,总经理失踪了,债权人找不到总经理到公安机关报了案。经查实,该公司只有 5 万元的注册资本,并不是股份有限公司,也没有发行股份的权力。企业的厂房、办公楼是 5 年租期,一次预付了 3 年租金,除办公设备外公司并没有什么有价值的财产,总经理发行股票筹集到的 1 000 多万元,早已被分散转走了。不少债权人不得不自认倒霉。

小孙意识到自己的 250 多万元被骗了,带资来打低价工,却陷入了一个“美丽圈套”的泥潭。自己入股筹到的都是家人、亲戚的钱,刚大学毕业就被骗,不敢回家,也觉得没脸见亲人,因而产生了轻生的念头。

本案例说明,创业者需要熟悉公司法规知识,企业须依法注册,股份制企业筹资必须依法定程序批准才能发行股份,创业者、投资者的权益才会得到法律的保护。

思考与练习

一、思考题

1.创办企业需要履行哪些手续？企业为什么必须注册？

2.注册个体工商户有哪些要求？

3.注册合伙企业有哪些要求？

4.注册个人独资企业有哪些要求？

5.有限责任公司注册有哪些要求？

6.简述企业注册的一般步骤与程序。

7.简述个体工商户注册登记的程序。

8.简述有限责任公司设立的程序。

9.简述注册资本与企业资金两个概念的区别。

10.如果你要创办企业,你会选择哪种企业形式注册？为什么？是否需要考虑自己的创业条件？

二、实训练习

如果想创办企业,首先应注册一个企业,需考虑一些重要的问题,请做下面一些练习：

1.企业名称：_____。

2.选择经营企业的类型：_____。

3.企业经营的业务范围：_____。

企业主要的产品：_____。

4.企业顾客对象：_____。

5.企业注册选择哪种组织形式的企业：_____。

6.企业注册的法人代表：_____。

投资者有哪些：_____。

7.企业注册的地址：_____。

8.企业在哪里注册：_____。

9.准备办企业需要的资金：_____；自己能拿出的资金：_____；不足的资金缺口：_____；解决方法：_____。

10.创办企业可能碰到的困难：_____。

考虑向谁咨询：_____。

11.你选择的企业经营可能的竞争对手：_____。

市场的前景：_____。

12.你的创业素质和能力：_____。

你准备采取哪些措施来提高自己的素质和经营能力：_____。

三、案例分析

农民创业者易某,在省城打工多年,他发现城里的小孩三岁就送幼儿园,他想把自己的小孩也从农村接到城里上幼儿园,一打听一个学期的学费及伙食费就需要3 000多元,几乎自己的一半工资,他舍不得花这笔钱。但他联想现在农村的年轻人都外出打工,小孩都留在农村让老人照看,没有老人的家庭就出钱托人照料。如果采用低收费的办法在农村办幼儿园,不仅解决进城务工人员的后顾之忧,也让小孩享受城里小孩一样的幼儿教育,一定会有很多人愿意送小孩上幼儿园的。这也是自己的创业方式。

说干就干,他在家乡的镇上投资了10万元办起了首家幼儿园,命名"农村幼儿托教中心"。开业招生还请了2位幼儿专业的老师任教,从几个再到十几个学生,随着他走村串户地宣传说服,半年后,幼儿园终于有了200多名学生,他感到创业成功的兴奋。

不久,县城下乡检查农村基础教育的工作队,听说当地办有一家幼儿园,便对其进行了检查,发现该幼儿园既无教育部门的批文,也无工商局的营业执照,就将情况转告有关部门。其后工商局及有关部门来人勒令关闭了该幼儿园,并对其进行了处罚,家长也纷纷要求退还学费。

易某觉得自己辛辛苦苦的创业就这么失败了,心里非常不服气,政府不是鼓励创业吗?于是向法院起诉工商局等部门关闭其幼儿园是剥夺其劳动及经营权,造成他几十万元的损失,要求保护其经营所得的财产权,要求赔偿。

请分析,法院会受理其诉讼吗?会保护其经营权益吗?为什么?如果你来创办幼儿园,应该怎样做?

第三章 创办企业相关税务知识

税收是国家财政收入的主要来源,依法纳税是纳税人的义务,是实行社会再分配的经济保证。创业者创办企业,要树立依法纳税的意识,树立"国家好、企业好、社会好"的经营观念,企业的盈利靠经营好企业,不能寄望于税收优惠或者靠少交税、漏税等手段,要平衡好国家、企业、社会的利益,这才是正道经营。因此,创业者要知道企业常涉及的税种及税务知识。

本章将介绍创办企业常涉及的主要税种及税金的计算,以及税务征收规定、违反税法应承担的法律责任。

第一节 创办企业涉及的主要税种

税收是国家按照法律规定,强制、无偿地征收取得的财政收入,是国家利用税收调节社会经济活动的一种经济杠杆,是再分配的一种方式。

依法纳税是每个公民应尽的义务,对于创业者而言,了解税收知识,懂得企业的相关税务关系及税收的计缴,明确纳税人的纳税权利义务是非常必要的。

下面介绍创办企业常涉及的一些主要税种及相关知识。

一、创业企业涉及的主要税种

对于创业者来说,如果创办的是生产加工企业、商业企业、交通运输、建筑安装、服务类企业,应当缴纳增值税;如果是农业生产企业,应当缴纳农业税;采矿企业应当缴纳资源税。产品是消费税的应税产品,应当缴纳消费税。经营有利润的,应当缴纳所得税。使用生产经营账册和签订的各类合同应当缴纳印花税。购置房产、土地、车船的应缴纳房产税、土地使用税、车船使用税和购置税。根据征税对象不同,我国税收可以分为流转税、所得税、资源税、财产税、行为税 5 大类,共 20 多种。

创业企业涉及的主要税种有增值税、营业税、消费税、企业所得税、个人所得税、城建税、教育附加费等。下面介绍其主要税种的计税及相关征税知识。

1. 增值税

增值税是对增值额征税的一种流转税,是指以商品生产加工、流通和劳务服务的各个环节的增值因素为征税对象的一种流转税。增值税是纳税人在一定时期内销售产品或提供服务所取得的收入大于购进商品或取得劳务所支付的金额。增值税的纳税人分为一般纳税人和小规模纳税人两类。对小规模纳税人和一般纳税人资格的确认,由主管税务机关依照我国税法的相关规定标准认定。

（1）一般纳税人和小规模纳税人的认定

目前我国众多纳税人的会计核算水平参差不齐，加上某些小规模经营的纳税人因其销售货物或提供应税劳务的对象多是最终消费者，而无须开具增值税专用发票。因此，为了严格增值税的征收管理，《中华人民共和国增值税暂行条例》将纳税人按其经营大小及会计核算健全与否，划分为一般纳税人和小规模纳税人。

一般纳税人是指年应税额超过《中华人民共和国增值税暂行条例实施细则》规定的小规模纳税人标准的企业和企业性单位，而且能提供准确真实的会计和应税资料，一般纳税人是基本纳税人。

小规模纳税人是指年销售额在规定标准以下，并且会计核算不健全，不能按规定报送有关税务资料的增值税纳税人。会计核算不健全是指不能正确核算增值税的销项税额、进项税额和应纳税额。

小规模纳税人的认定标准有以下几个：

①从事货物生产或提供应税劳务的纳税人，以及以从事货物生产或提供应税劳务为主，并兼管货物批发或零售的纳税人，年应税销售额在 50 万元以下的。

②从事货物批发或零售的纳税人，年销售额在 80 万元以下的。

③年应税销售额超过小规模纳税人标准、不经常纳税的企业个人，发生应税行为时，视为小规模纳税人。

（2）增值税的征税范围及计税依据

增值税的征税范围包括销售和进口货物，提供加工及修理修配劳务。

纳税人销售货物或提供应税劳务的计税依据为其销售额，进口货物的计税依据为规定的组成计税价格。

（3）增值税的税率

增值税率分为基本税率 17%，低税率 11%，6%，零税率，见表 3.1。

表 3.1　增值税税率及适用范围

增值税税率	适用范围
17%	销售或进口货物，提供加工、修理劳务，有形动产租赁服务
11%	农产品（含粮食）、食用植物油
	自来水、暖气、冷气、热水、煤气、石油液化气、天然气、居民用的煤炭制品
	图书、报纸、杂志、音像制品、电子出版物
	饲料、化肥、农药、农机、农膜
	国务院规定的其他货物
	销售不动产
	不动产经营租赁服务
	建筑服务
	交通运输服务
	邮政服务
	基础电信服务

续表

增值税税率	适用范围
6%	现代服务业(不含有形动产租赁)
	电信业中的增值电信服务
3%	小规模纳税人按征收率简易计税
0%	出口货物(出口退税政策按有关规定)

(注:2017 年 7 月 1 日起,简并增值税税率结构,取消 13%的增值税税率)

(4)征收率

小规模纳税人或一般纳税人适用按简易办法计算应纳增值税,是按 3%征收率计算的,不得抵减进项税额。其计税公式:

$$应纳增值税 = 销售额 \times 3\%$$

$$销售额 = 含税收入 \div (1 + 3\%)$$

(5)增值税起征点

纳税人销售额未达到国务院财政、税务主管部门规定的增值税起征点的,免征增值税;达到起征点的,依照规定全额计算缴纳增值税。

增值税起征点的幅度规定如下:

①销售货物的起征点为月销售额 5 000~20 000 元;

②销售应税劳务起征点为月销售额 5 000~20 000 元;

③按次纳税的起征点为每次(日)销售额 300~500 元。

注意:增值税起征点适用范围只限于个人(个人经营企业),销售额在起征点以下的可以不用缴增值税。

(6)增值税应纳税额的计算

纳税人销售货物或者提供应税劳务,应纳税额为当期销项税额抵扣当期进项税额后的余额。

①一般纳税人:

$$应纳税额 = 当期销项税额 - 当期进项税额$$

如果企业因当期销项税额小于当期进项税额不足抵扣时,其不足部分可以结转下期继续抵扣,在会计账目中设应缴增值税明细账核算。

②小规模纳税人:

小规模纳税人销售货物或者应税劳务,实行简易办法计算应纳税额,不得抵扣进项税额,即按应税销售额全额计税。

$$应纳税额 = 含税销售额 \div (1 + 征收率) \times 征收率$$

③进口货物:

$$应纳税额 = (关税完税价格 + 关税 + 消费税) \times 税率$$

(7)增值税的优惠政策

根据《中华人民共和国增值税暂行条例》,下列项目免征增值税:

①农业生产者销售的自产农业产品。

②避孕药品和用具。

③古旧图书。

④直接用于科学研究、科学试验和教学的进口仪器、设备。

⑤外国政府、国际组织无偿援助的进口物资、设备。

⑥来料加工、来件装配和补偿贸易所需进口的设备。

⑦由残疾人组织直接进口供残疾人专用的物品。

⑧销售自己使用过的物品(不含游艇、摩托车、应征消费税的汽车)。

为了扶持小微企业发展,经国务院批准,自2014年10月1日起,对月收入销售额2万~3万元的增值税小规模纳税人,免征增值税。国家鼓励资源综合利用,财政部和国家税务局规定,对一般纳税人销售再生资源(废旧物资)缴纳的增值税,实行先征后退政策;纳税人生产销售和批发、零售有机肥产品免征增值税;销售自产的再生水、翻新轮胎、以废旧轮胎为全部生产原料生产的胶粉,以垃圾为燃料生产的电力、热力,利用风力生产的电力等免征增值税;对污水处理的劳务免征增值税;对自产的综合利用生物柴油实行增值税先征后退的政策。

2.营业税改增值税

营业税改增值税简称"营改增",营业税的征税对象为应税劳务,转让无形资产或销售不动产的营业收入。具体包括交通运输业、建筑业、金融保险业、邮电通信业、文化体育业、娱乐业、服务业、转让无形资产、销售不动产。2016年3月18日召开的国务院常务会议决定,自2016年5月1日起,将全面推行营改增试点,将建筑业、房地产业、金融业、生活服务业也全部纳入营改增试点。在营改增全面完成前,增值税和营业税并存,增值税的征税对象主要是货物,营业税的征税对象主要是劳务服务。增值税纳税人购买货物承担的增值税准予抵扣,但购买营业税的劳务不能抵扣增值税(营业税是普通发票);营业税的纳税人购买货物承担的增值税也不得抵扣。营改增完成的企业不再按营业税缴纳,按增值税缴税,可以减轻企业税负,营改增完成后,企业不再缴纳营业税,营业税将会退出。

根据财税[2016]36号规定,营业税改成增值税的企业,缴纳增值税,不缴纳营业税;提供交通运输、邮政,基础电信、建筑、不动产租赁服务、销售不动产、转让土地使用权,税率为11%;提供有形动产租赁服务,税率17%;提供生活服务、现代服务及其他服务,税率为6%;境内单位和个人发生的跨境应税行为,税率为零,小规模纳税人增值税征收率为3%。

营业税是以全额为基础计税,增值税是以增值额为基础计税,虽然增值税的税率比营业税高,但计税的基础不同,缴纳增值税的企业可以抵扣进项税,营改增实际减轻了企业税负。

营业税的税率与营改增后的税率前后对比,见表3.2。

表3.2 营业税率与营改增税率比较

税 目	征收范围	原营业税税率	增值税税率(营改增)
交通运输业	陆路运输、水路运输、航空、管道运输、装卸搬运	3%	11%
建筑业	建筑、安装、修缮、装饰及其他工程作业	3%	11%

续表

税　目	征收范围	原营业税税率	增值税税率(营改增)
金融保险	贷款服务、直接收费金融服务、保险服务、金融商品转让	5%	6%
邮电通信业	邮政普通服务、其他邮政服务、基础电信服务	3%	11%
文化体育业	文化服务、体育服务、教育服务、医疗服务	3%	6%
娱乐业	歌厅、舞厅、卡拉 OK、音乐茶座、高尔夫球、保龄球、游艺	5%~20%	6%
服务业	代理业、旅店业、饮食业、旅游业、仓储业、广告业、其他服务业	5%	6%
销售不动产	销售建筑物和其他土地附着物	5%	11%
征收率	增值税的小规模纳税人按 3%计征增值税		

3.消费税

消费税是对少数消费品,以其流转额作为课税对象的一个税种,主要是为了调节产品结构,引导消费方向,保证国家财政收入。

消费税实行价内税,只在应税消费品的生产、委托加工和进口环节缴纳,在以后的批发、零售环节不再缴纳消费税,税款最终在价格中转嫁给消费者承担。

(1)消费税的征税对象

现行消费税的征收范围包括 4 种类型的产品:

①一些过度消费会对人类健康、社会秩序、生态环境等方面造成危害的特殊消费品,如烟、酒、鞭炮、木制一次性筷子、实木地板等。

②奢侈品,非生活必需品,如贵重首饰、珠宝、化妆品、高档手表、高尔夫球及球具。

③高能耗及高档消费品,如小轿车、摩托车、游艇等。

④不可再生和替代的石油类消费品,如汽油、柴油、轮胎等。

2006 年修订的《中华人民共和国消费税暂行条例》规定了 14 个税目。消费税大部分实行比例税率,共有 14 个档次的税率,最低 3%,最高 56%,少数实行定额税率。

(2)消费税的纳税环节

①生产环节:烟、酒、汽油等在生产环节征收。

②进口环节:进口应税消费品在进口报关时征收。

③零售环节:金银首饰消费品消费税在零售环节征收。

(3)消费税计税方法

①从价计税:

$$应纳税额 = 应税消费品销售额 × 适用税率$$

②从量计税:

$$应纳税额 = 应税消费品销售数量 × 适用税额标准$$

消费税税率见表 3.3。

表 3.3　消费税税目税率表

税　目	子　目	税　率
烟	卷烟	(1)生产环节 ①甲类卷烟,每条标准(200 支,下同)调拨价格在 70 元(不含增值税)以上(含 70 元)的卷烟,税率 56%,从量定额税率为每标准箱 150 元。 ②乙类卷烟,即每标准条调拨价格在 70 元(不含增值税)以下的卷烟,税率为 36%,从量定额税率为每标准箱 150 元。 (2)批发环节 批发卷烟的销售额(不含增值税),税率 11%,从量定额税率 250元/每标准箱。 注:卷烟每标准包 20 支,每标准条 10 包,每标准箱 250 条(50 000 支)
	烟丝	30%
	雪茄烟	36%
酒及酒精	白酒	税率 20%,从量定额税率 0.5 元/500 克(或者 500 毫升)
	啤酒	甲类啤酒:250 元/吨(销售价格在 3 000 元/吨以上,不含增值税) 乙类啤酒:220 元/吨(销售价格在 3 000 元/吨以下,不含增值税)
	黄酒	240 元/吨
	其他酒	10%
	酒精	5%
化妆品		30%
贵重首饰及珠宝玉石	金银首饰、铂金首饰和钻石及钻石饰品	5%
	珠宝玉石	10%
鞭炮、焰火		15%
成品油	汽油	1.52/升
	柴油	1.20 元/升
	石脑油	1.52 元/升
	溶剂油	1.52 元/升
	润滑油	1.52 元/升
	燃料油	1.20 元/升
	航空煤油	1.20 元/升
高尔夫球及球具		10%
高档手表		20%
游艇		10%

续表

税　目	子　目	税　率
木制一次性筷子		5%
实木地板		5%
摩托车		(1)气缸容量(排气量,下同)在250毫升(含250毫升)以下的,税率为3% (2)气缸容量在250毫升以上的,税率为10%
小汽车		(1)气缸容量(排气量,下同)在1.0升(含1.0升)以下的,税率为1% (2)气缸容量在1.0~1.5升(含1.5升)的,税率为3% (3)气缸容量在1.5~2.0升(含2.0升)的,税率为5% (4)气缸容量在2.0~2.5升(含2.5升)的,税率为9% (5)气缸容量在2.5~3.0升(含3.0升)的,税率为12% (6)气缸容量在3.0~4.0升(含4.0升)的,税率为25% (7)气缸容量在4.0升以上的税率为40%
	中轻型商用客车	5%
电　池		4%
涂　料		4%

4.所得税

所得税,是以纳税主体的所得为征税对象而征收的一种税,主要包括企业所得税、个人所得税。

(1)企业所得税

①企业所得税的纳税人包括:企事业单位、社会团体以及其他取得收入的组织。

②根据2008年1月1日开始实施的《中华人民共和国企业所得税法》的规定,在税率等方面内外资企业统一适用该法,统一税率,具体体现在以下几个方面:

a.企业所得税基本税率为25%。一般企业所得税率按25%缴纳,包括内外资企业。

b.微利企业基本税率为20%。小型微利企业年利润在30万元以下的,工业企业从业人员不超过100人,资产总额不超过3 000万元;其他企业从业人员不超过80人,总资产不超过1 000万元,其所得税率按20%缴纳。

为了做好小型微利企业税收优惠的衔接,自2015年10月1日起至2017年12月30日,对年应纳税所得不超过30万元的小型微利企业,其所得按50%计入应纳税所得额,按20%的税率缴纳企业所得税,即全额适用减半征税(10%)的优惠政策。

c.高新技术企业基本税率为15%。符合国家高新技术产业优惠政策的企业按15%税率征收所得税。

③其他企业所得税税收优惠:

a.关于促进技术创新和科技进步的税收优惠,企业在一个年度内符合条件的技术转让所得不超过500万元的部分,免征企业所得税;超过500万元的部分,减半征收企业所得税。

b.创业投资企业采取股权投资方式投资于未上市的中小高新技术企业两年以上的,可以按其投资额的70%在股权持有满两年的当年抵扣该创业投资企业的应纳税所得额;当年不足抵扣的,可以在以后纳税年度结转抵扣。

c.关于支持环境保护、节能节水、资源综合利用、安全生产的税收优惠。企业从事符合条件的环境保护、节能节水、资源综合利用、节能减排技术改造,海水淡化等项目所得,自项目取得第一笔经营收入所属纳税年度起,享受"三免三减半"的税收优惠。

d.关于扶持农林牧渔业发展的税收优惠。

④企业从事下列项目的所得免征企业所得税:

a.蔬菜、谷物、油料、棉花、水果、坚果等的种植。

b.农作物新品种的选育。

c.中药材的种植。

d.林木的培育和种植。

e.牲畜、家禽的饲养。

f.林产品的采集。

g.灌溉、农产品的初加工、农机作业、农机维修等。

h.远洋捕捞。

⑤企业所得税的计税:

$$应纳税额 = 应税所得额 \times 适用税率$$

(2)个人所得税

个人所得税是国家对本国公民,居住在本国境内的个人所得和境外个人来源于本国的所得征收的一种所得税。

个人所得税按课税对象,主要分为个人工资薪酬所得和个体经营户生产、经营所得两类。

①个人所得税工资、薪酬所得

a.工资、薪酬所得是指个人因任职或受雇而取得的工资、薪金、奖金,年终加劳动分红、津贴、补贴以及与任职、受雇有关的其他所得收入。

b.工资薪酬,以每月收入额减除可在税前扣除的五险一金标准后减除起征点的余额为应纳税所得额(从2011年9月1日起,起征点为3 500元)。

c.税率。适用7级超额累进税率(3%~45%)计缴个人所得税,见表3.4。

表 3.4 工资、薪酬所得项目税率

级 别	超额部分计税	税率/%	速算扣除数
1	不超过1 500元的	3	0
2	超过1 500~4 500元的部分	10	105
3	超过4 500~9 000元的部分	20	555
4	超过9 000~35 000元的部分	25	1 005

续表

级　别	超额部分计税	税率/%	速算扣除数
5	超过 35 000~55 000 元的部分	30	2 755
6	超过 55 000~80 000 元的部分	35	5 505
7	超过 80 000 元的部分	45	13 505

注:可免除的"五险一金":社保基本养老保险费、医保费、失业保险费、工伤保险费、生育保险费和住房公积金。

d.计算公式(按月计缴):

$$个人应纳所得税 = 应纳税所得额 \times 适用税率 - 速算扣除数$$

e.计算方法:

例如:某人月工资总收入为 7 500 元,起征点为 3 500 元,税前扣除的保险等五险一金为 1 000 元,计算其应缴纳的个人所得税。

应纳个人所得税额 = (7 500 - 1 000 - 3 500) 元 × 10% - 105 元 = 195 元

②个人所得税个体工商户生产经营所得

a.税率。适用 5 级超额累进税率(5%~35%)计缴个人所得税,见表 3.5。

表 3.5　个体经营所得项目税率

级　别	全年超额部分计税	税率/%	速算扣除数
1	不超过 15 000 元的	5	0
2	超过 15 000~30 000 元的部分	10	750
3	超过 30 000~60 000 元的部分	20	3 750
4	超过 60 000~100 000 元的部分	30	9 750
5	超过 100 000 元的部分	35	14 750

b.个体工商经营所得税计算公式:

$$个体工商经营应纳个人所得税额 = 应纳税所得额 \times 适用税率 - 速算扣除数$$

c.计算方法:

例如:某工商户全年经营所得 4.5 万元,计算其应纳的个人所得税。

个体工商经营应纳个人所得税额 = 45 000 元 × 20% - 3 750 元 = 5 250 元

例如:某工商户全年经营所得 12 万元,计算其应纳的个人所得税。

个体工商经营应纳个人所得税额 = 120 000 元 × 35% - 14 750 元 = 27 250 元

第二节　开办企业纳税的基本程序

根据《中华人民共和国税收征收管理法》及其实施细则的规定,纳税人履行纳税义务的基本程序是:首先进行税务登记,同时建立健全账簿、凭证,包括发票的管理;然后在规定的纳税期限内及时申报纳税,并按规定方式缴纳税款,事后再自行进行和接受税务机关的检查;如有违反税收规定行为的,依法承担法律责任。

一、办理税务登记

1.纳税人的税务登记

纳税人在填报税务登记时,应携带下列有关证件和资料。

①营业执照;

②有关合同、章程或协议书以及项目建议书;

③银行账号证明;

④居民身份证、护照或其他合法入境证件;

⑤税务机关要求提供的其他有关证件和资料。

2.纳税申报的内容

纳税申报是纳税人为正确履行纳税义务,就纳税有关事项向税务机关提出的书面申报。纳税人纳税申报的主要内容:税种、税目、应纳税项目或者应代扣、代收税项目、适用税率、计税依据、扣除项目及标准、应纳税额或者应代扣、代收税额、税款所属期限等。纳税人办理纳税申报时,应如实填写纳税申报表并附送有关资料。

一般来说,各种税的纳税申报表所包括的内容有纳税人名称、税款所属期限、应税项目、扣除项目、适用税率、计税依据、应纳税额、缴库日期、代收税项目、代扣代收税额等。

3.纳税申报的方式

①上门申报。纳税人、扣缴义务人、代征人应当在纳税申报期限内到主管税务机关税务大厅办理纳税申报、代扣代缴、代收代缴税款或委托代征税款报告。

②电子网络申报。纳税人按照税务机关确定的税务缴税系统、电子数据交换和网络传输等电子方式进行网上纳税申报。

③现场申报。对临时取得应税收入以及在市场内从事经营的纳税个人,经税务机关批准,可以在经营现场口头向主管税务机关(人员)申报(如集市经营人员按次或按日征收税款的)。

二、税收的征收与税务检查

税收征收是税收管理制度的核心内容,具体包括税款征收基本制度、税收减免制度、税款征收的保障制度等。

税务机关依照法律、行政法规的规定征收税款,不得违反法律和行政法规的规定开征、停征、多征或者少征税款。纳税人未按规定限期缴纳税款的,税务机关除责令限期缴纳外,从滞纳税款之日起,按日加收滞纳税款千分之二的滞纳金。税务机关在征税过程中可以采取税收保全措施,必要时还可以采取强制执行措施。

纳税人可以依照法律、行政法规的规定向税务机关书面申请减税、免税,该申请须经有审批权的审查机关审批。

1.税收的征收方式

①自核自缴方式。这是指财务会计制度比较健全,严格执行会计法规,能够及时正确核算,办税人员认真履行职责,经税务机关批准,纳税人可以根据税法规定,自行计算应纳税额,自行填写缴款书,自行按期到银行缴纳税款的一种纳税方式。

②自报核缴方式。即纳税人向税务机关送纳税申报表,经税务机关审核,核定应征税额,填发缴款书,纳税人自行凭此到银行缴纳税款的一种征收方式。

③查账征收方式。对于按会计法的规定设置账簿,根据合同、有效凭证进行核算的纳税人,一般采用查账征收方式。纳税人的会计核算应真实准确、资料齐全,可以作为计税的依据。这是大多数企业、团体申报纳税的主要方式。

④核定征收方式。这是指对规模较小,或难以提供有效财务资料作为计税依据的纳税人,税务机关通过测算核定征收的方式征收。

⑤查验征收方式。这是指对某些难以进行源泉控制的征税对象,通过检查验证,对照实物,据以征税而采取的一种征收方式。

2.税务检查

税务检查制度是税收征管制度中的保障性制度,主要包括税务检查的事项、税务机关和纳税人在税务检查中的权利和义务。税务检查的内容和方法主要包括以下几个方面。

①检查纳税人的账簿、记账凭证、报表和有关资料。

②到纳税人的生产、经营场所和货物存放地检查纳税人的应纳税的商品、货物或者其他财产。

③责成纳税人提供与纳税有关的文件、证明材料和有关资料。

④到车站、码头、机场、邮政企业检查纳税企业托运、邮寄应纳税商品的有关单据、凭证和有关资料。

⑤税务机关在调查税收违法案件时,经设区的市、自治州以上的税务局(分局)局长的批准,可以查询案件涉嫌人员的储蓄存款。

⑥税务机关派出的人员进行税务检查时,应出示税务检查证和税务检查通知书,并有责任为被检查人保守秘密。未出示税务检查证和税务检查通知书的,被检查人有权拒绝检查。

税务机关派出的人员进行税务检查时,纳税人在税务检查中的义务:纳税人、扣缴义务人必须接受税务机关的税务检查,如实反映情况,提供有关资料,不得拒绝、隐瞒。

三、税收法律责任

1.税收违法行为的类型

纳税人的税收违法行为主要包括违反税收管理制度的行为、偷税行为、欠税行为、抗税行为、骗取出口退税行为和其他违法行为。

①偷税:是指纳税人伪造、变造、隐匿、擅自销毁账簿、记账凭证,或者经税务机关通知申报而拒不申报或者进行虚假申报,不缴或者少缴应纳税款的行为。

②欠税:是指纳税人、扣缴义务人在规定期限内不缴或者少缴应纳或者应缴的税款的行为。

③抗税:是指以暴力、威胁方法拒不缴纳税款的行为。

④骗税:是指单位或个人采取对所生产或经营的产品假报出口等欺骗手段,骗取国家出口退税款的行为。

⑤逃税:是指纳税人欠缴应纳税款,采取转移或者隐匿财产的手段,致使税务机关无法追缴欠缴的税款的行为。

2.税收违法行为的法律责任

①纳税人未按照规定期限缴纳税款的,税务机关除责令限期缴纳外,并按日征收滞纳金。

②纳税人有偷税行为的,由税务机关追缴其不缴或者少缴的税款、滞纳金,并处不缴或者少缴税款的5%以上5倍以下的罚款。偷税严重的,偷税数额占应纳税额的30%以上,并且偷税数额在10万元以上的,处3年以上7年以下有期徒刑,并处偷税数额1倍以上5倍以下的罚金。

③以暴力、威胁方法拒不缴纳税款,除由税务机关追缴其拒缴的税款、滞纳金外,处3年以下有期徒刑或者拘役,并处1倍以上5倍以下罚金,情节严重的处3年以上7年以下的有期徒刑。

因此,创业投资者应从开始创业就要树立依法经营、依法纳税的理念,依靠正当经营获利,切不可以偷税、逃税为盈利手段,这样的企业是不长久的,得不偿失。

第三节 创办企业主要税种及税金的计算

创业者需要知道企业涉及的主要税金的计算,树立正确的纳税意识,依法纳税、依法经营,并为企业经营决策的预测及缴税提供帮助。下面介绍一些主要税种的计税例子,供创业者学习参考。

一、增值税及其税额的计算

例3.1 某创业者创办了一家服装企业,6月份实现的销售收入(不含税)为3 200 000

元,购进成本(不含税)为 1 800 000 元,企业为一般纳税人,税率为 17%。请计算该企业 6 月份应缴纳的税金(流转税)。

分析:该企业生产服装,应缴纳增值税,属于一般纳税人,税率执行为 17%,会计核算上实行价税分离分别核算,增值税设置销项税与进项税的明细账核算。这里用公式计算应缴纳的增值税的税金。

$$增值税额 = 增值额 \times 增值税率$$
$$= 销项税 - 进项税$$
$$= 销售收入 \times 增值税率 - 购进成本 \times 增值税率$$
$$= 3\,200\,000\,元 \times 17\% - 1\,800\,000\,元 \times 17\%$$
$$= 238\,000\,元$$

例 3.2　某创业者创办了一家日用品批发公司,3 月份实现批发总销售收入为 5 600 000 元(不含税),购进成本为 4 800 000 元(不含税),税务局核定其为一般纳税人,增值税税率为 17%。请计算该公司 3 月份应缴的税金。

分析:该企业是商业批发企业,流转税应缴纳增值税,增值税率适用 17% 的税率计税。则:

$$增值税额 = 增值额 \times 增值税率$$
$$= 销售收入 \times 增值税率 - 购进成本 \times 增值税率$$
$$= (销售收入 - 购进成本) \times 增值税率$$
$$= (5\,600\,000 - 4\,800\,000)\,元 \times 17\%$$
$$= 136\,000\,元$$

值得注意的是:税务部门在征缴增值税时是以会计资料提供的增值税明细账(销项税-进项税)的差额征缴,而且进项税的抵扣须凭购进时取得的增值税发票的税金抵扣,如果购进时没有取得增值税发票,则不能减进项税额。因此,在测算税金的计算时,可用以上方法计算,在实际征缴税款时,应以税务部门认定的应税金额计缴。

例 3.3　某创业者创办了一间日用杂货零售店,税务部门认定其按小规模纳税人缴税,5 月份其销售额为 60 000 元。请计算 5 月份应缴税金。

分析:该零售店应缴的税金是增值税,按小规模纳税人 3% 征收率计算税金,则:

$$增值税额 = \frac{销售收入}{1 + 增值税率} \times 增值税率$$
$$= \frac{60\,000\,元}{1 + 3\%} \times 3\%$$
$$= 1\,747\,元$$

注意:小规模企业的增值税是对应税销售额全额征税,而且是不含税的销售额计税;不能按一般纳税人的增值额为依据的公式计税,因而小规模纳税人的税率较低,注意其区别。

例 3.4　某创业者创办了一家农资公司,税务部门认定其为一般纳税人,其全年的销售额为 8 500 000 元(不含税),全年的购进成本为 5 200 000 元(不含税)。请计算该公司全年的应缴税金。

分析：该企业经营农业生产资料业务，增值税税率适用11%的低税率，则：

$$增值税额 = 增值额 × 增值税率$$
$$= (销售收入 - 购进成本) × 增值税率$$
$$= (850\ 000 - 520\ 000) 元 × 11\%$$
$$= 36\ 300 元$$

注意：经营粮食、食用植物油，农资、图书以及关系居民生活的水、煤气等增值税率按11%低税率计税。

例 3.5 创业者黄某开办了一间旅店，兼营餐饮业，6月的营业收入为25 000元，餐厅营业收入为30 000元，购进材料为18 000元(不含税)。请计算其6月应缴的税金。

分析：旅业、餐饮业属于服务业，原来征收营业税的税率为5%，营改增后，应缴纳增值税，增值税率为6%，则：

$$营改增前缴纳营业税：营业税额 = 营业额 × 营业税率$$
$$营业税额 = (25\ 000 + 30\ 000) 元 × 5\% = 2\ 750 元$$

注意：营业税是以营业销售收入全额计税的，增值税是以增值额计税，55 000元收入未达到一般纳税人标准，按小规模纳税人3%征收率缴纳增值税，全额计税，而且需要把含税收入换成不含税的收入计税。

$$应纳增值税额 = \frac{含税销售额}{1 + 征收率} × 征收率$$

$$= \frac{55\ 000\ 元}{1 + 3\%} × 3\% = 1\ 602 元$$

营改增减少了该纳税人负担即：2 750 元 - 1 602 元 = 1 148 元

例 3.6 某创业者开办了一间电器维修店，5月份的营业收入有8 000元，材料成本为1 500元，店铺租金为500元。请计算5月的应缴税金。

分析：该电器维修店属于服务业，按小规模纳税人3%税率缴纳增值税。则：

$$应纳增值税额 = \frac{含税销售额}{1 + 征收率} × 征收率$$

$$= \frac{8\ 000\ 元}{1 + 3\%} × 3\% = 233 元$$

注意：该例题虽然有其他数据，但按3%简易征收率计算增值税不抵扣税金。

例 3.7 投资者徐某开办了一间卡拉OK舞厅、音乐茶座、保龄球、游戏厅等综合娱乐中心，不含税全年营业收入为16 800 000元，该企业完成营改增试点，缴纳增值税，可抵扣的不含税进项价为6 000 000元。请计算其应缴的税金，并对比缴营业税与增值税的差别。

分析：娱乐服务业利润水平较高，原营业税税率为20%。则：

$$营业税额 = 营业额 × 营业税率$$
$$= 16\ 800\ 000\ 元 × 20\% = 3\ 360\ 000 元$$

营改增后，增值税税率为6%，并可以抵扣增值税专用发票注明的进项税金。

$$应缴增值税 = 销项税 - 进项税$$
$$= 不含税销售额 × 增值税率 - 不含税购进额 × 增值税率$$

$$= (16\ 800\ 000 - 6\ 000\ 000)\ 元 \times 6\% = 648\ 000\ 元$$
$$该企业税金降低 = 3\ 360\ 000\ 元 - 648\ 000\ 元 = 2\ 712\ 000\ 元$$

说明:娱乐服务业这些盈利水平较高的行业,原来营业税税率为 5%~20%,实行营业税改成增值税后,有的娱乐服务业不仅税率大幅降低,而且还可抵扣购进的增值税进项税金,营改增减少了多数企业的税负。

例 3.8   创业者黄某创办了一家补漏服务企业,管理着几个小区的物业服务,年营业收入为 320 000 元,有员工 10 余人,营改增后按小规模纳税人缴纳增值税。请计算其应缴纳的税金。

分析:物业维修服务企业属于生活服务业,增值税征收率为 3%。则:

$$应纳增值税额 = \frac{含税收入}{1 + 征收率} \times 征收率$$

$$= \frac{320\ 000\ 元}{1 + 3\%} \times 3\% = 9\ 320\ 元$$

例 3.9   创业者黄某从事运输业,购买了两辆货运汽车进行物流运输,8 月的营业收入为 68 000 元。请计算其 8 月应缴的税金。

分析:运输业营改增前税率为 3%,营改增后征收率 3%。

即 $营业税额 = 营业额 \times 营业税率 = 68\ 000\ 元 \times 3\% = 2\ 040\ 元$

营改增后,应按 3% 征收率简易计征增值税:

$$应纳增值税额 = \frac{含税收入}{1 + 征收率} \times 征收率$$

$$= \frac{68\ 000\ 元}{1 + 3\%} \times 3\% = 1\ 980\ 元$$

说明:相同税率,营改增后降低了税金 60 元。

例 3.10   创业者潘某从事建筑安装、装修业,员工有 8 人,年营业收入为 1 200 000 元。请计算其全年应缴的税金。

分析:建筑安装服务业增值税率 11%,虽然年收入超过 50 万元,会计制度不健全,按 3% 小规模纳税人征收税金。则:

$$应缴增值税额 = \frac{含税收入}{1 + 征收率} \times 征收率$$

$$= \frac{1\ 200\ 000\ 元}{1 + 3\%} \times 3\% = 34\ 952\ 元$$

二、消费税及其税额的计算

例 3.11   某创业者创办了一家白酒生产企业,年销售额为 600 000 元,销量 200 000 斤。请计算其消费税税金。

分析:白酒生产企业缴纳消费税,消费税一般在生产环节征收,在企业销售产品时按计税价格计税,白酒消费税率为 20%,加收从量征收 0.5 元/斤,该企业的消费税由两部分构成复合计税。则:

$$白酒的消费税额 = 从价计征的应缴消费税 + 从量计征的应缴消费税$$
$$= 600\ 000 元 \times 20\% + 200\ 000 斤 \times 0.50 元 / 斤$$
$$= 220\ 000 元$$

例 3.12 某卷烟厂 3 月份生产甲类卷烟 1 万箱(标准箱),每箱 5 万支卷烟,销售总额为 2 500 万元,请计算其 3 月份应缴的消费税。

分析:卷烟厂缴纳消费税在生产环节缴纳消费税,甲类卷烟按 56% 计税,并按量 150 元/箱加收,两项合并复合计税征收。则:

$$消费税额 = 从价征收消费税 + 从量征收消费税$$
$$= 2\ 500 万元 \times 56\% + 10\ 000 箱 \times 150 元 / 箱$$
$$= 1\ 550 万元$$

例 3.13 某公司从国外进口一辆 2.8 升气缸容量的小汽车,海关完税购进价为 450 000 元人民币,进口经海关报关时需缴纳消费税,请计算其应缴的消费税。

分析:进口小汽车属于应征消费税的商品,在海关报关时须缴纳消费税,气缸容量在 2.5~3 L 的,消费税率为 12%。则:

$$消费税额 = 450\ 000 元 \times 12\% = 54\ 000 元$$

例 3.14 某商场化妆品经营部从香港公司进口海关完税价 1 000 000 元化妆品,经海关需缴纳消费税,请计算该批化妆品应缴的消费税。

分析:化妆品的消费税率为 30%。则:

$$消费税额 = 海关完税进口额 \times 消费税税率$$
$$= 1\ 000\ 000 元 \times 30\% = 300\ 000 元$$

注意:进口商品在海关报关时需缴纳增值税,属于应缴纳消费税的商品还须计缴消费税,计税依据是组成计税价格=(关税完税价格+关税)÷(1−消费税税率),关税及完税价格较为复杂,不在这里介绍。

例 3.15 某金银首饰、钻石首饰专营商店,2 月金银、钻石首饰销售收入为 8 000 000 元,请计算其应缴的消费税。

分析:金银、钻石首饰品的消费税为 5%。则:

$$消费税额 = 销售额 \times 消费税税率$$
$$= 8\ 000\ 000 元 \times 5\% = 400\ 000 元$$

注意:金银、钻石首饰的消费税是在零售环节由零售经营者缴纳,其他环节不征收。不是纯金银制品的其他首饰则除外,税率为 10%,在生产环节或进口环节征收。

三、企业所得税及其税额的计算

例 3.16 某企业生产电器,全年的电器销售收入为 6 800 万元,生产成本为 4 500 万元,企业的利润总额为 2 300 万元,企业为一般纳税人。请计算其应缴所得税税金,并计算该企业的税后净利润。

分析:一般的企业所得税税率为 25%,该企业虽然利润总额有 2 300 万元,但是企业的总利润并不是全部属于企业,有一部分属于国家的税金,只有缴纳完所得税后的净利润才属于企业自己支配的利润。

$$企业应纳所得税 = 应税所得额 × 所得税率 = 2\ 300\ 万元 × 25\% = 575\ 万元$$
$$净利润(税后利润) = 2\ 300\ 万元 - 575\ 万元 = 1\ 725\ 万元$$

注意：本例题告诉创业者，从创办企业、经营企业开始，要树立依法纳税的意识，企业每盈利100元，其中有25元是国家的税金，企业要正当经营，不能偷税漏税，否则触犯法律是要承担法律责任的。

例3.17　某生产企业总资产为2 800万元，工人人数有90人，年度利润总额为250 000元，请计算其应缴的所得税。

分析：该企业属于微利企业，所得税税率按优惠低税率20%执行。则：

$$所得税额 = 应税所得额 × 所得税率$$
$$= 250\ 000\ 元 × 20\% = 50\ 000\ 元$$

例3.18　某商业企业总资产为900万元，员工人数有50人，年度利润为210 000元，请计算其应缴所得税。

分析：该商业企业符合微利企业条件，所得税率按低税率20%计征。则：

$$所得税额 = 应税所得额 × 所得税率$$
$$= 210\ 000\ 元 × 20\% = 42\ 000\ 元$$

注意：工业企业总资产不超过3 000万元，从业人数不超过100人，年度利润不超过30万元；其他企业总资产不超过1 000万元，年度利润不超过30万元，则所得税率按低税率20%计税。它体现国家用税收政策扶持微小企业的发展。但是，当企业的规模或利润超过微利企业的条件时，则按正常企业征税。

例3.19　某股份上市公司，2007年被广东省科学技术厅认定为高新技术企业，2007年1月起享受高新技术企业所得税优惠，税率按15%缴纳。公司2007年的总资产为168亿元，营业总收入为149亿元，利润总额为8.66亿元，请计算其应缴所得税。

分析：被认定为高新技术的企业，所得税按15%优惠税率计算。则：

$$所得税额 = 利润总额 × 所得税率$$
$$= 8.66\ 亿元 × 15\% = 1.299\ 亿元$$

如果不享受优惠税率，而按企业所得税率25%计税，则所得税额为：

$$所得税额 = 8.66\ 亿元 × 25\% = 2.165\ 亿元$$

优惠税率使该公司少缴所得税：

$$2.165\ 亿元 - 1.299\ 亿元 = 0.866\ 亿元$$

国家对高新技术企业的扶持政策，体现在所得税15%的优惠税率政策上。

例3.20　创业者黄某开办了一家养猪场，饲养了200头猪，年盈利为35万元。请计算其应缴的所得税。

分析：根据《中华人民共和国企业所得税法》的规定，农业生产者自产自销的种植、饲养的农业产品免缴所得税，并且增值税也同样免缴，所以该创业者饲养生猪所取得的收入及盈利是不用交税的。但是从事生猪的收购流通的企业则需缴纳增值税。

例3.21　某农业生产者从事种植茶油，并注册了茶油农业公司，年销售收入为800万元,盈利350万元。请计算其应缴的所得税。

分析:企业从事农业果树、油料种植,农产品初加工,企业免征所得税。该公司虽然注册了公司,但属于农产品的自产自销,同样免征农业增值税、所得税。因此,该公司不用交税,但员工的工薪个人所得税则需企业代扣代缴。

四、个人所得税计算

个体工商生产经营所得按适用5级超额累进税率进行计算缴税(最低一级为5%,最高一级为35%)。

例3.22 某个体工商户开了一家时装店,年销售额为7 600 000元,有员工8人,经理平均月工资为8 500元,业务主管月工资为5 500元,店员月工资为2 300元,年利润总额为2 800 000元,税务部门认定其为小规模纳税人,并采用查账方式征收税金。

分析:该个体工商户需缴纳增值税、个体经营个人所得税、代扣员工个人工资所得税。增值税率适用3%,所得税适用5级累进税的35%,这是一个综合计税题。计算如下:

(1) 应缴增值税额 $= \dfrac{年销售收入}{1 + 增值税率} \times 增值税率$

$$= \frac{7\,600\,000 \text{元}}{1 + 3\%} \times 3\% = 221\,359 \text{元}$$

(2) 应缴所得税额 = 应税所得额 × 适用税率 − 速算扣除数

$$= 2\,800\,000 \text{元} \times 35\% - 14\,750 \text{元} = 965\,250 \text{元}$$

(3)代扣个人所得税

经理月工资为8 500元,应代扣代缴个人所得税:

个人所得税额 = 应税所得额 × 适用税率 − 速算扣除数

$$= (8\,500 - 3\,500) \text{元} \times 20\% - 555 \text{元} = 445 \text{元}$$

业务主管月工资为6 500元,应代扣代缴个人所得税:

个人所得税额 $= (5\,500 - 3\,500) \text{元} \times 10\% - 105 \text{元} = 105 \text{元}$

例3.23 某创业者以个人独资方式注册开办一家酒楼,年营业收入为1 080 000元,有员工12人,经理月工资为5 000元,2名业务主管月工资为3 000元,其余员工月工资为1 500元以下,企业年盈利为38万元,税务部门核定其营业税、城建税、教育附加费等包干的所得税综合税率为5.6%,按营业额查账征收,请计算其应缴的税金。

分析:对于一些小规模纳税人,税务部门按行业、地段核定一个综合税率一次计缴。该酒楼属于增值税、所得税、附加税费综合核定一个税率计缴的例子。则:

应缴税金 = 营业收入 × 消费税额适用税率

$$= 1\,080\,000 \text{元} \times 5.6\% = 60\,480 \text{元}$$

经理月工资个人所得税 = 应税所得额 × 适用税率 − 速算扣除数

$$= (5\,000 - 3\,500) \text{元} \times 3\% - 0 = 45 \text{元}$$

业务主管月工资3 000元、员工工资1 500元,低于起征点3 500元,免扣个人所得税。

注意:员工的工资个人所得税须企业每月代扣代缴。

例 3.24　某个体户开办一家饭店,有员工 5 人,月平均营业收入大约为 25 000 元,税务部门核定其按定额征收税款,每月包干税金 300 元。请计算其应缴税金。

分析:税务部门对于财务资料不健全,提供的资料难以按查账征收,按行业地段核定一个包干的综合税额缴纳。该饭店属于包干税金,包括营业税、其他税费、所得税总额为 300 元,每月缴 300 元税款后就不需缴其他税了。大多数个体户都属于包干税收。

例 3.25　某个体户在住宅小区开了一间便利店,营业额较小,税务部门核定其包干综合税收每月 50 元。

分析:有关税法规定,增值税的起征点为月销售收入 5 000~20 000 元,因此,税务部门对于规模较小、销售营业收入不大的个体工商户企业,其综合包干税额也会根据行业、地段核定一个较小的包干税额,这对个体经营户及创业者创业初期是很有利的帮助。

根据国务院财政、税务主管部门的规定,增值税的起征点调整为以下几个:

①销售货物的调整为 5 000~20 000 元/月。

②销售应税劳务的调整为 5 000~20 000 元/月。

③按次缴纳的起征点调整为 300~500 元/次(日)。

创业企业未达到起征点的纳税人,免征增值税。

【案例 3.1】

虚开增值税发票被罚款

深圳市某电子新技术有限公司为增值税一般纳税人。2005 年 7 月 15 日,公司所属的当地国税分局接到上级税务机关下发的通知,称该有限责任公司在 2004 年 2 月取得的武汉某公司开具的发票是经公安部经济犯罪侦察局、国家税务局确认的虚开增值税专用发票。接到通知后,当地国税分局立即组织精干力量依法对该公司进行调账检查。

调查结果发现,该公司与武汉某公司既没有签订货物购销合同协议,也没有销货企业的送货单等来往单据,该公司取得的发票所对应的送货单是该公司的计算机文员自己制作的。在无任何货物交易的情况下,该公司利用武汉公司提供的虚开的增值税专用发票进行虚假纳税申报。据了解,该公司于 2004 年 2 月 6 日开具的增值税专用发票 15 份,于 2004 年 2 月向税务机关申报了增值税进项税额,总计偷逃国家税款达 99 万多元。

稽查人员对公司进行全面调查后认为,该公司的行为违反了《增值税专用发票使用规定》第八条第一款的规定,根据《中华人民共和国税收征管法》第六十三条的规定,构成偷税。当地国税分局根据其偷税的行为,要求该公司补交税款和滞纳金,并对该公司处以偷税款一倍的罚款,偷税款、罚款、滞纳金总计达 200 多万元。

【案例 3.2】

依法纳税不可轻视

某市某酒家歌舞厅,主管税务机关 2016 年对其进行税务检查时,发现该歌舞厅 2016 年 1—9 月各项营业收入为 400 000 元,而各项支出费用为 850 000 元,9 个月累计亏损达到 450 000 万元,这是很不正常的。经了解,歌舞厅的收入是多种多样的,主要收费项目有门票收入、出售饮料收入、烟酒收入、献花费、卡拉 OK 费、卡拉 OK 点歌费等。根据了解,歌舞厅的收入平时要少些,周末则较多。税务机关根据该歌舞厅存在大量收入未入账、账目不全的事实,依据《中华人民共和国税收征收管理法》第二十三条第三款纳税人"虽然设置账簿,但账目混乱或成本资料、收入凭证、费用凭证残缺不全、难以查账"的规定,以及《中华人民共和国税收征管法实施细则》第三十五条第四款的规定,决定按照其他合理的方法核定其营业额。

税务机关派出专门人员通过调查和经过一段时间的实地观察测算,该歌舞厅每周的营业额估计为:门票收入为 9 000 元,饮料烟酒为 24 000 元,卡拉 OK 费为 20 000 元,鲜花费为 2 000 元,合计为 55 000 元。

按 39 周计算,其营业额为 2 145 000 元(39 周×55 000 元)。按税务机关核定的 3% 的简易征收率计算,应纳税额为 62 475 元,应补纳税款 62 475 元。税务机关依据有关规定,作出该歌舞厅限期补纳税款的处理,并处罚税款 20 万元的处理,该老板终于尝到不依法纳税的苦果。

思考与练习

一、思考题

1.什么是税收,企业不纳税行吗?

2.我国的税收分为哪几类,创业企业常涉及的主要税种有哪些,你选择的创业企业缴纳哪些税种?

3.什么是增值税,增值税的计税依据是什么?

4.什么是纳税人,增值税的纳税人分为一般纳税人和小规模纳税人两类,由谁认定? 认定的标准是什么?

5.什么是销项税与进项税,增值税是如何计算的,增值税的优惠政策有哪些?

6.什么是营业税,营改增后对企业税负有什么影响?

7.什么是消费税,消费税征税对象有哪些? 消费税一般在哪个环节征收?

8.消费税的计税方法有哪几种,如何计算消费税?

9.什么是所得税,所得税分几类,什么是企业所得税,新的企业所得税法对内外资企业的所得税率的规定是否统一税率,企业所得税有哪些优惠政策?

10.个人需要缴税吗? 个人所得税按课税对象分哪两类?

11.如何计算个人工资薪金所得税?

12.如何计算个体经营所得税?

13.简述开办企业纳税的基本程序。

14.税收征收的主要方式有哪些?

15.税收违法行为有哪些类型?

16.虚开增值税发票属于什么行为,应负什么责任?

二、实训练习

1.某创业者创办了一家制鞋企业,5 月实现销售收入(不含税)为 180 万元,购进成本

（不含税）为 105 万元，企业为一般纳税人，税率为 17%，请计算该企业 5 月应缴纳的增值税金。

2.某家电商场，10 月实现销售额为 850 万元（不含税），购进成本为 600 万元（不含税），企业为一般纳税人，税率为 17%，请计算该企业 10 月应缴纳的增值税金。

3.某创业者开办一家服装零售店，全年实现销售额为 80 万元，企业被核定为小规模纳税人，按销售额 3%缴纳增值税，请计算该商店全年应缴的增值税。

4.某创业者开办一家酒店，8 月实现不含税营业额为 35 万元，购进增值税专用发票注明购进价为 15 万元，营改增后按 6%的税率缴税，请计算其 8 月应缴的税金。

5.某创业者开办了一间摩托车维修店，5 月的营业收入有 20 000 元，材料成本为 6 000 元，店铺租金为 500 元，营改增后增值税率为 6%，请计算其 5 月的应缴税金。

6.某旅游公司 5 月实现不含税营业额 500 万元，营改增后增值税率为 6%，请计算其 5 月应缴的税金。

7.某创业者开办一家货运运输公司，3 月实现不含税收入 60 万元，增值税专用发票不含税购进价 10 万元，税率按 11%计税，请计算其 3 月应缴的税金。

8.某创业者开办的服装店，全年实现销售额为 80 万元，企业年利润实现 23 万元，按微利企业缴纳所得税，税率为 20%，请计算该商店全年应缴的所得税。

9.某超市全年实现销售额为 1 080 万元，年利润额为 105 万元，所得税率为 25%，请计算该超市全年应缴的所得税。

10.某人月总收入 6 000 元，个人所得税起征点为 3 500 元，税前扣除的保险等 3 费 1 金 800 元，计算其应缴的个人所得税。

11.某创业者开办一家酒楼，年营业收入为 150 万元，有员工 12 人，经理月工资 8 000 元，2 名业务部长月工资 3 000 元，其余员工月工资 1 500 元，企业年盈利 45 万元，税务部门核定其增值税、所得税，按报表查账征收，请计算其应缴的增值税、所得税以及经理、部长、员工应代扣的个人所得税各是多少。

第四章　创办企业的人员组织管理

　　企业的经营离开人是不能运转的,人力资源是现代企业管理的重要构成要素,也有许多创业企业的失败原因之一是人的管理出现问题所致。只要善于汇聚人的智慧,把各种各样的人用好,人尽其才、各尽其用,你的事业才会兴旺发达。创业者创业初期也许是一两个人,随着创业的成功,企业不断发展扩大,需要招聘越来越多的员工。如何招聘员工、管理员工、激励员工,是创业者必须学会的。

　　本章将介绍企业的人员组织,如何招聘员工、激励员工的知识。

　　经营一个企业离不开七要素:人、财、物、产、供、销和管理,其中人是企业生产的核心,人力资源已经成为企业的人力资本,有效的人力资源管理才能实现企业的绩效和经营目标。

　　为了实现创业梦想,使企业能顺利和有效地运行,创业者必须知道企业有哪些工作要做,并且怎样雇用合适的人去做,需要多少人去做。一个有效的企业,必须有一支具有知识和技能,具有团队精神的队伍。

第一节　创办企业的人员组成

一、企业的人员组成

企业的人员组成一般包括业主、企业合伙人、管理人员、员工、企业顾问等。

1. 业主

业主是企业的投资人,企业的所有人、创业者。在大多数小企业中,业主是创业者并兼任经理,业主可以行使下列职责:

①开发创业,做计划,制订目标和行动计划。

②组织和调动员工实施行动计划。

③确保计划的执行,使企业达到预期目标。

创业者需考虑自己的经营能力,明确哪些工作可以由自己做,哪些工作自己没有能力也没有时间去做。如果自己不能做到的,就需要把自己的职责分离出来,聘请经理或部门主管去做,同时考虑聘请人员应具备的能力和经历。

2. 企业合伙人

企业合伙人是指企业的共同投资人,是企业的所有人之一。当业主个人能力有限或者个人资金有限,不能满足企业经营的需要,或者企业的经营需要合伙人有效组合互补、共同决策、共享利润担承风险时,就需要吸收合伙人入伙。

3.管理人员

当企业扩大发展后,业主一个人的精力和时间是有限的,需要把自己的职能不断分离出去,聘请专业人员负责,包括职业经理、各部门管理人员、专业技术人员。

4.员工

员工是企业雇用聘请的人员,是企业人员的组成主体,占绝大部分。员工包括管理人员、生产人员、营业人员。

5.企业顾问

企业需要法律及技术的咨询,聘请企业顾问是最好的选择。企业顾问是为企业提供专业知识、法律知识等的专业人员,是企业补充的兼职聘用人员。

二、企业人员的组织机构

企业人员的组织机构见图4.1。

经理

| 人力资源部 | 行政部门 | 财务部门 | 生产管理 | 采购部门 | 销售部门 |

图4.1　企业人员的组织机构

经理领导各职能部门,经理可以分解为分工负责的副经理;各职能部门组织生产经营管理;各部门人员按部门管理。

第二节　人力资源的规划

人力资源规划,是确保组织对人力资源在数量和质量上的需要。员工的选择和员工的绩效会极大地影响企业的投入和产出。如果你聘用到合适的员工,企业的生产力和利润就会更高。创业者对企业人力资源的规划和岗位设计应认真考虑,分析企业人员数量的需求和岗位需求,并规划如何招聘员工和培养员工。

一、岗位分析

岗位分析是根据工作的性质、繁简难易、责任、执行工作应具备的知识与技能、经验,进而制订担任工作所必需的任职资格,聘用合适的人员。

首先要确定企业有哪些工作要做,需要具有什么专业与技能的员工,需要员工的数量和员工的岗位要求,编制岗位说明书明确选用什么人来做。

其次制订员工招聘计划,列出岗位需求情况及所需的技能和工作态度,估计员工需求的数量,确定任职资格。

然后实施招聘计划,招聘员工、培训员工,使员工了解企业,适应企业的需求。

二、员工的招聘与培训

对于创业者而言,员工招聘是人力资源管理中最基本的日常工作,通过招聘为企业找到各个岗位的合适人选。这项工作关系到创业企业未来的生存和发展。

1.招聘原则

由于招聘工作关系到企业未来的生存和发展,因此在进行员工招聘时应遵循以下原则:竞争原则;公平公正原则;能力对应原则;互补增值原则。

2.招聘流程

招聘一般分为3个阶段:准备阶段、实施阶段以及结果形成阶段,具体招聘流程见图4.2。

求职申请表整理 → 面试 → 测试 → 核实 → 综合评估 → 体检 → 录用

图4.2　招聘流程

3.招聘的渠道与方式

选择一个好的招聘渠道和方式是影响企业创业能否成功的一个重要因素。招聘渠道按照招聘人员来源方式的不同可分为外部招聘和内部招聘。

(1)外部招聘

①员工的推荐介绍,即通过公司员工举荐新员工的招聘方式。员工推荐的特点是招聘成本小,应聘人员素质高,可靠性强,不用花很长时间去发现和筛选那些不知名的求职者。员工推荐的缺点是招聘面窄,往往招不到最优秀的人才。

②报纸招聘:通过在报纸上做广告进行招聘的一种招聘方式。

③校园招聘:通过学校就业服务中心进行招聘的方式。

④招聘会:通过参加社会举办的供需见面会达到招聘人员的目的。

⑤职业介绍所招聘。

⑥网络招聘。

(2)内部招聘

①布告招聘是在企业内部招聘人员的普通方法。传统做法是在企业布告栏发布工作岗位空缺的信息,现已采用多种方法发布招聘信息。

②利用技术档案的信息。内部招聘的另一种方法是利用现有人员技术档案中的信息进行招聘。这些信息可以帮助招聘人员确定是否有合适人选,然后再与他们接触,以了解员工是否有提出申请的想法。这种方法可以和布告招聘共同使用,以确保岗位空缺引起所有具有资格申请的人员的注意。

4.员工的培训

(1)员工培训的作用

培训员工对员工和企业双方都能起到作用:对员工个人来说,培训可以充分发挥和利用员工潜能,有效地满足个人的需求,更大限度地实现自身的价值,提高工作满意度,增强对企业的归属感和责任感。对企业来说,有效的培训可以减少事故,降低成本,提高工作效率和经济效益,提升企业整体素质,增强企业的市场竞争能力。国内外很多公司的经验表明,培训越深入,员工的稳定性越高,对员工的培训越多,他们的业绩就越好,就越想留下来。

（2）员工培训的方法

①演示:能形象地表达所培训的内容。

②讲解:是培训中最基本的表达方式。

③小组讨论:是培训中集体互动的一种方式。

④案例学习:如果参与培训的员工理论和实际水平较高,利用案例学习的效果就较好。

⑤角色演练:是培训员工发挥个人表演能力的一种培训学习方式。

⑥游戏:游戏培训方式充满了知识性和趣味性。

（3）员工培训的考核

为了确保企业员工对培训足够的重视,提高他们学习的积极性和主动性,务必对受训人员进行考核;同时,企业可以在考核中发现优秀人才作为今后重点培养对象,为企业做好人才储备。

考核方式:

①培训结束填写员工培训报告表。

②培训课程的课后作业完成情况。

③培训课程结束后的结业考试。

④受训过程中及受训后在实际生产中的应用情况和效果体现。

三、员工的激励措施

为了充分激发员工潜能,满足员工多样化的需求,创业企业应该采取多种形式的激励手段,分别从物资、精神、情感方面激励员工。

创业企业在进入劳动力市场吸引高绩效员工时处于明显的劣势,因为对于求职者来说,新企业没有名牌品牌,名气不大,不具有大企业的安全感和品牌熟悉感,要吸引优秀人才并不容易。创业企业如不能留住重要的和敬业的员工,企业就不能健康成长。那么,创业者应如何激励和留住人才呢?

要想有效地激励员工,首先要了解员工的需求,才能采取有效的措施对其进行激励。创业者可以从以下几个方面考虑:

1.工资待遇的激励

为员工提供有吸引力的工资报酬和合理的工作条件对激励员工的积极性、保持工作热情非常重要。创业者需要在遵守国家法律法规的前提下,根据自己企业的实际情况来合理地确定员工工资水平。员工的工资水平过高过低都不好。工资过高,企业的生产和利润会受到影响,将难以承受;工资太低,达不到市场的平均工资水平,会影响员工的工作积极性、员工队伍的稳定性。因此企业须根据市场行业工资水平,结合自己企业的实际效益制订合理的工资。

创业者制订员工工资标准,应该符合国家和当地的法律规定,遵守《中华人民共和国劳动法》的有关规定,工资分配应当遵守按劳分配的原则,实行同工同酬。支付的工资标准不得低于当地最低工资标准。工资应当以货币形式按月支付给员工本人,不得克扣或无故拖欠员工的工资。员工在法定休假和婚丧假期间以及依法参加社会活动期间,应当依法支付工资。

2.制订绩效评价和奖金激励

制订员工绩效评价标准,给员工一个合理的任务和职责,对工作完成得好的及超额完成任务的员工,给予奖金或提成的奖励。对绩效出色的员工奖励,可以激发其他员工的工作积极性。奖金措施是将激励产生的利润在老板与员工之间的合理分配,奖金奖励实际是员工对企业贡献的认可,分享企业的成功,激发员工对企业的归属感,从而激励员工的工作热情,提高企业的利润。

3.改善员工的福利和工作条件

除了工资问题,许多员工还着重关心休息和休假、工作时间的长短、加班工资、社会保险等条件,以及工作的稳定性、工作的平等待遇、劳动的安全性等问题。

4.为员工提供晋升和培训发展的机会

要注意提供工资、岗位、职务的晋升和员工自我发展培训学习提高的机会,让员工有工作成就感,职业技能有所发展,从而产生事业成功的满足感。

5.培养员工的团队合作精神

员工得到满意的工资和待遇,获得合理的工作保障后,就会想要获得企业的一份归属感,并有机会为企业的成功作出自己的贡献。一个有着良好的团队精神的队伍,所有的人都会努力做好自己的工作,都会为企业的成功负起责任,为其贡献自己一份力量。因此要员工获得对企业的归属感,认同企业的理念,树立团队精神,形成企业文化。

第三节　人员管理的技巧和避免的误区

"天时不如地利,地利不如人和",只有上下同心,创业企业才能越来越兴旺。创业者作为创业企业的领航人,需要建立一支精诚团结、合作的团队,全力以赴去达到理想的彼岸。创业者需要在管理实践中,学习管理艺术和提高管理技巧,树立自己的领导能力。

一、管理技巧

创业者作为企业的业主或领航人,要善于组织、领导、协调这个团队,要明白员工是企业的依靠,没有员工也就没有企业;同时,员工也要树立企业是员工的家,没有企业这个大家庭,就难以维持自己的小家的意识。只有企业与员工共呼吸,上下精诚团结,才能战无不胜。管理者的管理艺术需要领导团队朝着企业的目标前进。因此业主经理要注重管理的艺术性,不应以权威压服人,而应当用气氛来感染对方,使其和自己产生共识,明白道理,这样领导的威信也在不知不觉中确立起来了。

一般来说,如果一名领导依靠压力驯服部下,多半是他自身对解决问题缺乏信心,没有说服人的能力,而这种态度难以令人信服,其后果必定引起部属的不满,从而无人听从命令,公司的制度也无法执行。企业是依靠制度管理,而不是靠个人的权威管治。

在人员管理的实践中,注意以下一些技巧:

1.知人善用,用对员工

善于汇聚众人的智慧,把各种各样的人用好,人尽其才,各尽其能。人人为企业着想,爱护企业,企业才会兴旺发达,创业者才能享受成功的乐趣。

2.弃人之短,用人之长

俗话说:"金无足赤,人无完人。"每个人都有优点,也会有缺点,既有长处也有短处。对于经营者来说,要充分了解和掌握员工的特点,尊重每一位员工,并将其合理地安排在相应的岗位上工作,发挥其特长,达到人尽其才的目的。聪明的管理者在用人时,既善于用人之长,又善于用人之短。例如:

> 一家店铺的招聘表格中有这么一栏:"你有什么短处?"有位下岗女士来应聘,在这一栏上填上了"工作比较慢,快不起来"。人们一致认为,她是不可能被录用的。谁知,老板亲自拍板录用了这位女工,让这位女工当了收银员。
>
> 老板对手下员工说,慢工出细活,她工作慢,说明细心,让她当收银员肯定错不了。再说,她到过许多地方应聘没有被录用,到这里被录用了,肯定会努力地干活,也会对店铺比较忠诚。以后,我们店在收银方面一定不会出差错。结果,正如老板所预言的那样,这位收银员的工作干得非常出色,很少出差错。

店铺的老板充分发挥了"从短见长"的才智,充分发挥各人的优势,所以取得了成功。在我们的管理中,管理者让遇事爱钻牛角尖的员工去当商品质量检验员,让处理问题死板的人去当考勤监督员,而让脾气大、争强好胜的人去当棘手难题的突击队长,让喜爱聊天、能言善辩的人去当营销员,任务很快会完成。企业人员优势互补,发挥最大组合效益。

3.宽厚待人,真诚留人

善于宽厚待人的管理者会不断把企业带到一个新的高度。特别是当员工顶撞上司或有不满情形出现时,管理者绝不能以维护权威而惩治员工,这样处理会迫使员工离你而去。相反,管理者与员工进行沟通或给予理解,使员工感到管理者的宽厚为人,转为更尊重管理者。激励机制是企业留人的重要手段,健全的激励机制不仅体现管理者的智慧,更体现一种真诚,这种真诚是对人尽其才的回报和尊重。

二、员工管理的误区

在经营管理中,对员工的管理存在不少误区,主要有以下6种表现:

1.照抄照搬,盲目模仿

管理必须有目的,企业员工的管理体系必须充分考虑企业自身的特点、发展阶段、企业的目标、员工知识、技能、能力等。不顾企业自身特点,盲目模仿别人,拿别的企业管理制度硬套在自己企业上,只会导致"水土不服",达不到效果,劳民伤财。

2.用人、招人只用"名企"出来的

目前,相当一部分企业在用人时,只相信知名企业出来的人就是"好"的,用人只用"名企"出来的或在外国企业工作过的。具体表现为:一方面,根本不认真地评估分析自己企业所处的发展阶段,即应该招聘什么样的人能和企业所招聘的职位相匹配;另一方面,也不去认真地分析和考察"名企"出来的人,所拥有的业绩是在什么条件下取得的,与企业现状之间的匹配度如何,相差多少,候选人所具备的关键能力、素质是否和本企业所招聘的职位相匹配,等等。

据不完全统计,"名企"出来的人可能习惯了标准化、流程化程度很高的工作环境,很难适应基础管理非常薄弱的企业现状。面对众多的问题,他们往往束手无策,没有解决问题的手段,最终使企业长期累积下来的问题和矛盾更趋复杂化,难以解决,延缓了企业经营管理的进程,让企业付出了巨大的代价。

3.过分看重学历和文凭

在我国企业中,用人看学历和文凭几乎成了一种不成文的规定。其实这也是企业用人中的一大误区。企业用人主要是看其能力,看他能为企业做什么。学历、文凭只代表受教育的经历,并不等于才能。不少企业,即使一个普通工人就能担任的工作岗位,也跟风要求高学历的人才聘用,而且必须由名牌大学毕业。高学历者往往很难安心干简单的工作,也发挥不了自己的优势,所以盲目要求求职者的学历,不根据企业实际岗位需求用人,反而会制约企业的发展。

4.爱用"听话人"

许多企业领导者都认为,用人要用听话的人,便于指挥,这样的人不会违背上级意愿行事。其实,这也是一种误区。唯命是从的人往往是守摊型的,改革创新意识差,打不开局面,而且连小事也难办好,在工作中缺乏灵活性,即使上级指令有误,他也照办无误,只要是领导说的,即使错误的、会给企业带来损失也照做。而有主见的人虽有点野性难驯,有时会顶撞上司(多是工作上的分歧而引起),但性格刚直,做事果断,敢说敢干,往往能干出成绩。如果上级有错误,他会及时指出来,在执行上级指令时,会根据具体情况随机应变。从某种角度讲,如果企业长期维持"一言堂"的状态,没有人会为企业献计献策,就会制约企业的发展,甚至导致企业出现危机。因为经营管理没有创新,就无法满足日益变化的客户需求,这样会逐渐地丢失客户,失去市场,使企业陷于困境。

5.过于依赖"圈内人"

许多经营者喜欢把身边的人划为"圈内人"或"亲信",将许多重要的事务交给其办理,或者把一些职能全权委托,让其代自己处理。但有些亲信得到领导的信任后,不再受公司制度的约束及监督,"一人之下,万人之上"瞒上欺下,甚至大手大脚浪费公司钱财,损害公司的利益,许多危机也不知不觉发生在领导身边。管理不靠公司的制度、职责、监督是容易出问题的。

6."以罚代管"的管理

有些企业并不是真正地以制度来管理,什么是制度,制度是以规则来规范组织成员的行为或达到一个目的,当员工也不知道企业有什么制度时,企业应组织员工学习公司的制度,使员工明白管理的目的,使员工对企业的各种规定进行了解;如以各种罚款和扣工资来代替制度,会导致企业缺乏凝聚力,让员工不仅没有安全感、归属感,而且还会导致员工的抵触情绪,不利于管理企业,也不利于企业的发展。

因此对人的管理是以人为本,尽可能发挥人的主观能动性,从内因发挥作用,使员工爱企业。没有企业这个大家庭,也就没有自己的小家。培养员工对企业的归属感和认同企业的理念,树立团队精神,形成企业的文化,形成凝聚力,达到企业的目标。

【案例4.1】

管理是一门艺术

某地一家生产袜子的小规模创业企业,该厂的王厂长颇有管理才能。工厂创办初期,工人们的工作效率很低,总完不成定额。

一天,王厂长来到生产车间,问车间主任:"为什么不能把生产任务搞上去?"车间主任回答:"我劝过他们,批评过他们,甚至威胁要开除他们,但他们仍然完不成自己的定额。"王厂长说:"你带我去看看吧!"这时,正值白班工人要下班,夜班工人要上班。来到车间后,王厂长问一个工人:"你们今天一共生产了多少箱袜子?"这个工人回答说:"总共6箱。"王厂长顺便在一块小黑板上写上"6箱"的字样,又观察了一下,就离开了车间。夜班工人来上班的时候,看到黑板上出现了"6箱"的字样,感到十分好奇,便忙问值班人员是何意思,何人写的?值班人员说:"刚才王厂长来过这里,他问白天工人生产了多少箱袜子,然后就在黑板上写上了'6箱'。"次日清晨,王厂长又来到工厂,特意看了一下黑板,看见夜班工人将黑板上的"6箱"改成了"7箱",便十分高兴地走开了。白班工人第二天早晨上班时看到了黑板上写的"7箱"。一位工人大声说:"这意思是说夜班工人比我们工作效率高,我们一定要超过他们。"当他们晚上交班的时候,黑板上出现了巨大的"10箱"两字。

这样一来,两班工人便友好地竞争起来,这个袜厂的产量也迅速提高了。

思考与练习

一、思考题

1.企业的经营要素主要有哪些?企业的人员组成有哪些?对员工的管理对创业企业重要吗?创业企业应打造一支怎样的员工队伍?

2.如何做好创业企业的人力资源规划?

3.如何做好招聘和培训员工?

4.如果你创办企业,谈谈你想创建一支怎样的员工队伍。你的管理宗旨是什么?

5.如果你招聘的员工素质好、学历高,但他们都不愿意留下长期为企业服务,陆续离去,你该如何解决?

6.如果你是老板,你的下属主管对你及企业都很忠诚,但大多数员工都不喜欢他,你如何解决呢?

7.如果你是老板,以克扣工资的惩罚性管理措施确实有一定的效果,但是也因此造成主管与员工的对抗,不爱企业,你该如何处理?

8.如果你是老板,你个人也存在不少缺点,为了保证权威性,你施行高压方式惩罚管理员工,并随意解雇员工,因此你的员工也很害怕你,甚至讨厌你。但是也有员工喊出更换经理和提出管理方式改革,要不就集体辞职。可是企业是自己的,自己能够解聘自己吗,面对这样的局面,你该如何处理?

二、实训练习

如果你创办企业,需要招聘哪些员工?

1.需要招聘多少员工: _____。

2.通过什么渠道和方式招聘员工: _____。

3.员工待遇: _____。

4.招聘的员工岗位和要求(填入下表):

岗位名称	招聘人数	招聘要求	工资待遇	市场待遇参考
合计人数				

第五章　创办企业的市场评估分析

　　有的创业者有了一些钱,听人谈某项目或某产品很赚钱,觉得是发财的机会,便和几个朋友坐在一起闲谈,凭空想象成功的未来。稍一商量,就马上投资创业,结果创业不久就失败了。失败的原因是没有做市场调查,没有可靠的数据分析作支持,这是危险的投资,这称为闯业、蛮干,不是创业。

　　创业者创业经过市场调查分析,筛选出好的创业项目,确定投资方向,还要对投资项目的市场前景进行评估分析,分析该项目是否有市场,市场需求趋势的变化,项目的可行性分析,最后才决定投资,实施创业计划。因此,创业者需学习创业所需的市场营销知识。

　　本章将介绍市场的概念、顾客需求、竞争者、市场调查、市场环境分析、市场营销计划的制订、投资项目的可行性分析等理论知识。

第一节　市场营销基本知识

一、什么是市场

　　狭义的市场是指商品买卖的场所,广义的市场是指商品交换关系的总和。市场就是供给与需求交换的纽带。

$$供给 \longrightarrow 市场 \longrightarrow 需求$$

　　市场是由产品或劳务的生产供给者和需求的购买者、购买力、购买欲望3个要素构成的。

　　消费者的需求分为现实有货币购买力的需求和潜在的需求。消费者在购买欲望、购买动机支配下产生购买行为。消费者可分为个人消费的顾客和企业团体、单位消费的顾客两类。

二、市场营销相关观念

1.生产观念

　　生产观念是指以生产为中心的经营观念。这种观念认为"企业生产什么,就卖什么",只要生产出来,就不愁没有销路。

例如,20世纪初,美国福特汽车公司制造的汽车供不应求。亨利·福特曾傲慢地宣布:"不管顾客需要什么颜色的汽车,我的汽车只有黑色的。"当时福特公司的黑色汽车产销无阻,供不应求,公司只管提高生产率,不做市场调查。我国20世纪80年代的企业也属于这种生产观念,如当时的凤凰牌和永久牌自行车、华南牌缝纫机、上海牌手表,只要能生产出来,市场就抢着要,供不应求,因为企业没有这么大的生产能力。

2.产品观念

产品观念是指以产品质量为核心,而忽视市场需求的经营思想。这种观念认为,只要新产品质量好,就不愁销路。在我国流传下来的一句商业谚语是"好酒不怕巷子深""皇帝的女儿不愁嫁",这都是典型的产品观念。

企业的这种观念认为消费者喜欢高质量、多功能和具有某种特色的产品,企业应致力于生产产值的提高,并不断改进产品。这种观念产生于市场产品供不应求的"卖方市场"环境,当企业开发或制造一项新产品时,最容易产生产品观念。可是今天科技发展迅速,生产力快速提高,企业的产品很容易过时。

3.推销观念

推销观念是指以推销为中心的营销观念,企业需采取适当的推销措施传递给顾客,这样产品才能销售出去,顾客才会购买产品。

这种观念的产生是由于科学技术的进步,加上科学的管理,企业大规模的生产,商品产量迅速增加,产品质量不断提高,"卖方市场"逐渐向"买方市场"转变形成。

企业的推销观念认为,要想在竞争中取胜,就必须售出自己企业的每一件产品;要想卖掉企业的产品,就必须引起消费者购买自己产品的兴趣和欲望,因此公司就必须进行大量的推销活动。

4.市场营销观念

市场营销观念是指以顾客为中心的经营观念,这种观念认为,企业只有明确顾客的需求,才能比竞争者更好地提供产品和服务,以需求决定生产。这种营销观念的表现是"顾客需要什么,我们就生产什么",这是一种现代的营销观念。市场营销观念的产生是企业营销观念质的飞跃,是一次重大的变革。企业开始从以企业生产为中心,向以消费者的需求为中心转变,以满足消费者的需求,企业致力于顾客服务和顾客满意经营取胜。

现代营销观念产生于社会经济的快速发展,随着人们的收入迅速提高,有了对产品进行选择的可能。顾客在选购产品时,希望获得更多的让渡价值,往往从价值与成本同时考虑选购产品,引起企业激烈的竞争。谁能满足顾客的需求,谁就赢得市场。

市场营销观念通过满足消费者的需求来创造利润,生产观念、推销观念则通过扩大产销量来创造利润。

5.社会营销观念

社会营销观念是以社会利益为中心的营销观念,这种观念强调企业在满足市场需求和获取利润的同时,还需注意社会的利益,考虑环保,节约社会资源、能源,不能损害社会公众的利益。例如现在许多企业推出的绿色、环保、节能、健康、低碳、保护地球气候的观念。

三、市场的类型

1.市场的多种类型

按市场供给的内容分,市场可分为消费品市场、生产资料市场、劳务服务市场、技术市场、金融市场等。

①消费品市场是指个人为了使用而购买产品或劳务的市场。消费者使用和购买的商品十分广泛,按消费者的购买习惯分为便利品、选购品、特殊品、耐用消费品等。

②生产资料市场是指生产者为了组织生产其他市场需要的产品或服务而购买产品或服务的市场,其目的不是为自己消费,而是为生产新的产品。

③劳务服务市场是指专门提供劳务的市场,如劳动力市场、职业介绍所等。

④技术市场是指以技术商品为核心的各种技术经济关系交换的总和,其业务包括技术转让、技术咨询、技术服务、技术培训、技术开发等。

⑤金融市场是指资金供求双方运用各种金融工具,通过各种途径实现货币借贷和资金交易活动的总称,例如银行、证券市场、保险金融机构等构成的市场。

2.按消费者需求来细分市场类型

（1）市场细分

市场细分是依据消费者需求和购买行为等方面的明显差异性,把某种产品的整体市场划分为不同类型的顾客群,即若干同质细分市场的过程。例如服装按消费者年龄分为童装、年轻人流行服装、中年人服装、老年人服装;奶粉有儿童奶粉、老年奶粉、普通奶粉等细分市场的需求。

市场细分是对同一产品的顾客需求分类,帮助企业更好地识别市场的特点,使企业根据目标顾客的需求有针对性地经营,结合自身的优势,更好地实现目标市场的需求,并且提供有效的服务。

（2）目标市场

目标市场是企业营销活动所要满足的市场,是企业为实现预期目标而准备进入的细分市场。在市场经营活动中,由于竞争的加剧,任何企业都要选定目标市场。市场中广大顾客的需求是多样性的,即使是同类商品,由于顾客的收入水平、生活方式的差别,购买心理动机的不同,顾客的需求也不一样,选择的档次、规格、价格等都不同。

（3）市场定位

市场定位是企业根据目标市场上需求和竞争者的状况,为产品或其服务培养一定的特色,树立一定的市场形象,并通过一系列营销活动把这种个性或形象强有力地传达给顾客,从而确定该产品在市场上的位置。也就是说,创业者需通过市场定位明确自己在目标市场中的地位,确定自己的目标消费者群,并将企业文化、产品质量、服务方式等信息有效地传递给目标市场的消费者。

第二节 市场评估分析

一、开办企业投资项目的前景分析

开办企业前,创业者首先要明白谁是自己的顾客,他们需要什么? 怎样满足他们的需要并从中获取利润;同时要知道谁与自己生产同样的东西,即明白谁是自己的竞争者,竞争者是如何经营的? 然后制订自己的市场营销计划。

1.了解自己的顾客,确定目标市场

顾客是企业的根本,没有顾客,企业将不能生存。让顾客满意,就意味着给自己的企业带来更多的销售额和更高的利润。创业者需要了解顾客的信息,确定目标市场,这是市场营销工作的起点。

(1)了解顾客的有关信息

①自己的企业目标顾客是谁,顾客需要什么?

②顾客愿意为产品或服务付多少钱?

③顾客在哪里,是潜在顾客还是现实顾客?

④顾客多长时间购买一次?

⑤顾客购买的数量是多少?

⑥顾客的数量在增加还是减少?

⑦为什么顾客要购买具有某种特色的产品或服务?

(2)收集顾客信息的方法

市场调查的方法多种多样,顾客需求调查方式有以下4种:

①情况推测:如果你对一个行业很了解和熟悉,可以凭自己的经验进行预测。

②利用行业渠道信息了解顾客。

③抽样访问选定的部分顾客。

④实地观察顾客的购买行为。

2.了解竞争对手的有关信息

如果竞争对手与自己经营相同或相近的产品或服务,创业者需要了解他们的情况,不仅从中可以学到很多东西,还要掌握竞争对手的情况。知己知彼方能决定自己的经营策略。

①竞争对手产品或服务的价格、质量如何?

②竞争对手如何推销商品或服务?

③竞争对手提供什么样的额外服务?

④竞争对手经营设备条件怎样?

⑤竞争对手做广告吗?

⑥竞争对手的优势和劣势是什么?

3.市场经营环境调查

①了解国家有关的政策、法律法规对行业是鼓励还是限制。一般来说,在经济发展上升期,创业企业比较容易存活;在下降期不容易成功。创业企业在创业初期,尤其需要有一个较为宽松的法律环境,即较低的市场准入制度、优惠的税收制度等。

②了解宏观经济状况。宏观经济是否景气,直接影响老百姓的购买力。如果企业效益普遍不好,经济不景气,生意就难做;反之,生意就好做。

③行业环境调查了解。调查了解你所经营的业务所属行业的发展状况、发展趋势、行业规则及行业管理措施。

4.市场需求调查

如果创业者经销某一产品或某一系列产品,应对这一产品的市场需求量进行调查,评估产品的市场占有率是多少,或本企业能达到的目标销售总量。同时了解市场对某种产品或服务项目的长期需求态势,了解该产品或服务项目被人们认同和接受的程度以及需求的前景是否广阔;如果是逐渐被人们淘汰的,则需求萎缩,前景就不好。

二、制订市场营销计划

掌握了顾客和竞争者的情况,了解了市场的需求,并对市场环境进行调查后,便可着手制订市场营销计划。

市场营销计划是指从市场营销的 4 个方面去考虑:即产品、价格、地点、促销。

产品(Product)

价格(Price)

地点(Place)

促销(Promotion)

因为这 4 个英文单词的第一个字母都为 P,所以常把市场营销的 4 个方面简称为"4P"原理。

1.产品

产品方面考虑的是创业者以怎样的产品或服务满足顾客的需求,产品的概念包括以下内容:

①产品的质量。

②产品的包装。

③产品的附带利益,包括安装、送货上门。

④售后服务。

⑤维修和零配件供应。

2.价格

创业者的企业在产品确定后,需考虑产品以什么样的价格供给顾客,顾客愿意接受吗?竞争者的产品价格怎样。制订价格时,创业者必须知道:

①产品的成本。

②顾客愿意出多少钱购买产品。

③竞争者同类产品的价格。

3.地点

创业者需考虑自己的企业设在什么位置较好。根据企业的性质和经营内容考虑选址。不同的企业考虑的因素不同,例如制造企业选址,工厂或车间应设在离原材料供应较近的地方,同时考虑招工的来源;商业企业考虑顾客的因素较多,设在离顾客近的地方,或商业旺、人流量大的地方,便于顾客光顾商店;批发企业选择交通方便的地方,其次考虑租金成本的因素及人口增长较快的地区。

4.促销

促销是指把企业的产品信息传递给顾客,吸引他们来购买企业的产品。促销通常有以下4种方法。

①广告。向顾客提供产品信息,让他们有兴趣购买你的产品。可以利用各种媒体做广告,如报纸、杂志、广播、电视、网络、车体广告等。同时用广告画、传单、小册子、价格表、名片等给你的企业和产品做广告。

②人员推销。人员推销就是采用销售人员向顾客直接销售的方式进行促销。特点是能直接沟通、培植效果;直接的行为反应,促成顾客直接的购买行为。

③营业推广。营业推广又称为销售促进,是指企业运用各种短期的诱因鼓励消费者和中间商购买,如赠送样品、提供赠品、商品展销、打折促销、节假日促销活动等。

④公共关系。公共关系又称为公众关系,是指企业在从事市场营销活动中注重加强与社会和公众的联系,以便树立企业良好的形象和声誉,从而促进企业产品销售的一系列活动。

对于企业来说,公共关系可能不涉及全社会或消费者,但是创业企业必须与其周边的团体搞好关系。除了使顾客满意之外,创业企业还必须取得所在社区的支持,和工商、税务等部门保持良好的关系,为自己创造一个良性的生存经营环境。

第三节　投资项目评估分析

创业投资者除了市场调查,对顾客、竞争者、市场环境、市场营销因素的定性分析外,还需通过市场调查、预测取得的数据进行定量分析,即对市场调查的数据进行计算分析。

一、预测企业的销售收入

销售预测是制订创业计划时最重要和最困难的部分。有的投资者听说某某项目或某产品很赚钱,只凭感觉就投资,结果是很盲目地投资。经营决策来源于预测的计算,有了数据的测算分析心中才有数,才不会乱投资。作销售预测不是一件容易的事,必须通过市场调查获取的数据资料作出销售预测,预测销售常用的几种方法:

①你的经验。你可能在同类企业工作过,甚至在你竞争对手的企业工作过,你应该利用这方面的知识和经验预测你的销售情况。

②与同类企业的销售进行对比。将本企业与同类竞争对手的销售数据作比较,测算出销售收入,这可能是最常用的销售预测方法。

③实地测试。在市场小批量试销企业产品,测算推断出一个月的销量。

④进行市场抽样调查,推断企业销售收入。

二、项目投资回收期的风险分析

①创业者投入资金是通过企业的盈利回收的。评估企业投资回收期是多少,投资回收期越短,风险越低。一般个体小企业的投资能在 5 年收回是最安全的。投资回收期计算公式如下:

$$投资回收期 = \frac{原始投资额}{年营业现金净流量}$$

$$年营业现金净流量 = 年现金流入 - 年现金流出 = 年净利润 + 折旧$$

②创业者投入的资金还需评估投资的回报率,投资报酬率过低,如比银行存款利率还低,说明投资价值不大。投资报酬率计算公式如下:

$$投资报酬率 = \frac{年盈利额}{投资额} \times 100\%$$

【案例 5.1】
项目投资可行性分析案例

某投资者接收郊区的一家农家乐饭店转让经营,转让价格为 200 000 元,该饭店原有员工 10 人,月平均工资为 2 000 元,投资者全员接收 10 位员工留用,再外聘 3 位员工,共 13 位员工,而且平均每人每月增加 500 元工资。为了以全新的面貌经营,投资者投入 800 000 元对饭店的设施进行更新改造。经过对原有饭店的财务资料了解,该饭店年营业额 400 000 元,平均日营业额不到 1 000 元,一年的水电费 30 000 元,办公费、员工工作服、物料用品消耗等年费用 20 000 元,营业税 15 000 元。据调查分析,经过新改装全新的饭店,营业额会提高一倍,营业毛利率为 50%。水电费、物料消耗也会提高 50%,即营业额达 800 000 元。水电费预计 45 000 元,办公用品、物料消耗等 30 000 元。请你评估分析该投资者的投资项目的可行性;如果可行,该投资者的投资本金需多少年能收回。你认为该项目该不该投资?如果营业额提高两倍,是否可行?(营业税按营改增 3% 税率简化计算)

(1)当营业额提高一倍,达到 800 000 元时的评估分析

①营业收入 = 800 000 元

②毛利收入 = 800 000 元 × 50% = 400 000 元

③工资 = 2 500 元/(人·月) × 13 人 × 12 月 = 390 000 元

④水电费 = 45 000 元

⑤物料用品开支 = 30 000 元

⑥营业税金 = $\frac{800\ 000\ 元}{1 + 3\%} \times 3\% = 23\ 300\ 元$

⑦营业支出＝工资＋水电费＋物料用品消耗＋营业税

　　　　　＝ 390 000 元＋ 45 000 元＋ 30 000 元＋ 23 300 元＝ 488 300 元

⑧营业利润＝营业收入毛利－营业支出

　　　　　＝ 400 000 元－ 488 300 元＝－ 88 300 元(亏损)

注意：以上的评估计算是没有计入投资摊销的(个体经营户盈利的计算大多是没有折旧摊销的,评估分析时可采用不计入投资折旧的简便方法)。

通过评估测算分析,当年营运亏损 88 300 元,不可能收回投资,说明投资不可行。

(2)当营业额提高两倍,达到 1 200 000 元时的评估分析

①营业收入＝ 1 200 000 元

②毛利收入＝ 1 200 000 元× 50%＝ 600 000 元

③工资＝ 2 500 元/(人·月)× 13 人× 12 月＝ 390 000 元

④水电费＝ 45 000 元

⑤物料用品开支＝ 30 000 元

⑥营业税金＝ $\dfrac{1\,200\,000\ 元}{1 + 3\%}$ × 3%＝ 34 951 元

⑦营业支出＝工资＋水电费＋物料用品消耗＋营业税

　　　　　＝ 390 000 元＋ 45 000 元＋ 30 000 元＋ 34 951 元＝ 499 951 元

⑧营业利润＝营业收入毛利－营业支出

　　　　　＝ 600 000 元－ 499 951 元＝ 100 049 元

通过以上评估分析,当营业额达到 1 200 000 元时,有营业利润 100 049 元,按此估算：

投资者总投资＝转让费＋装修改造费＝ 200 000 元＋ 800 000 元＝ 1 000 000 元

投资回收期＝原投资额÷营业利润＝ 1 000 000 元÷ 100 049 元/年＝ 10 年

通过对营业额提高 200%时的评估,虽然企业有营业利润,但投资回收期达到 10 年才收回投资本金,风险很大。一般小规模企业,或个体投资 5 年内收回投资则具有可行性。

评估结论：投资人投资总额 1 000 000 元,虽然投资额并不算大,通过对投资改造装修后,即使营业额比原来提高 100%或 200%,投资都是不可行的,除非营业额提高 300%～400%。但这家农家乐是否可以增加 4 倍以上的顾客,市场的分析有可能吗?因此本案例说明,创业者投资项目确定后,必须学会项目投资的可行性分析,同时还要结合市场需求调查分析,判断市场趋势。不要凭一时的热情投资,错误地认为只要条件好,投资就会成功。不经过调查分析的投资都是盲目的。

【案例 5.2】

寻找市场

有两位推销员来到一个岛国推销。A 推销员在岛上转了半天,把他看到的情况告诉公司,岛上的居民没有穿鞋的习惯,岛上暂时也没有卖鞋的,所以存在巨大的市场空间。公司可以把鞋大批量地运过去,他有信心把鞋推销给岛上的居民使用。

B 推销员在岛上转了 5 天,也发现岛上的居民没有穿鞋的习惯。于是,他拜访了上至岛国首长、下至岛上的居民,了解到他们虽然一直都没有穿鞋的习惯,但是,他们很多人都渴望根除自己的脚病。当他们了解到穿鞋可以帮助自己避免很多意外伤害,更有利于防治脚病

后,都表示非常渴望穿鞋。通过拜访,B 推销员还了解到,岛上居民的脚比一般同龄人的脚大 1 英寸左右。B 推销员建议公司针对这一实际情况重新设计鞋。岛上的居民将以每 20~30 千克(1 公斤＝1 千克)的香蕉对应 1 双鞋的比例换取公司专门为他们生产的鞋,总数量为 10 万双左右,越快到货越好,而且岛国首长决定给予公司专卖权。

公司如果按照 A 推销员的调查决策,把大量的鞋运到岛国,结果一双鞋也不会卖出,因为鞋的比例规格根本不适合岛国的居民;而 B 推销员才真正找到了岛国居民的需求。

【案例 5.3】

市场需要什么,我们就生产什么

有个创业者自己研制出一款自动门锁,于是创办了门锁生产企业。为了向市场推出她的门锁,她先设计了一款漂亮的板门准备推销她的锁,结果第一笔生意等来的却是订购门的客户,接着不断接到订购门的订单。为了能有收入抵补企业的支出,企业不得不先设厂生产门,并且按客户的不同要求在市场采购各种门锁安装,最后始终没有订购锁的客户上门订货,而订购门的客户却源源不断。该创业者最后明白,企业生产再好的门锁但不是市场最需要的,市场最需要的才是企业最应该生产的。

公司决定放弃生产门锁,专门生产门。经过对门的不断创新,该公司很快发展成知名品牌门的专业大型生产企业,产品畅销全国市场,企业也因此得到迅速发展。

思考与练习

一、思考题

1.什么是市场,市场构成的基本要素是什么?

2.什么是消费者需求?

3.什么是市场营销观念,市场营销观念分哪些,它们有什么特征?

4.市场营销观念与产品观念的根本区别在哪里?

5.什么是市场细分? 什么是目标市场? 什么是市场定位?

6.创办企业需要了解顾客的哪些信息? 需要做哪些市场需求调查?

7.什么是竞争者? 你需要了解竞争者的哪些信息?

8.制订市场营销计划需要考虑哪些内容?

9.如何预测企业的销售收入?

10.如何进行项目投资回收期的分析? 还有其他投资分析法吗?

二、案例分析

1.创业者黄某,中专毕业后在广东东莞某电信局下属的手机营业部做营业员,月工资为 1 500 元。因他工作认真、勤恳、好学好问,不但对手机的营销业务精通,而且还掌握了手机的维修技术,热情为顾客服务,深受老板的赞赏。两年后老板提升他为该营业部主管经理,月工资提升到 3 500 元,其工资是当时同行工资的 3 倍。他从手机被越来越多的人使用,看到了巨大的手机市场。当他回到自己的家乡过年时,发现很少人有手机,村里人对外出打工回来的人有一部手机都是特别羡慕的。问其不买手机的原因,主要是 1 元多钱一分钟的话费太贵,不是买不起手机,而是不敢买。他在电信部门工作,了解到国家政策会对移动电信话费下调,而且电信部门经营会引入竞争机制。随着竞争话费就会下降,农村手机市场应该存在巨大的商机。想到这,他决定在自己的家乡开办手机专卖店。他分析了家乡一个镇有 3 万多人口,既没有手机店,也没有维修店,而且还没有竞争者,正好发挥自己的特长大干一场。农村人喜欢就近购物,很少跑到县城去。买手机也是同样的道理。还可以将附近乡镇上的人吸引过来。当他把开店的想法告诉家人时,家人听后很生气,觉得他经理不当,却要做“下等”的个体户,而且做个体户也很“没面子”,表示坚决反对。

过完春节,黄某回到单位后,经过深思熟虑的他还是毅然辞了职,走上在家乡创业开店的道路。他筹划创业的资金需要。简单装修门面及购置玻璃货架需要 6 000 元,门店月租金需要 500 元,月税金包干 200 元,月固定水电费及自己的伙食费等需要 400 元,他三年外出的工资收入除去个人消费,寄回家里外,个人储蓄只有 2 万元可投入创业,2 万元可以支撑 1 年的固定开支。最大的困难是没有流动资金,手机周转需要 50 部以上,估计最少需要流动资金 10 多万元。由于他在家乡开店没有得到家人的理解和支持,资金遇到困难,银行也贷不到款,这时同学们向他伸出了援助之手,他很快筹集到 10 多万元的流动资金,顺利开业了。

他从直接渠道进货,经营的毛利率达到 30%以上,同时提供维修等售后服务的保障,顾客都很信任他,并且经营手机的同时还提供代缴话费服务。平时手机日销量 3~5 部,节假日有时卖几十部手机,手机年销量达到 2 000 部,年营业额超过 300 多万元。经过 5 年的经营,他还清所有借款,购置一套 50 多万元的商品房、一辆 20 多万元的小轿车。5 年后他请同学们喝酒庆祝创业的成功,感谢同学们的帮助! 同学们都很羡慕他。

请你分析创业者黄某的创业项目为什么是可行的? 有哪些值得你借鉴学习?

2.李明是某职业学校的一名毕业生,已经工作了 3 年,但他一直有创业的念头。一次他回到老家发现家乡的山上都是果场及养鸡场。乡亲们告诉他,果场养鸡既可以为果树除虫,又可以为果树提供有机肥料,但家家都养鸡,数量很大,不好销售。他立即产生了做鸡的批发生意,把家乡的山地鸡销售到省城的想法,决定在自己工作的省城办一家销售“家乡山地走地鸡”的批发零售公司。他把自己的想法告诉了母亲,母亲听后很支持他创业,并同意把家里唯一的一套住房向银行抵押申请贷款。

李明在银行贷款 50 万元,3 年期的贷款年利率为 7%,然后立即作创办企业的准备。在城里租下门店及仓库,装修门店,购买了冷冻设备、一辆厢式货车及一辆小车,在货车上喷上“山地走地鸡”的图案及公司标志。李明母亲对其购置设备不理解,他告诉母亲,优良的设备是塑造企业良好的形象,是创业成功的一半,是为了将来吸引更多的顾客。

李明的批发零售公司开业后,就投入了繁忙的工作,他以“家乡山地走地鸡”的品牌销售山地鸡,很多顾客购买后都介绍自己的亲戚朋友上门购买,并且不少酒店也来订货。不幸的是三年贷款到期时,银行催他归还贷款本息,他筹不到足够的现金支付银行的贷款,银行终止了对他的贷款,并要求他清查财产归还债务。李明不得不清产还债,卖掉汽车以偿还债务,仍然有大量债务没有还清,李明不得不宣告公司破产。李明抵押在银行的房子将被银行拍卖,他的创业失败了。

请你分析李明创业失败的原因,李明的创业项目是否可行,如果你是创业者,你会怎样做? 你能否保住所抵押的房子不被银行拍卖呢? 说说你分析的理由。

第六章　创业企业的财务预测管理

　　创业企业离不开资金的运转。企业创业需要多少资金才够周转需要,如何筹集资金,投资能收回来吗,企业的资金有效果吗,企业有利润吗? 这些问题都是投资者最关心的。一般人投资是不知道的,只有通过经营以后的报表才能了解。但是,只要投资者学习有关的经济理论知识,投资前经过市场调查取得资料,许多事是可以预测的,风险也是可控的,事后也是可分析的。

　　本章将介绍创业企业投资的资金需求预测、销售收入预测、企业利润预测,以及企业投资经营后利润的分析方法、企业资金的筹集、资金的管理等方面的知识。

第一节　创业企业资金需求的预测及资金的筹集

　　资金是创业筹划中最重要的一个环节。如果没有资金,一切都是枉然。那么,创业企业具体需要多少启动资金呢? 这需要根据企业的具体情况来确定。

　　一般来说,创业启动资金越充足越好,这是因为经营过程中可能会遇到意想不到的问题和情况,引起资金周转困难。如果资金准备不足,就可能使刚刚起步的事业面临危机。另一方面,创业者的启动资金往往又是有限的,如何合理、有效使用有限的资金,这需要对资金筹划好。

　　如何预测企业启动资金的需要呢? 先要了解启动资金的构成种类。下面介绍企业资产构成的相关知识。

　　1.企业资产的种类

　　(1)按资产流向分类

　　企业的资产按流动性可分为流动资产和非流动资产。

　　①流动资产:库存现金、银行存款、应收及预付账款、存货。

　　②非流动资产:固定资产,房屋及建筑物、机器设备、运输设备;无形资产:专利权、非专利技术、商标权。

　　(2)从投资的角度分类

　　企业的资产按投资的角度可分为固定资产、流动资产、前期开办费的投入。

　　①固定资产:财务制度规定,固定资产是指使用超过1年的房屋、建筑物、机器、机械、运输工具等。单位价值较高(2 000元),并且使用年限超过两年的用品工具,也被列入固定资产。不能满足上述两个条件的劳动资料,应当作为低值易耗品处理。

　　固定资产的特点是使用超过一年或一个营业周期,用于生产经营,保持原来物质形态不变,不是为了销售,价值通过折旧转移到成本中收回。

②流动资产:流动资产是指可以在一年内变现或运用的资产。包括货币资产、短期投资、应收账款、预付款项、存货物资等。流动资产的特点是一年内能够收回的资产。

③开办费:指企业在筹建期间发生的费用,包括筹建期间发生的人员工资、办公费用、培训费用、差旅费用、注册登记费用等。

筹建期间是指企业自被批准筹建之日至开始生产、经营(包括生产、试营业)之日的期间。企业在此期间没有营业收入,其发生的费用在不短于 5 年内摊销。

2.启动资金需求的预测

(1)固定资产投资资金的估算

固定资产投资资金的估算包括:企业用地和建筑物业(自建或租用);建筑物、门店等装修费用;生产设备、工具费用;交通工具费用;办公设备费用。

下面以新潮童装店为例,说明企业启动资金的测算过程。

①工具和设备。

根据预测的销售量、企业的规模目标,新潮童装店需要购买以下经营设备。

名　称	数　量	单价/元	总费用/元
货　架	一批	—	6 000
模特模型工具	一批	—	2 000
其　他	一批	—	2 000
合　计	—	—	10 000

②交通工具。

根据交通及营销活动的需要,拟购置以下交通工具。

名　称	数　量	单价/元	总费用/元
摩托车	1	5 000	5 000
其　他	—	—	—
合　计	—	—	5 000

③办公家具和设备。

办公室需要以下设备。

名　称	数　量	单价/元	总费用/元
电　脑	1	4 000	4 000
办公台、凳	2	300	600
其　他	一批	—	400
合　计	—	—	5 000

④固定资产及其折旧

项　目	价值/元	折旧年限/年	年折旧额/元	月折旧额/元
工具的设备	10 000	5	2 000	166.67
交通工具	5 000	5	1 000	83.33
办公设备	5 000	5	1 000	83.33
店　铺	—	—	—	0.00
厂　房	—	—	—	0.00
土　地	—	—	—	0.00
店铺装修	10 000	5	2 000	166.67
合　计	30 000	—	6 000	500.00

（2）无形资产或开办费用估算

如果涉及采用别人的无形资产（专利、非专利技术、商标）也要预算、估算开办费（前期费用或各种办证费），这些费用在成本中需要分期摊销。

（3）流动资金的估算

流动资金的估算包括原材料和包装或商品资金（商贸企业），物品资金；人工费用（工资、福利费用）；租金（包括店铺、设备租用）；营销费用；公共事业费（水电、通信、卫生、物业管理费等）；维修费用；保险费用；经营管理费用；其他费用。

下面还以新潮童装店为例，说明流动资金测算（月）。

①经营费用（不包括折旧费和贷款利息）。

项　目	费用/元	备　注
业主的工资	2 000	夫妻2人
雇员工资	1 000	聘用1人
租　金	3 000	
营销费用	100	
公用事业费（水电）	300	
维修费	50	水电维修预算
保险费	800	养老、医疗保险
登记注册费	200	证照费
其　他	—	
合　计	7 450	

②原材料和包装(商品购进)。

项 目	数 量	单价/元	总费用/元
童 装	一批	—	25 000
其 他	批量	—	5 000
合 计	—	—	30 000

③综上新潮童装店的启动资金需要量。

项 目	固定资产投资/元	流动资产投资/元	机动营业周转金/元	合计/元
童装专营店	30 000	37 450	10 000	77 450

把以上固定资产、流动资产、开办费用的三项估算加总就是启动资金的需要,同时预留机动资金。一般流动资金前期工资等费用开支需要估算 1~3 个月没有销售收入或销售收入较少,先使用启动资金垫支,在销售收入正常后,可预测现金流量的平衡,现金流量的净额缺口为流动资金需要量。

第二节　创业企业的利润预测

一、预测销售收入

在计划创办新企业时,预测销售量能达到多少,销量乘以销价便得到销售收入,称作销售收入的预测。为了预测销售收入,采取以下 5 个步骤:

①列出企业推出的所有产品、产品分类系列或所有服务项目。

②预测第一年里每个月期望销售的每项产品的数量,它来自所做的市场调查。

③为计划销售的每项产品或分类系列制订销价。

④用销售价格乘以月销售量计算每项产品月销售额。

⑤计算出月总销售额。

$$总销售额 = \sum 各项产品销量 \times 平均销价$$

如果创业企业经营的品种多,难以按品种预测,也可以分大类预测。价格按中间平均价预测销售收入。有些服务性企业可以按平均顾客的销售额乘以预测的顾客人数,按顾客人流来预测,例如饭店和旅业企业可以按顾客人数预测销售收入;有些企业可以按时间日平均销售额测算一个月的销售额算出企业年的营业额,如零售商业企业。

$$总销售额 = 营业天数 \times 平均日销售额$$

$$年销售额 = 月销售额 \times 经营月数$$

例如,新潮童装店是一个零售企业,经营的品种有很多。我们可以按价格分成高档、中档、低档三大类来预测。测算用中间平均价测算,分别测算一个月的销量,经过市场调查了解,1—6月预测的销售资料,见表6.1。

表6.1　新潮童装店(1—6月)销售收入预测表　　　　　单位:元

销售后的产品或服务	销售情况	1月	2月	3月	4月	5月	6月	合计
高档童装	销售数量	300	500	300	300	300	400	2 100
	平均单价	300	300	300	300	300	300	
	月销售额	90 000	150 000	90 000	90 000	90 000	120 000	630 000
中档童装	销售数量	400	500	400	400	400	500	2 600
	平均单价	200	200	200	200	200	200	
	月销售额	80 000	100 000	80 000	80 000	80 000	100 000	520 000
低档童装	销售数量	200	300	200	200	200	300	1 400
	平均单价	80	80	80	80	80	80	
	月销售额	16 000	24 000	16 000	16 000	16 000	24 000	112 000
合　计	销售总量	900	1 300	900	900	900	1 200	6 100
	销售总收入	186 000	274 000	186 000	186 000	186 000	244 000	1 262 000

二、制订销售收入和成本计划预测企业的利润

为了掌握企业实际运转情况,创业者应计算企业是否产生利润。利润来自企业收入减去企业经营成本:

$$企业利润 = 企业收入 - 企业经营成本$$

一般通过企业销售收入和成本计划来测算企业利润,先预测企业的销售收入、成本开支的基础上,使用销售收入和成本计划表来预测是否有利润。例如,新潮童装店1—6月的销售收入和成本预测资料,见表6.2。

表6.2　新潮童装店利润预测计划表(零售增值税率3%)　　　　　单位:元

项目	金额	1月	2月	3月	4月	5月	6月	合计
销售收入	含流转税销售收入	186 000	274 000	186 000	186 000	186 000	244 000	1 262 000
	流转税(增值税等)	5 417	7 980	5 417	5 417	5 417	7 106	36 754
	销售净收入(A)	180 583	266 020	180 583	180 583	180 583	236 894	1 225 246
成本	业主工资	2 000	2 000	2 000	2 000	2 000	2 000	12 000
	员工工资	1 000	1 000	1 000	1 000	1 000	1 000	6 000
	租　金	3 000	3 000	3 000	3 000	3 000	3 000	18 000
	营销费用	100	100	100	100	100	100	600
	公用事业费	300	300	300	300	300	300	1 800

续表

项 目＼金 额		1月	2月	3月	4月	5月	6月	合计
成本	维修费	50	50	50	50	50	50	300
	折旧费	500	500	500	500	500	500	3 000
	贷款利息	150	150	150	150	150	150	900
	保险费	800	800	800	800	800	800	4 800
	登记注册费	200	0	0	0	0	0	200
	原材料(列出项目)							
	商品(童装)	111 600	164 400	111 600	111 600	111 600	146 400	757 200
	总成本(合计)(B)	119 700	172 300	119 500	119 500	119 500	154 300	804 800
利 润(A-B)		60 883	93 720	61 083	61 083	61 083	82 594	420 446
税费	个体经营所得税							132 406
	其他(城建税教育附加)							16 916
净收入(税后)								271 124

注意：个体经营企业所得税按个人经营所得税率的35%、市区城建税7%、教育费附加3%计算。

三、制订企业现金流量计划表

现金就像企业这台发动机运转的燃料，企业每天都可能收入现金或支出现金，现金的不足会导致企业经营中断，甚至会导致企业的倒闭。例如，企业不能支付应付货款，就会失去进货的信誉，下次与进货商进货就会中断；企业不能按时给员工发工资，如果拖欠员工几个月的工资，员工就会离开企业；企业不能按时支付场地租金，就会失去租赁的门店。所以创业企业要保障现金不断流，成功的企业都要制订现金流量计划。预测现金流量计划将帮助企业保持充足的现金动力，适时筹集资金，保障企业在任何时候都不会出现现金短缺的威胁。

例如，1—6月新潮童装店现金流量计划表，见表6.3。

表 6.3　新潮童装店 1—6 月现金流量计划表　　　　单位:元

项　目	金　额	1月	2月	3月	4月	5月	6月	合计
现金流入	月初现金	0	112 183	207 202	269 584	331 967	394 350	—
	现金销售收入	186 000	274 000	186 000	186 000	186 000	244 000	1 262 000
	赊账收入							
	贷　款	30 000						30 000
	其他现金流入	50 000						50 000
	可支配现金(A)	266 000	386 183	393 202	455 584	517 967	638 350	—
现金流出	现金采购支出	111 600	164 400	111 600	111 600	111 600	146 400	757 200
	业主工资	2 000	2 000	2 000	2 000	2 000	2 000	12 000
	员工工资	1 000	1 000	1 000	1 000	1 000	1 000	6 000
	租　金	3 000	3 000	3 000	3 000	3 000	3 000	18 000
	营销费用	100	100	100	100	100	100	600
	公用事业费	300	300	300	300	300	300	1 800
	维修费	50	50	50	50	50	50	300
	登记注册费	200						200
	设　备	30 000						30 000
	利　息	150	150	150	150	150	150	900
	税　金	5 417	7 981	5 417	5 417	5 417	7 107	36 756
	其他(列出项目)							
	现金总支出(B)	153 817	178 981	123 617	123 617	123 617	160 107	—
月底现金(A−B)		112 183	207 202	269 584	331 967	394 350	478 243	—

四、创业企业资金的筹集方式

创业者需选择适合自己的资金筹集方式,对任何一个创业者来说,筹集资金是进行一系列创业活动的先决条件。不能筹集一定数量的资金,就难以正常经营,不能取得预期的经济效益。常用的筹资方式主要有以下几种:

1.个人存款

个人存款,即用自己的存款来投资,自己的资金企业可以自由运用,无须附加条件,自己控制和掌握,企业可以长期使用。

2.银行贷款

银行贷款的取得一般较难,除非有房产作抵押,或者创业项目计划能引起某些有产业的公司的兴趣,愿意合作,或者愿意帮助你,且能提供银行贷款担保,才能取得银行的贷款。

3.亲朋好友借款

如果创业者有一些先富起来的亲人和朋友,是最理想的借款对象,大胆地向他们介绍自己的创业想法和创业项目构思,说明创业计划,请他们支持你创业,或者向亲朋好友筹集一部分资金。取得亲朋好友的支持很重要,同时也要有信誉,讲好资金使用的条件,写好凭据,履行还款承诺。

4.供应商

有些供应商或批发商,为了打开市场,给前期的经销商赊销,允许赊销一些商品或代销商品。这也是一种借入商品资金的来源,又称为商业信用。

5.出租或抵押产品

把自己的一些不动产出租或抵押取得借入资金。

6.合伙办企业

如果创业者的资金有限,可以走股份集资的方式筹集资金。寻找一些有意愿投资的朋友或投资人,把自己的创业项目介绍给他们,争取他们的加入,筹到部分资金,共同合伙创业,共创未来、共享利润、共担风险。

7.风险投资资金

创业者的创业项目和创业计划能得到风险投资公司的投资是最好的筹资方式。我国也有许多创业投资基金,风险投资公司资金的要求是很严格的,它们需要对资金的受托人负责,需对创业者的项目和创业计划进行严格评估。如果创业者的创业项目很有发展潜力,可以争取创业投资基金,一旦被创投基金选上,会获得大笔的创业资金支持。

第三节　创业企业的财务分析

创业者创办的企业经营运转一段时期后,要想知道企业经营状况是否良好,需要通过财务指标的变化来分析,掌握财务指标的分析方法,了解企业的经营情况,对提高企业盈利能力,规避经营风险是很重要的。

一、熟悉财务报表

财务分析的基础工具是企业的资产负债表和损益表(利润表),这两张报表概括了创业企业的财务状况对经营业绩的影响。作为创业经营者,需要看懂这两张报表,并能从中发现经营上存在的问题。

1.资产负债表

资产分为流动资产和长期资产,负债分为流动负债和长期负债。资产负债表通过显示资产和负债的比例,可以反映企业的经营效率。资产负债表见表6.4。

表 6.4 资产负债表

编制单位：某公司　　　　　　　　　××××年××月××日　　　　　　　　　单位：元

资产		行次	期末数	负债和所有者权益		行次	期末数
流动资产	货币资产	1	880 000	流动负债	短期借款	68	100 000
	短期投资	2	250 000		应付票据	69	—
	应收票据	3	—		应付账款	70	500 000
	应收股息	4	—		预收账款	71	10 000
	应收利息	5	—		应付工资	72	160 000
	应收账款	6	550 000		应付福利费	74	10 000
	其他应收款	7	—		应付股利	75	210 000
	预付账款	8	50 000		应缴税金	80	49 045
	应收补贴款	9	—		其他应交款	82	20 000
	存货	10	2 796 040		预提费用	83	—
	待摊费用	11	20 000		预计负债	—	—
流动资产合计		31	4 546 040		一年到期长期负债	86	3 406 000
长期资产	长期股权投资	32	400 000		其他流动负债	90	
	长期债权投资	34			流动负债合计	100	4 465 045
	长期投资合计	38	400 000	长期负债	长期借款	101	
固定资产	固定资产原价	39	3 000 000		长期应付款	103	
	减：累计折旧	40	1 500 000		其他长期负债	108	40 955
	固定资产净值	41	1 500 000		长期负债合计	110	40 955
	工程物资	44	—		负债合计	114	4 506 000
	在建工程	45	—	所有者权益	实收资本	115	1 000 000
	固定资产清理	46	—		资本公积	118	—
固定资产合计		50	1 500 000		盈余公积	119	500 000
无形资产及其他资产	无形资产	51	300 000		其中：法定公益金	120	100 000
	长期待摊费用	52			未分配利润	121	740 040
	其他长期资产	53		所有者权益合计		122	2 240 040
无形资产及其他资产合计		60	300 000				
资产合计		67	6 746 040	负债和所有者权益合计		135	6 746 040

2.损益表

损益表反映创业企业是否盈利，也称利润表。它由销售收入、成本和费用三部分组成。通过损益表的细致分析，可以运用许多方法去改进，提高创业企业盈利能力。

企业利润总额是企业收入减去企业成本支出。从构成上，可以分为主营业务利润、营业利润、利润总额、税后利润 4 部分。能理解、分清利润的构成,就知道自己企业的利润来源及亏损的原因,见表 6.5。

表 6.5 利润表

编制单位:某公司　　　　　　　　　××××年××月××日　　　　　　　　　单位:元

项　目	行次	本月数	本年累计
一、主营业务收入	1	12 000 000	
减:主营业务成本	4	8 400 000	
主营业务税金及附加	5	600 000	
二、主营业务利润(亏损以"－"填列)	10	3 000 000	
加:其他业务利润(亏损以"－"填列)	11		
减:营业费用	14	500 000	
管理费用	15	900 000	
财务费用	16	200 000	
三、营业利润(亏损以"－"填列)	18	1 400 000	
加:投资收益(损失以"－"号填列)	19		
补贴收入	22		
营业外收入	23	50 000	
减:营业外支出	25	45 000	
四、利润总额(亏损以"－"号填列)	27	1 405 000	
减:企业所得税	28	351 250	
五、净利润(净亏损以"－"号填列)	30	1 053 750	

(1)主营业务利润

主营业务利润是指企业经营主要业务所取得的利润。其计算公式如下:

主营业务利润 = 主营业务收入 － 主营业务成本 － 主营业务税金及附加

(2)营业利润

营业利润是指企业在一定期间从事生产经营活动所获得的利润。它由主营业务利润、其他业务利润、营业费用、管理费用、财务费用等构成。其计算公式如下:

营业利润 = 主营业务利润 + 其他业务利润 － 营业费用 － 管理费用 － 财务费用

(3)利润总额

利润总额是指企业一定期间所实现的全部利润,也称税前利润,是企业的全部经营成果。它由营业利润、投资收益、补贴收入、营业外收支等构成。其计算公式如下:

利润总额 = 营业利润 + 投资收益 + 补贴收入 + 营业外收支净额

营业外收支净额 = 营业外收入 － 营业外支出

(4)净利润

净利润是指利润总额减去所得税后的余额,又称税后利润。它是企业所有者权益的组成部分,是企业进行分配的依据,是归属企业支配的利润。其计算公式如下:

净利润 = 利润总额 - 企业所得税

增加盈利的基本方式有以下 3 种:

①增加销售收入,扩大营业额,但要注意销售额的增加比例应大于销售成本或营业费用增加的比例。否则即使扩大销售,而成本、费用同比例增加,也不会提高利润率,增加利润。

②降低销售成本或营业费用。在销售收入不减少的情况下,应尽力降低不影响销售收入的营业费用、管理费用、财务费用,增加利润。

③扩大经营规模,扩大销售,做大蛋糕,向规模要效益。

二、分析财务指标

创业者在经营企业后,了解了资产负债表、损益表这两种基本的财务报表之后,还要通过各种财务指标的计算公式计算指标,以便了解企业的盈利水平、费用成本等的具体财务状况,并根据情况作出对策。下面介绍几种财务指标的计算公式。

1.毛利率

毛利率是指毛利额与营业额收入总额的比率,反映企业的基本盈利能力。毛利额是指销售收入与购进成本之间的差额。其计算公式为:

$$毛利率 = \frac{毛利额}{销售收入总额} \times 100\%$$

不同行业的毛利率水平不同。例如商业企业的毛利率一般在 10% ~ 30%,生产型的工业企业毛利率在 30% ~ 60%,服务行业在 20% ~ 50%。当然,不同的企业毛利率水平是不同的,有的以劳务或技术知识为主的服务业,或高新技术企业的毛利率会更高。

2.销售收入的完成率

销售收入的完成率是指企业年度实际销售营业收入与计划目标的销售营业收入的比率。其计算公式为:

$$销售收入的完成率 = \frac{实际完成销售收入总额}{计划销售总额} \times 100\%$$

计划完成率大于 100%,是超额完成计划;不足 100%,说明没有完成计划指标。

3.营业费用率

营业费用率是指企业营业费用与销售营业收入的比率,反映每销售 100 元商品的营业收入,其中包含营业费用的支出。其计算公式为:

$$营业费用率 = \frac{营业费用}{销售收入} \times 100\%$$

4.税前利润率

税前利润率是指企业税前的利润总额与销售营业收入总额的比率。其计算公式为:

$$税前利润率 = \frac{税前利润总额}{销售营业收入总额} \times 100\%$$

5.流动比率

流动比率是企业偿还债务的能力指标,它是流动资产与流动负债的比率。其计算公式为:

$$流动比率 = \frac{流动资产}{流动负债}$$

流动比率 1∶1 说明有偿债能力,流动比率 2∶1 被认为是安全的比率,说明每 100 元的流动负债有 200 元的流动资产作保证。比值小于 1 或小于 100% 为偿债能力差,对债权人没有偿债能力的保证。流动比率小的企业,则意味着借款信用能力低。

6.速动比率

速动比率是速动资产与流动负债的比率。其计算公式为:

$$速动比率 = \frac{速动资产 \times (货币资产 + 应收账款)}{流动负债}$$

一般观点认为:

$$速动资产 = 流动资产 - 存货 - 预付账款 - 待摊费用$$

速动资产,即具有马上偿债能力的资产,包括货币资产、应收账款、有价证券,在极短时间能变现的短期投资等。速动比率说明企业具有即时还款的偿债能力,说明企业具有支付到期债务的能力。一般认为 80%~100% 就有较好的偿债能力了。因为,债务人的债务一般不会在同一时期偿还。

7.销售收入增长率

销售收入增长率的计算公式为:

$$销售收入增长率 = \frac{本期销售收入 - 上期销售收入}{上期销售收入} \times 100\%$$

8.营业利润增长率

营业利润增长率是指企业本期营业利润与上期营业利润的比率,它反映企业获利能力的变化水平。其计算公式为:

$$营业利润增长率 = \frac{本期营业利润 - 上期营业利润}{上期营业利润} \times 100\%$$

9.人均劳动效率

人均劳动效率是指企业的销售营业收入总额与企业员工人数的比率,它反映企业的劳动效率。其计算公式为:

$$人均劳动效率 = \frac{销售额}{员工人数}$$

10.总资产报酬率

总资产报酬率是指企业的税后利润与总资产的比率,它反映的是企业总资产的获利能力。其计算公式为:

$$总资产报酬率 = \frac{税后净利润}{总资产} \times 100\%$$

11.总资产周转率

总资产周转率是指企业年销售总额与总资产的比率,它反映的是企业总资产的利用程

度(该项指标越高,说明总资产的利用程度越好)。其计算公式为:

$$总资产周转率 = \frac{年销售总额}{总资产} \times 100\%$$

12.流动资产周转率

流动资产周转率是指企业年销售总额与流动资产的比率,它反映企业流动资产的利用程度(该项指标越高,说明流动资产周转越快,盈利能力越强,利用程度越好)。其计算公式为:

$$流动资产周转率 = \frac{年销售额}{流动资产总额} \times 100\%$$

第四节 创业企业主要财务指标的计算

为了对创业企业经营情况进行分析,找到问题,并找到解决问题的方法,针对问题采取经营对策,需要计算主要的财务指标。

下面以某公司的资产负债表(表6.4)和利润表(表6.5)的资料为依据,假设该企业6月末有员工80人,计算其6月的主要财务指标。

(1)毛利率

$$毛利率 = \frac{毛利额}{销售收入总额} \times 100\%$$

$$毛利额 = 主营业务收入 - 主营业务成本$$
$$= 12\,000\,000\,元 - 8\,400\,000\,元 = 3\,600\,000\,元$$

$$毛利率 = \frac{3\,600\,000\,元}{12\,000\,000\,元} \times 100\% = 30\%$$

通过计算得知,某公司6月的毛利率为30%,毛利率处于较好的水平。

(2)营业费用率

$$营业费用率 = \frac{营业费用总额}{销售收入总额} \times 100\%$$

$$= \frac{500\,000\,元}{12\,000\,000\,元} \times 100\% = 4.17\%$$

通过计算得知,某公司6月的营业费用率为4.17%,费用水平并不高。假设上年同期的营业费用率为4.5%,动态对比,比上年有所下降,说明企业的营销业务工作做得好,费用有所下降。

(3)管理费用率

$$管理费用率 = \frac{管理费用总额}{销售收入总额} \times 100\%$$

$$= \frac{900\,000\,元}{12\,000\,000\,元} \times 100\% = 7.5\%$$

通过计算得知,某公司 6 月的管理费用率为 7.5%,费用水平并不算高;假设上年同期的营业费用率为 6.5%,动态对比,比上年有所上升,需要查找原因,进行分析,看其是否合理。

(4)财务费用率

$$财务费用率 = \frac{财务费用总额}{销售收入总额} \times 100\%$$

$$= \frac{200\ 000\ 元}{12\ 000\ 000\ 元} \times 100\% = 1.67\%$$

通过计算得知,某公司 6 月的财务费用率为 1.67%,财务费用水平较低,远远低于银行的利率。说明企业资金周转较快,或者使用借款资金的比例较少,是一个较好的现象。

(5)税前销售利润率

税前销售利润率说明企业营业销售盈利能力水平。其计算公式为:

$$税前销售利润率 = \frac{税前利润总额}{销售收入总额} \times 100\%$$

$$= \frac{1\ 405\ 000\ 元}{12\ 000\ 000\ 元} \times 100\% = 11.7\%$$

通过计算得知,某公司 6 月的销售盈利水平为 11.7%,是正常的利润。如果企业上年同期的税前销售利润为 13.3%,则说明企业的盈利能力下降,需要进一步分析原因,找出问题所在。

(6)净利润率

$$净利润率 = \frac{利润总额}{销售收入总额} \times 100\%$$

$$= \frac{1\ 053\ 750\ 元}{12\ 000\ 000\ 元} \times 100\% = 8.78\%$$

通过计算得知,某公司净利润率为 8.78%,属于一般获利水平,比银行的利率水平略高,但并不是理想的获利水平。还需要与同行业的盈利水平对比分析,找出差距,明确以后的努力目标。

(7)总资产报酬率

$$总资产报酬率 = \frac{净利润}{总资产} \times 100\%$$

$$= \frac{1\ 053\ 750\ 元}{6\ 746\ 040\ 元} \times 100\% = 15.62\%$$

通过计算得知,某公司总资产报酬率为 15.62%,属于较好的获利水平,比银行的利率水平高得多,但也并不是理想的获利水平。如果企业增资扩股,对投资者还是有一定的吸引力。

(8)流动比率

$$流动比率 = \frac{流动资产}{流动负债} \times 100\%$$

$$= \frac{4\ 546\ 040\ 元}{4\ 465\ 045\ 元} \times 100\% = 101.8\%$$

通过计算得知,某公司流动比率为101.8%,流动资产负债的比率为1∶1,有较好的偿债水平,借钱给企业是有安全保障的,但系数并不高,最好是2∶1的比例。

(9)速动比率

$$速动比率 = \frac{速动资产}{流动负债} \times 100\%$$

$$速动资产 = 货币资金 + 应收账款 + 短期投资$$

$$= (880\ 000 + 550\ 000 + 250\ 000)\ 元 = 1\ 680\ 000\ 元$$

$$速动比率 = \frac{1\ 680\ 000\ 元}{4\ 465\ 045\ 元} \times 100\% = 37.62\%$$

通过计算得知,某公司的速动比率为37.62%,说明某公司即时动用的具有偿债能力的流动资产只有全部流动负债的1/3,说明马上还债的能力并不强,一般需要1∶1才是较理想的偿债指标。但是,一般企业要看具体情况来分析,如果6月到期的债务超过40%,说明企业偿债存在危机,需想办法筹集资金偿还到期债务,否则就会出现财务危机。

(10)总资产周转率

$$总资产周转率 = \frac{销售收入总额}{总资产} \times 100\%$$

$$= \frac{12\ 000\ 000\ 元}{6\ 746\ 040\ 元} \times 100\% = 178\% = 1.78\ 次$$

通过计算得知,某公司的总资产的周转率是178%,即1.78次,说明某公司资金运转还是较好的,经营资金运转较理想。

(11)流动资产周转率

$$流动资产周转率 = \frac{销售收入总额}{流动资产总额} \times 100\%$$

$$= \frac{12\ 000\ 000\ 元}{4\ 546\ 040\ 元} \times 100\% = 264\% = 2.64\ 次$$

通过计算得知,某公司流动资金周转速度是2.64次,说明其流动资金周转较快,企业主要是依靠流动资金盈利的,流动资金周转越快,企业的盈利就越多,利润水平就越高。

(12)人均劳动效率

$$人均劳动效率 = \frac{销售收入总额}{企业总人数}$$

$$= \frac{12\ 000\ 000\ 元}{80\ 人} = 150\ 000\ 元／人$$

人均劳动效率是员工劳动效率高低的考核指标,需要同行业横向与纵向比较分析,具体分析劳动效率是否有提高,同时结合企业的利润水平进行考核。

【案例6.1】

600万元收购重组国营百货商场

某市红光百货商场是一家老牌的国营百货公司,已经有60年的历史,在当地是一家家喻户晓的知名商场。改革开放初期,企业的经济效益很好,销售高峰时销售额可达到5 000

万元,企业利润名列全市前列。但20世纪90年代中期,经济效益开始走下坡路,销售额不断下降,员工不断增加,而且大多是只进不出,企业开始亏本。随着经济的发展,国家统一的工资标准调整提高,红光国有百货商场也同样提高了企业职工的级别工资。加上市场竞争激烈,企业连年亏损。为了扭亏为盈,主管部门曾一度实行经营承包责任制,但连续几届的承包人同样不能扭转公司亏损的趋势。企业连续10年的亏损累计达到500万元。随着国家产业政策的调整,主管部门决定转让红光百货商场的产权,对红光百货商场进行转制改革,发出了企业产权转让公告。

经资产评估机构评估,当年红光百货商场的资产财务状况如下:企业资产总额为1 000万元,其中固定资产400万元,流动资产600万元;企业负债总额1 500万元,其中流动负债1 000万元,长期负债500万元;企业的净资产是负值500万元。在企业的负债总额中80%是银行的借款,而且还有300万元是累计银行长期借款本金未还。企业有两层2 500平方米的商场,市场评估重置价值500万元,企业职工总数150人,其中退休人员为45人,工资由企业负担,在职人员有105人,其中有25人领取300元补贴工资下岗,企业150人,按国家职工档案级别工资计算,人平均工资1 500元。但是,由于企业连年亏损,员工只领六成工资,实际发放的工资人平均不到900元。

企业产权转让公告发布后,曾有不少民营企业及外商咨询过,企业为连续10年亏损,净资产负值500万元,企业的负债总额为1 500万元,而企业资产为1 000万元,来咨询的人认为真正在市场变现能回收60%的资金算不错了,而且主管部门提出的是能安置70%的职工上岗作为转让条件(包括解决退休人员的待遇)。因此没有人愿意接手该百货公司,有人认为该企业负债远远高于资产,连年亏损,谁接手都是烫手山芋,产权交易价值不值1元钱。主管部门提出过破产清算的方案,但是银行不同意,因为破产清算变卖的收入还不够安置职工的费用及应缴纳的税款,企业的资产基本上是属于银行的,破产后银行的债权几乎为零。

本地某个体私营百货批发商杨先生,听说该红光百货商场产权转让的消息,经到商场主管部门咨询,了解到企业年销售额2 000万元,毛利率只有9%,而企业经营管理费率高达25%,但是企业销售额最高也达到了5 000万元。杨先生平日喜欢学习,掌握了一定的财务知识。他想,自己从事百货批发经营多年的平均毛利都能达到20%,自己这么多年的家产积累有五六百万元了,该商场零售只有9%的毛利当然会连年亏损。他分析其原因,发现大多数国有单位进货,都要给进货商回扣,而且虚开发票提高进货价格,只要拿了回扣,大多进货商不讲价;而民营企业从不要求回扣,而且经常讲价。因此,他也就明白了国有企业的商品为什么进货价高,销售价低,因此毛利率自然也就低;人员多,工资低没有积极因素,劳动效率低,是企业亏损的另一主要因素。于是,他信心十足地收购了红光百货商场。

杨先生拿出了600万元资金收购红光百货,提出接收商场职工50人,其中200万元负责解决退休人员的工资问题,人平均4万元。一次交齐企业欠缴的社会养老保险费,企业退休职工的退休工资转到社保领取,与企业脱钩。拿100万元解决50人转岗就业,自愿转移就业每人补助2万元,拿300万元归还银行历史积压未还的借款,企业转制成民营企业。员工实行聘任制上岗就业,新转制企业承担原来企业1 500万元的债务责任。杨先生的收购计划得到商场主管部门的同意,认为是一个双赢的方案;经过商场职工代表大会的讨论,方案被一致通过。杨先生很快与主管部门办理了该商场的产权转让过户手续,成为了红光百货商场的新老板。

杨先生把收购的百货商场改造成大型超市,减少了人员,员工工资恢复人平均1 500元的底薪,按柜组核算,销售额加3%的提成奖励工资,充分调动了员工的积极性。他把自己的百货批发业务与商场零售合并,实行一条龙业务,增加商品经营品种,减少进货中间环节;加速商品周转,提高直接从厂家进货的比例;严把商品进货质量关,杜绝劣质商品上货架;增加了名牌品牌专柜经营,增加进口高档商品专营部;采用高中低商品兼顾的策略,满足不同层次消费需求。在定价上,比市面同类经营的商品价格低5%~10%,实行分类定价。对大众化、购买频率高的日用品按10%低价定价,对一般的商品按25%~30%定价,对购买频率低的高档商品实行高价定价,即使高档商品定价也会比市面价格低20%~30%,因为分摊的固定成本低的缘故。因此,杨先生换手经营的大型百货超市给各类市民的感觉是品种丰富、质优价廉,老牌商场的信誉又重新回来了,生意很快火爆起来,人们逛超市首选红光百货商场的超市,人流爆满。

杨先生第一年经营红光百货商场就获得成功,销售收入翻了一番,实现5 000多万元的销售,综合平均毛利率达到30%,员工平均工资达到2 500元,有的员工可以拿到5 000多元,激发了员工的工作热情。企业第一年实现利润500多万元,完全实现扭亏为盈,当年净资产也变成了正值,杨先生实现了自己的目标,感到无比喜悦。公司销售额年年不断上升,银行对企业扭亏为盈的趋势看好,流动资金贷款从原来的500万元增加到1 000万元的额度。他的企业每年盈利在500万元以上。三年后,还清了所有债务,并且也拿回抵押贷款的房产证,实现了他用住宅向银行贷款只是暂时办个手续画押而已的诺言,并把红光百货商场变成会下金蛋的大企业,实现二次创业的扩大发展。

如今杨先生已经经营商场10年,凭600万元资本收购的企业,从净资产负值500万元变成净资产正值8 000万元,企业总资产超过2亿元,资产负债率不足50%,资产周转率6次,被评为当地信誉好的优秀民营企业、纳税大户、市民信任的龙头商业企业。

通过本案例,你认为该国营百货公司亏损的原因是什么?杨先生为什么敢用自己的住宅去抵押贷款,冒险收购连年亏损的国有企业,他发现扭亏为盈的秘密是什么?杨先生为什么能够胸有成竹呢?如果不懂企业财务知识能分析发现扭亏为盈的问题吗?你认为杨先生是靠冒险吗?你发现杨先生经营成功的秘诀是什么?你如果碰到同样的机遇能有这样的发现和分析能力吗?

思考与练习

一、思考题

1.创业企业没有资金能启动吗?创业企业需要多少资金才能运转?创业者如何筹集资金?

2.企业资产是如何构成的?

3.什么是企业的固定资产、流动资产和开办费用?

4.如何预测创业的企业固定资产、流动资产、开办费用的需要量?

5.创业企业的利润投资前能够预测吗？如何预测企业的利润？

6.如果你有一个好的创业项目,自己苦于没有启动资金或资金不足,你又不想放弃创业,有什么好的办法解决？

7.创业企业经营一段时间后需要财务分析吗？如何进行财务分析？

8.创业者需要熟悉财务报表,创业企业有哪些主要财务指标？

二、实训练习

1.请你划分出企业下列开支属于哪类资产？

购买一辆汽车：_____。

购买一台 5 000 元的空调：_____。

购买生产用的材料：_____。

购买包装材料：_____。

购买员工工作服：_____。

购买出售的商品：_____。

购买财务做账需要使用的账本及一台计算器：_____。

2.创业者黄海,存款有 50 万元,他计划留 20 万元作为日后生活的保障存款,30 万元用于投资,准备开一家电器商店,于是请人帮忙做一个计划,开店需要多少启动资金。经市场调查,预算计划门店月租金需要 3 000 元,门店装修需要 50 000 元,货架设施需要 30 000 元,一台计算机、一台打印机需要 5 000 元,办公桌、椅子等办公用品 2 000 元。办公用空调一台 4 000 元;购买一辆送货和安装用的小型工具车 30 000 元。员工 4 人,业主兼司机工资 2 000 元。营业员工资 1 000 元。电器维修、上门安装的技工兼营业员工资 1 500 元。门店水电、物业管理费等费用 500 元,保险费 1 000 元。市场营销费每月 300 元,月包干税收预计 500 元。营业执照、税务登记费等 500 元。商品进货资金 10 万元,周转预备金 50 000 元。请你用表格做一份创业启动资金需要量计划表(流动资金预计 3 个月费用)。

(1)固定资产需要量

①工具和设备。

名　　称	数　　量	单　　价	总费用/元
合　计			

②交通工具。

名　　称	数　　量	单　　价	总费用/元
合　计			

③办公家具及设备。

名　称	数　量	单　价	总费用/元
合　计			

④固定资产和折旧率(包括开办费、无形资产的摊销)。

项　目	价　值	折旧年限	年折旧额/元	月折旧率/%	月折旧额/元
工具设备					
交通工具					
办公家具和设备					
店　铺					
厂　房					
土　地					
店铺装修					
其　他					
合　计					

(2)流动资金的预算

①原材料和包装(或商品进货)资金估算。

名　称	数　量	单　价	总费用/元
合　计			

②其他经营费用(不包括折旧和贷款利息)。

项　目	费用/元	总费用/元
业主的工资		
雇员工资		
租　金		
营销费用		
公用事业费(水电、通信)		
维修费		
保险费		
登记注册费		
其　他		
合　计		

(3)企业启动资金的需要量

项　目	固定资产投资/元	流动资产投资/元	机动营业周转金/元	合计/元

第七章 创业企业的商品定价

  价格是市场最敏感的因素,也是市场的风向标。价格一方面反映市场供给的变化,另一方面反映市场需求的变化。企业希望商品价格涨一点,顾客希望商品价格低一点,口袋少出点钱,那么如何找到平衡点?商品价格是企业通过市场与顾客交换的条件,因此企业商品价格的制订,关系到企业营销的成功、市场的拓展、企业盈利的成败,是企业经营能否成功的重要策略。

  有的创业经营者,对商品定价不重视,或不熟悉商品定价的原理,随意定价,或者把商品定成天价,使得顾客望而生畏,或者一味遵循最低价原则,一厢情愿地认为薄利多销,结果也换不来顾客的光顾和青睐。其实企业商品定价是有原理和技巧的。创业者应学习商品定价的原理,掌握企业商品定价的方法、策略和定价的技巧。

  本章将介绍企业商品定价的原理、企业商品定价的方法、策略和定价的技巧。

  商品价格是买卖双方交易的条件,是商品价值的货币表现。商品的定价既要让购买方接受,又要让供给方有合理的利润,而且还要符合市场的价格行情。价格制订的好坏会影响企业的盈利和企业经营目标的实现。

  因此,创业者对企业商品和服务不能随心所欲定价,要了解价格构成的原理、企业商品定价常用的方法、企业商品定价的技巧及定价策略。

第一节 商品价格的定价原理

一、商品价格构成的原理

  要掌握商品定价的方法,首先要了解价格构成的原理。商品价格是由生产成本、流通费用、税金和利润四大因素构成的。生产成本是指企业在生产经营某种产品时所发生的各项费用的总和,它包括物资材料成本和人工费用成本两部分。流通费用是指产品从生产领域通过流通领域进入消费领域所发生费用的总和,也就是商品从购进到卖出中间所支付的费用的总和。税金是指生产经营者按国家税法规定计入价格的税金金额。利润是指产品销售价格减去生产成本、流通费用、税金后的余额。

  例如,一件衣服的价格,它在生产过程中耗费材料物资成本及人工费用为 100 元,经营者从购进到卖出支付了费用共 40 元,须缴纳税金 25 元,经营的目标利润需取得 35 元,则该件衣服的价格 =(100+40+25+35)元=200 元。

因此,商品价格的构成公式:

$$商品价格 = 生产成本 + 流通费用 + 税金 + 利润$$

二、影响商品价格的因素

影响商品价格的因素是多样的,主要有以下几个:

1.成本因素

成本是商品定价的主要因素,成本也是商品定价的最低经济界限。低于成本价格,企业的商品经营就不能周转下去,企业就会放弃生产经营该种商品,因此企业要获取利润,定价要高于生产成本。

2.消费者的需求因素

消费者是市场的主体,是商品的直接使用者,企业对商品定价需从消费者的角度分析消费者的需求,包括消费者的货币支付能力、购买力,消费者的购买心理、购买习惯,消费者愿意接受的价格等因素。

3.竞争者的因素

竞争者是企业经营同类或相似的产品或服务相似,并且所服务的目标顾客也相似的其他企业,也是市场整体价格的参与者。创业者需要了解同行竞争者的定价,然后结合本企业的目标、定价策略、参考综合各因素决定企业商品或服务的定价。

4.企业的定价目标

企业经营整体会有盈利目标,企业的利润总目标是依靠各类商品及服务的经营利润实现的,企业的总目标利润分解到各类商品的定价目标去实现。因而企业的定价应考虑企业期望的利润率,一般定价首先不低于企业的平均利润目标。

5.市场商品的供求关系

当市场整体的商品供求关系发生变化时,会直接反映在商品价格上。当商品供给大于市场需求时,市场价格会逐渐走低;当市场对商品需求大于供给时,商品价格会走高。企业的商品定价应充分考虑市场的供求关系,确定本企业的商品定价。

6.商品市场的流行与企业品牌效应

当市场上某种商品出现流行性需求,是市场商品销售的快速成长期,商品的价格就会采用高定价策略;同样的商品,企业具有名牌的声誉,或产品有品牌效应,市场上的商品定价比同类商品价格就要高得多。

7.国家政策与法律因素

某些特殊商品或服务价格是由政府干预定价的,或在某种特殊时期或特殊经济阶段,政府会通过行政、法律手段、经济手段对某些商品的定价及社会整体物价水平进行调节和控制。企业定价必须考虑政府的法令及政策。

例如,有些关系民生的水电、煤气、城市公交服务、教育医疗及行政性收费,实行政府定价或限价。为了调节农副产品价格比例,政府对农业生产资料价格的毛利率实行限制,或直接定价。在重大自然灾害期间,实行政府定价或限价;又如在春节期间,政府对一些主要商品的零售价格实行限价等。

第二节　企业商品价格定价方法

一、企业商品定价方法

企业商品定价方法分为精确的理论定价公式和简化的定价公式两类。精确理论定价公式适用于大宗商品定价、大型企业商品定价及商品价格测算,大多是专业的物价人员采用,计算过程较复杂。一般的小型企业及实际操作的定价,为简化定价工作,一般采用简化的定价公式,可减少工作量。

1.生产企业产品定价公式

①不含税价定价公式:

$$产品销售价格 = 生产成本 \times (1 + 成本毛利率) \times (1 + 增值税率)$$

②含税价定价公式:

含税价增值税率 $= 17\% \div (1 + 17\%) = 14.53\%$

$$A\ 产品销售价格 = \frac{生产成本 \times (1 + 成本毛利率) - 生产成本 \times 含税价增值税率}{1 - 含税价增值税率}$$

$$B\ 产品销售价格 = \frac{生产成本 \times (1 + 成本利润率) - 材料生产成本 \times 含税价增值税率}{1 - 固定费用率 - 含税价增值税率}$$

2.商贸类的企业商品定价公式

①不含税价定价公式:

$$销售价格 = \frac{购进成本 \times (1 + 周转天数 \times 日利息率) \times (1 + 增值税率)}{(1 - 损耗率) \times \{1 - 经营管理费率 \times (1 + 增值税率) - 利润率 \times (1 + 增值税率)\}}$$

②含税价定价公式:

含税价增值税率 $= 17\% \div (1 + 17\%) = 14.53\%$

$$销售价格 = \frac{购进成本 \times (1 + 周转天数 \times 日利率) - 进货价 \times 含税价增值税率 \times (1 - 损耗率)}{(1 - 损耗率) \times (1 - 经营管理费率 - 含税价增值税率 - 利润率)}$$

3.企业常用的简化定价方法

企业在实际销售定价时,为了减少定价的工作量,一般使用简化定价公式来定价。

①成本加成定价法,是指企业定价按产品生产成本或商品的购进价,加一个差价百分率的定价方法。这种定价方法在小型企业、个体工商户应用最为普遍。

生产企业定价:

$$产品价格 = 单位产品生产成本 \times (1 + 加成率)$$

测算加成率:

$$加成率 = \frac{总销售收入 - 生产成本总额}{生产成本总额}$$

例 7.1　某企业生产甲产品,其生产成本每件 8 元,企业的成本加成率要求定价时加60%,请计算产品的销售价格。

$$产品销售价格 = 生产成本 \times (1 + 加成率)$$
$$= 8 元 \times (1 + 60\%) = 12.80 元$$

②商业企业定价。

$$商品销售价格 = 商品进价 \times (1 + 进销差率)$$

$$进销差率 = \frac{进销差价}{进价} = \frac{销价 - 进价}{进价} \times 100\%$$

例 7.2　某零售企业购进某件商品,进货价 120 元,企业加价 30%制订零售价,请制订其零售销售价格。

$$商品销售价格 = 商品进价 \times (1 + 进销差价率)$$
$$= 120 元 \times (1 + 30\%) = 156 元$$

③商业企业为了把前期进货垫支的直接费用(运杂费等)收回,在定价时,以进货价加运杂费等为进货成本,再加上一个综合差价率定价。

定价公式:

$$商品销价 = (商品购进价 + 运杂费) \times (1 + 综合差价率)$$

例 7.3　某家电商店购进的洗衣机,每台进价 1 500 元,运杂费等每台摊销 120 元,综合差价率加 15%,请制订销售价格。

$$洗衣机销价 = (购进价 + 运杂费) \times (1 + 综合差价率)$$
$$= (1\ 500 + 120) 元 \times (1 + 15\%) = 1\ 863 元 / 台$$

④目标定价法,是指企业考虑该批产品需要实现的目标利润总额,预计可达到的销售量,然后确定每件产品需分摊的利润进行定价。

$$定价公式 = 产品成本 + \frac{目标利润总额}{预计总销量}$$

$$产品销价 = 产品成本 + 单位产品目标利润$$

例 7.4　某企业生产机电,单位产品的成本为 600 元,企业该目标利润为 180 000 元,预计销售量为 500 件,请制订其销售价格。

$$机电价格 = 单位产品成本 + 单位产品目标利润$$
$$单位机电的目标利润 = 目标利润总额 \div 预计销量$$
$$= 180\ 000 元 \div 500 件 = 360 元 / 件$$
$$机电销售价格 = 600 元 + 360 元 = 960 元$$

⑤盈亏平衡定价法,是指企业按变动成本加固定成本、目标利润制订价格的定价方法。

$$产品价格 = 单位变动成本 + 单位固定成本 + 目标利润$$

例 7.5　某家电企业生产的某产品,其每台变动成本为 1 000 元,企业年固定成本开支需要 10 万元,企业的保本销量测定为 1 000 台,目标利润每台 400 元,请计算其销售价格。

$$产品价格 = 单位变动成本 + 单位固定成本 + 目标利润$$
$$= 1\ 000\ 元／台 + 100\ 元／台 + 400\ 元／台 = 1\ 500\ 元／台$$

⑥跟随竞争者定价,是指与竞争者的价格比较分析后,以竞争者的价格为参照,考虑本企业的因素,然后确定企业产品的价格。

$$商品的价格 = 竞争者定价 \times (1 \pm 调整百分率)$$

例 7.6　某电视机生产企业生产某规格电视机,参照竞争企业同档次的价格跟随定价,竞争者的电视机销价 3 500 元,考虑到本企业市场营销的广告投入较少,品牌名气不大,参照竞争价格调低 10%定价,请计算该企业电视机的销价。

$$电视机销价 = 竞争者产品定格 \times (1 \pm 调整百分率)$$
$$电视机销价 = 3\ 500\ 元／台 \times (1 - 10\%) = 3\ 150\ 元／台$$

注意:跟随竞争者定价的误区,有许多个体小企业,在定价上一味采取低于竞争者的价格,结果引来竞争者又降低定价,使价格快速走低,恶性循环,价格迅速低于生产成本价,造成谁都无法盈利,两败俱伤,最终的结果只能是大家一起退出市场。因此,跟随竞争者除了价格上,还要在质量上、服务上跟随竞争者,并优于竞争者,才是上策。

二、企业商品价格定价的程序

企业价格决策者一般经过下列程序定价:
①先制订定价目标;
②分析市场需求;
③估算(测算)产品成本;
④分析竞争者产品及其价格;
⑤选定定价方法;
⑥确定最终市场价格。

第三节　商品定价的技巧与策略

价格是商品的一个敏感因素,不同的消费者对商品价格的选择不同,有的顾客喜欢低价的商品;有的顾客喜欢购买高价的名牌商品;有的顾客喜欢购买物有所值的商品;而有的顾客喜欢购买习惯价格的商品。因此,商家定价要考虑消费者的购买心理,根据不同的目标顾客采取不同的商品定价策略。有的商店商品很热销,顾客盈门,有的商家却门前冷清,其中定价有技巧。下面介绍几种常用的定价技巧方法。

一、常用的几种定价法

1.分割定价法(又称小单位定价法)。

例如,人参定价每斤*1 200 元鲜少人问津,以每克 25 元的定价就会畅销,顾客不觉得

---

* 1 斤 = 500 克,下同

贵。因为顾客感到 1 200 元是一个大数字,是不可能接受的,改成每克 25 元的定价就觉得钱很少,可以接受。因此在我们实际定价中,经常把整包的商品改成以斤定价,顾客容易接受。例如,一箱苹果 80 元,往往改成每斤 3 元的定价;又如顾客买一包大米,如果标价 125 元,顾客觉得贵,而标价每斤 5 元就觉得便宜了。

2.同价定价法

例如,在一些大型零售商场,商家把一些成本相差不是很大的同类商品或相关联商品定为同一价格,例如一律定价 10 元、20 元、30 元、100 元等,顾客消费时会觉得很划算。本来在购买时只想买一件商品,会顺便多买几件,因而商家的销售额也迅速增加。

3.特高价定价

针对一些追求名牌的顾客,把一些优质的商品、名牌商品、新产品,特别定高价。高价会给追求名牌的消费者以商品有品位的感觉。因为追求名牌的顾客认为,高价的是优质商品,价高质优;低价的是劣质商品,有损其形象。商家为满足顾客的求名心理,应采用高价定价策略,商品才能畅销。

4.低价定价策略

对于大众的目标顾客,定价应采用低价策略。对一些新产品,为吸引众多的消费者认知使用、熟悉品牌,迅速占领市场扩大销售,采取薄利多销的定价策略。同时可以排斥新竞争者的加入,使竞争者认为利润不多、风险很大,不敢贸然进入。

5.安全定价法

安全定价法也称温和定价法、适中定价法。对于一般的商品,定价过高,销量小,不利于打开市场;定价过低,又可能造成企业亏损。因此,最稳妥的方法是成本加合理的利润构成。这样一来,消费者有能力,也愿意购买商品,生产者也能得到合理的正常盈利,也便于推销商品。大多数企业的商品采用此方法。

6.非整数定价法

非整数定价法本来的定价是整数价格,而商家把价格定成非整数价格,视觉上消费者往往只注意整数价格部分,不注意尾数部分,使消费者觉得商品价格便宜而决定购买。很多实践证明,非整数定价法确实能够激发消费者良好的心理呼应,增加销售,获得明显的经营效果。例如一瓶家庭厨房用的生抽酱油的价格是 8 元,变成非整数定价后,定价成 7.90 元,消费者会觉得才 7 元多,便决定购买,或者定价成 8.20 元,消费者也会觉得才 8 元多,不会计较 0.20 元。消费者只注意整数比上一级的整数便宜而决定购买。又如电视机的价格定成 3 890 元会比 4 000 元的销售效果好得多。定价 4 000 元整数,会使消费者产生贵了 1 000 元的心理感觉。

7.整数定价法

对于高档消费品、耐用消费品等适宜采用整数定价法,借以树立高价商品形象、高价优质的感觉。例如家具、高档家电、汽车、金银首饰等。同时整数定价适宜名牌,满足高消费群体的消费习惯。

8.分级定价法

根据不同购买力的消费者,设计不同的产品销售价格。按质量功能定价,往往取得理想的销售效果。把顾客分成不同层次的消费群,看顾客的钱袋定价容易让顾客接受。不同的顾客,选择不同的档次消费。

9."不二价"定价法

讨价还价是一件挺烦心的事,有时一件商品的成交就花费较长时间,而一口价干脆简单,往往也能获得消费者的认可,并且能提高工作效率。对于销量较大的商品,或企业规模大的商家适宜采用。"不二价"定价法的缺点是缺乏灵活性,其优点是交易简单,容易使人产生信誉高的心理。超市、自选商场便采用此定价法。

10.讨价还价定价法

讨价还价定价法是随行定价。即便同一种商品,不同的顾客会产生不同的价格,只要顾客愿出,高于成本价,商家就会卖出。此法适宜小规模经营的商家定价,接待一个顾客也需较多的时间。

11.顾客定价法

顾客定价法由顾客开价,看顾客出价确定价格,使顾客满意,也称顾客满意定价法,只要顾客出价,商家能做到的都满足。例如饭店经营中,顾客先点菜出价,然后,根据价格安排菜式上菜,饭菜服务费全包括在内。

二、定价策略

1.企业的定价策略

在激烈的市场竞争中,企业为了实现自己的营销战略,必须根据产品的特点、市场需求及竞争情况,采取灵活多变的定价策略,促进和扩大销售,实现企业经营的整体目标,提高经济效益。常用的定价策略有以下6种:

（1）新产品定价策略

新产品定价的难点在于无法确定消费者接受的价格,消费者对新产品的价值还不了解。企业产品价格如果定高了,消费者难以接受;定低了,则会影响企业的经济效益。常见的定价策略包括取脂定价策略,即高价策略;渗透定价策略,即低价策略;满意定价策略,即温和定价策略。

（2）心理定价策略

根据不同的消费者心理要求所采用的定价策略,通过满足顾客的心理动机促进销售。不同的消费者有不同的消费动机,有的是求廉心理,有的是求名牌心理,有的是理智型购买心理,有的是习惯性购买心理,有的是求美心理。不同的职业、身份、教育程度、年龄、性别和国家地区以及风俗有不同的购买动机,对价格的心理要求也不同。企业须根据不同的细分市场,不同的目标顾客制订不同的价格策略。

（3）随行就市定价策略

企业有时的定价策略还须根据市场价格的走势、市场行情及竞争者定价的变化,不断调整企业的定价策略,确定可行的定价策略,同时又不影响企业的战略目标的实现。

(4)差别定价策略

根据产品性能、功用的差异、时间季节的差异、地理环境的差异、顾客的差异采取不同的定价策略。

(5)折扣定价策略

根据成交的数量、现金的结算方式、客户的关系、淡旺季变化、促销方折扣的定价策略。例如,根据购买数量和金额的不同折扣,鼓励客户集中购买和大量购买,采取的优惠可稳定大的客户。为了鼓励购买者早日付款,减少赊账,给予现金折扣,加快资金周转。

(6)阶段定价策略

根据产品生命周期处于不同阶段的不同特点、产品的价格弹性等确定定价策略。例如,对于市场生命周期较短、款式翻新较快的时尚性商品,在投入期、成长期,因短期内供不应求,应采取高价定价策略;而在成熟期、衰退期要尽快削价促销,以免错过时机,造成损失,前高后低定价,企业获取平均利润来盈利。

2.调整价格策略

价格调整策略一般有两种,即提价与降价。提价是指市场价格走势不断走高,企业需要跟随市场价格的走势,提高原来企业产品的定价,这种情况在市场总需求大于供给或成本总体上升的情况下运用。

(1)商品提价的策略

①掌握时机,适时提价;

②提价幅度不宜太大;

③速度不宜太快;

④宜被动提价,企业不要先主动提价,最好跟随定价。

(2)商品降价的策略

一般来说,消费者对商品降价会产生两种截然不同的反应:一种是感到商品廉价,经不住廉价优惠的诱惑而产生强烈的购买动机。另一种是因价格的下降而产生对商品质量的怀疑,从而抵消了购买动机。顾客甚至还会预期将来商品的价格会更低,取消现在的购买动机。

商品降价需要考虑消费者的购买心理和需求弹性:

①需求弹性大的商品,只需要较小的降价幅度,就可以使商品销量大增。

②需求弹性小的商品,则需要大幅降价才能扩大商品销售。

③降价的次数宜少不宜多,降价的幅度应能引起顾客的注意,一般在10%～30%为宜。

④选择好的降价时机,在成熟竞争期有效,在衰退期效果不大。

第四节　企业商品价格定价计算的应用

大型企业或大宗商品的定价策略在营销中具有重要的地位,有时定价的正确与否对企业的盈亏起着决定性的作用。由于大型企业占有市场分量大、销量大,定价上不能马虎,更

不能随心所欲,需要专业定价、精确计算。下面介绍一些商品价格定价方法在市场中的应用:

一、生产企业产品定价计算的应用

例 7.7　广州某洗衣机生产企业,其洗衣机生产耗费的不含税价成本资料如下:单位生产成本1 200元,其中原材料成本800元、制造费用200元、人工费200元。企业年固定成本开支600万元,企业年产洗衣机为50 000台,企业预计销量为40 000台,企业保本销售量30 000台。产品单位变动成本1 100元;企业目标利润1 000万元以上,企业综合经营费率5%,企业成本毛利润率25%,增值税率17%(含税价增值税率14.53%)。

请帮助企业制订各种销售价格。

①按成本毛利润率25%加成制订理论销售价格。

②按生产成本加成35%差率制订销售价格。

③按企业目标利润1 000万元制订销价。

④制订保本销价。

⑤制订最低限价的竞争价。

下面运用理论价格公式和简化定价公式计算各种策略的价格。

(1)用不含税理论价格公式定价:

　　产品销售价格 = 生产成本 × (1 + 成本毛利润率) × (1 + 增值税率)

　　　　　　　　 = 1 200元/台 × (1 + 25%) × (1 + 17%) = 1 755元/台

(2)按简化定价公式加成35%的差率定价(不单独考虑税率定价):

　　产品销价 = 生产成本 × (1 + 差价加成率)

　　　　　　 = 1 200元/台 × (1 + 35%) = 1 620元/台

(3)按企业要实现1 000万元的目标制订销价:

$$产品销价 = \left(单位成本 + \frac{目标利润}{预计销量}\right) ÷ (1 - 综合经营费率 - 销售税金率)$$

$$= \left(1\ 200元/台 + \frac{1\ 000万元}{4万台}\right) ÷ (1 - 5\% - 14.53\%) = 1\ 802元/台$$

(4)企业保本销量的保本价:

$$保本销价 = 单位生产成本 + \frac{固定总成本}{预计保本销量}$$

$$= 1\ 200元/台 + \frac{600万元}{30\ 000台} = 1\ 400元/台$$

(5)利用变动成本加边际贡献(边际利润)制订最低竞争价下限,如企业最低要求边际利润100元定价如下:

　　最低销价 = 变动成本 + 边际贡献(边际利润)

　　　　　　 = 1 100元/台 + 100元/台 = 1 200元/台

市场应用分析:该企业对洗衣机定价进行价格决策时,首先运用理论定价公式计算出精确的基本销售价格为1 755元/台,保本销价为1 400元/台,最低下线竞争价1 200元/台;企业要实现 1 000 万元以上的利润,目标定价调整在 1 802 元/台以上;其次需分析市场需求、竞争者的定价、企业本身产品质量及生产成本决定市场销售价格。如同样规格的洗衣机市场价格高于企业基本销售价格,企业应在 1 755 元/台以上确定销售价,如果竞争者定价在 2 500元/台,企业也应跟随竞争者价格附近定价;如果市场价格低于企业基本销售价格,企业应在 1 755~1 400 元/台的保本价之间确定销售价格。如果市场竞争很激烈,低于企业保本价 1 400 元/台,企业应考虑利用变动成本加边际利润来定价,价格确定在 1 200 元/台以上。如果市场价格在下降,价格在变动成本 1 100 元/台以下,企业应考虑停止该洗衣机的生产,以减少损失。

二、商业企业定价计算的应用

例 7.8　某家电经销企业从事批发销售业务,从广州购进 500 台电饭煲,每台购进价 150元,运杂费每台 7 元,保管费每台 3 元,该批电饭煲销售的周转天数预计 120 天,银行贷款日利息率为 0.02%,商品损耗率为 1%,企业综合经营管理费率为 6%,目标利润率定为 8%,增值税率为 17%(含税价增值税率为 14.53%);企业日常简化定价按进价加 25%制订批发价或按进货成本价加 17%的综合差率制订批发销价(购进价为含税价)。请帮助企业制订各种销售价格。

(1)商业企业精确理论定价公式制订基本销售价格:

$$销售价格 = \frac{购进成本 \times (1 + 周转天数 \times 日利息率) - 进价 \times 含税价增值税率 \times (1 - 损耗率)}{(1 - 损耗率) \times (1 - 经营管理费率 - 含税价增值税率 - 利润率)}$$

$$= \frac{(150 + 7 + 3) 元/台 \times (1 + 120 \times 0.02\%) - 150 元/台 \times 14.53\%(1 - 1\%)}{(1 - 1\%) \times (1 - 6\% - 14.53\% - 8\%)}$$

$$= 201 元/台$$

(2)利润为零时的保本销价(利润率为零):

$$保本销售价格 = \frac{购进成本 \times (1 + 天数 \times 日利息率) - 进价 \times 含税价增值税率 \times (1 - 损耗率)}{(1 - 损耗率) \times (1 - 经营管理费率 - 含税价增值税率 - 0)}$$

$$= \frac{(150 + 7 + 3) 元/台 \times (1 + 120 \times 0.02\%) - 150 元/台 \times 14.53\% \times (1 - 1\%)}{(1 - 1\%) \times (1 - 6\% - 14.53\%)}$$

$$= 180.80 元/台$$

(3)按进价加成 25%的进销差率制订批发价:

$$批发销价 = 150 元/台 \times (1 + 25\%) = 187.50 元/台$$

(4)按进货成本加 17%的综合差率制订批发价:

$$批发销价 = (150 + 7 + 3) 元/台 \times (1 + 17\%) = 187.20 元/台$$

(5)变动成本加边际利润制订最低下限销价(假设加边际利润 10 元):

$$变动成本竞争价 = 单位变动成本 + 边际利润$$

$$= (150 + 7 + 3) 元/台 + 10 元/台 = 160 元/台 + 10 元/台 = 170 元/台$$

市场应用分析:批发经销企业对电饭煲进行市场定价决策时,用精确价格公式计算出基本销售价 201 元/台,保本销价 180.80 元/台,最低变动成本下线价 170 元/台;企业须根据市场调查分析决定电饭煲市场销售价格,如当市场畅销,竞争者价格高于本企业基本销售价格时,企业应定价在201元/台以上销售,如定价230元/台;当竞争者定价低于本企业基本价格时,应用180~200元/台的保本价销售;当市场竞争激烈,价格下降,应用170~180元/台的变动成本加边际利润定价;当市场价在变动成本价以下,商品滞销时,企业应迅速亏本降价销售,尽快收回本金,把损失降到最低。

例7.9 某冰箱生产企业,经市场营销人员对同类规格产品的市场零售价格调查分析后,确定本企业冰箱的市场零售销售价格为4 500元;为了加强本企业市场竞争力,统一市场零售价格进行销售,确定各经销商的倒扣进差率如下:销地零售商倒扣批零差率10%,销地批发商进销差率8%,中转地批发商进销差率6%,产地批发代理商进销差率4%。试请你帮助制订各个批发环节销售价格及出厂价。

根据市场零售价倒推各环节销售价如下。

(1)销地批发商的批发销价:

$$销地批发价 = 销地零售商的进价$$
$$= 销地零售价 \times (1 - 倒扣批零差率)$$
$$= 4\ 500\ 元 / 台 \times (1 - 10\%) = 4\ 050\ 元 / 台$$

(2)中转地批发商批发销价:

$$中转地批发销价 = 销地批发商进价 = 销地批发价 \times (1 - 倒扣进销差率)$$
$$= 4\ 050\ 元 / 台 \times (1 - 8\%) = 3\ 726\ 元 / 台$$

(3)产地批发代理商的批发销价:

$$产地批发销价 = 中转地批发商进价$$
$$= 中转地批发价 \times (1 - 倒扣进销差率)$$
$$= 3\ 726\ 元 / 台 \times (1 - 6\%) = 3\ 502\ 元 / 台$$

(4)生产企业出厂价:

$$生产企业出厂价 = 产地批发商进价$$
$$= 产地批发价 \times (1 - 倒扣进销差率)$$
$$= 3\ 502\ 元 / 台 \times (1 - 4\%) = 3\ 362\ 元 / 台$$

市场应用分析:利用市场零售销价倒推企业出厂销价的定价方法,适用于生产企业制订销售价格,统一制订市场零售价,有利于加强企业市场竞争力,使企业价格决策适应消费者需求变化,同时企业掌控销售价格有利于根据市场价格变化调整目标销价,企业还可以根据市场情况,配送货物到销地,减少中间分销环节,使企业产品销售利润最大化;但缺点是企业经济实力须雄厚,与中间商合理分配利润,中间商的费用能合理得到补偿,才能调动分销商的积极性。

例7.10 某皮鞋厂生产的皮鞋不含税价成本资料如下:每双原材料成本为20元,生产工人的工资6元,企业每月固定成本摊销50 000元,每月保本销量指标5 000双,即每双固定成本摊销10元,增值税率17%。假如你是这家鞋厂的价格决策者,请你制订皮鞋的销售价格,说明为什么?

（1）成本导向定价法（如果企业按 20% 成本利润定价）：

　　销售价格 = 材料 + 人工 + 固定成本 + 税金 + 利润

　　　　　　= （20 元／双 + 6 元／双 + 10 元／双）× （1 + 20%）× （1 + 17%）

　　　　　　= 50.50 元／双

（2）简化定价法（加 40% 定价）：

$$销售价格 = 生产成本 × （1 + 成本加成率）$$

$$= 36 元／双 × （1 + 40%） = 50.40 元／双$$

$$保本价 = 36 元／双 × （1 + 17%） = 42.12 元／双$$

$$最低价 = 20 元／双 + 6 元／双 = 26 元／双$$

$$目标销价 = 50.5 ≈ 50 元／双$$

竞争价：参考竞争者价格制定本企业的价格。

市场议价：与顾客议价（顾客愿意接受的价格）。

根据市场进行价格决策，首先分析市场同类商品价格，消费者愿意接受的价格，企业的成本价格，企业的目标价格，然后进行价格调整，适应市场。

综上几个例题分析所述，企业在产品价格决策时，首先须运用一定的定价方法制订精确的基本销售价格、保本销售价、最低下限价等几道防线价格；然后根据企业目标，分析市场情况，竞争者的定价，企业产品的竞争力，企业在市场的价格主导地位，决定产品的销售价格；同时根据市场价格变化不断调整目标价格，确保企业利益最大化目标的实现。

三、简化定价法在市场实际定价的应用

在大型企业或大批量销售商品时，进行价格预测、决策往往需要专业性的精确定价；但在小规模企业及销售实际定价中，商品经营者为了减少定价工作量，快速定价适应销售，大都采用简化定价法定价。由于销量小，即使定价不准确，造成损失也不大或反映不出来，但是如果定价长期存在错误，或者经营者随心所欲定价也会给企业经营造成很大损失。因此创业者在初期创业定价上，即使规模小销量小，也要重视定价。

下面介绍一些价格简化定价法在市场实际定价中应用的实例：

例 7.11　创业者黄某开办了一间便民小商店，直接顾客主要是附近的居民，他的定价方法是进货价加价 10% 定为零售销售价，购进的洗衣粉进价每袋 3.20 元，每张毛巾进价 4.60 元，每个塑料水桶进价 6.40 元。请计算其零售销价。

$$洗衣粉销售价格 = 购进价 × （1 + 进销差率）$$

$$= 3.20 元／袋 × （1 + 10%） = 3.52 元／袋$$

由于零售价格已不使用分，实际定价调整为 3.50 元/袋。

$$毛巾零售价 = 4.60 元／张 × （1 + 10%） = 5.06 元／张$$

毛巾零售定价为 5.10 元。

$$塑料桶零售价 = 6.40 元／个 × （1 + 10%） = 7.04 元／个$$

塑料桶零售定价为 7.00 元/个，塑料桶对附近居民日用品来说是大件，采用整数定价较庄重。

例 7.12 某超市对商品定价实行分类定价的原则,商场购进生抽 6.20 元/瓶,牙膏进价 3.20 元/支,加价 8% 定价;鸡蛋进价 5.80 元/斤,加价 10% 定价;饼干进价 8.30 元/包,加价 13%;电饭煲进价 230 元/台,加价 15%;古井贡酒进价 36.50 元/瓶,加价 35% 定价。定价计算如下:

$$生抽零售价 = 6.20 \ 元/瓶 \times (1 + 8\%) = 6.70 \ 元/瓶$$
$$牙膏零售价 = 3.20 \ 元/支 \times (1 + 8\%) = 3.50 \ 元/支$$

生抽定价为 6.70 元/瓶,牙膏定价为 3.50 元/支。

$$鸡蛋零售价 = 5.80 \ 元/斤 \times (1 + 10\%) = 6.38 \ 元/斤$$

鸡蛋的定价为 6.40 元/斤。

$$饼干零售价 = 8.30 \ 元/包 \times (1 + 13\%) = 9.38 \ 元/包$$

饼干的定价为 9.40 元/包。

$$电饭煲零售价 = 230 \ 元/台 \times (1 + 15\%) = 264.50 \ 元/台$$
$$古井贡酒零售价 = 36.50 \ 元/瓶 \times (1 + 35\%) = 49.27 \ 元/瓶$$

这里采用心理定价法调整定价,电饭煲定价为 265.50 元/台,古井贡酒定价为 48.80 元/瓶。电饭煲定价中间数 5.5,数字比 4.5 较顺,古井贡酒定价 48.8,连续两个"8"字让消费者觉得很吉利。

注意:超市的定价策略,应按商品类别采用分类、分层次定价,对于购买频率较高、顾客较广的消费日用品采用低价定价,有利于给顾客树立企业低价定价的形象。对于购买频率较低的日用品定价采用温和定价策略,对于高档消费品采用高价定价策略,提高商品及消费者的品位。

例 7.13 创业者黄某,开办了一间五金家电批发企业,其定价的策略是购进价加运杂费加 15% 的进销差率制订销价,该企业从外地购进洗衣机 300 台,购进价 1 000 元/台;冰箱 200 台,购进价 2 800 元/台;电风扇 600 台,购进价 150 元/台;经铁路运输,运费总共支付 12 000 元。请帮其制订销售价格。

(1)运费按进货价值金额分摊:

$$运费分摊率 = \frac{12 \ 000 \ 元}{300 \ 台 \times 1 \ 000 \ 元/台 + 200 \ 台 \times 2 \ 800 \ 元/台 + 600 \ 台 \times 150 \ 元/台} \times 100\%$$
$$= 1.26\%$$

运费分摊率为 1.26%,即每 100 元的进货价需分摊 1.26 元的运费。

$$每台洗衣机分摊的运费 = 1 \ 000 \ 元 \times 1.26\% = 12.60 \ 元$$
$$每台冰箱分摊的运费 = 2 \ 800 \ 元 \times 1.26\% = 35.28 \ 元$$
$$每台电风扇的运费 = 150 \ 元 \times 1.26\% = 1.89 \ 元 \approx 1.90 \ 元$$

(2)制订销售价格:

$$销售价格 = (购进价 + 运费) \times (1 + 加价率)$$
$$洗衣机的销售价格 = (1 \ 000 + 12.60) \ 元/台 \times (1 + 15\%)$$
$$= 1 \ 164.50 \ 元/台$$
$$冰箱的销售价格 = (2 \ 800 + 35.28) \ 元/台 \times (1 + 15\%)$$
$$= 3 \ 260 \ 元/台$$

电饭煲的销售价格 = (150 + 1.90) 元／台 × (1 + 15%) = 175 元／台

定价时对洗衣机价格尾数进行一些调整,批发定价为 1 165 元／台,冰箱批发定价为 3 260元／台,电饭煲批发定价为 175 元／台。

例 7.14 某服装厂生产男装衬衫一批,6 月产量为 10 000 件,所耗费的材料费用如下:布料 10 800 米,每米成本价 32 元,配件材料 18 000 元,包装材料 20 000 元,工人工资 80 000 元,水电费 25 000 元,企业固定资产及管理费用固定摊销费 75 000 元,企业期望的生产成本利润率 35%,企业为一般纳税人,增值税率为 17%。请帮助其制订出厂销售价格。

生产成本价 = 材料成本 + 人工成本

材料成本 = 布料 + 配料 + 包装材料

材料成本 = (10 800 米 × 32 元／米 + 18 000 元 + 20 000 元) ÷ 10 000 件 = 38.36 元／件

人工成本 = 80 000 元 ÷ 10 000 件 = 8 元／件

生产成本 = 38.36 元／件 + 8 元／件 = 46.36 元／件

衬衫的固定成本 = (25 000 元 + 75 000 元) ÷ 10 000 件 = 10 元／件

衬衫的完全成本 = 46.36 元／件 + 10 元／件 = 56.36 元／件

如果企业期望利润率 35%,按生产成本定价:

衬衫的销售价格 = 生产成本(1 + 成本利润率) × (1 + 增值税率)

= 46.36 元／件 × (1 + 35%) × (1 + 17%) = 73 元／件

如果按完全成本 56.36 元/件加期望成本利润率 35%,则定价为:

衬衫的销价 = 56.36 元／件 × (1 + 35%) × (1 + 17%) = 89 元／件

如果按生产成本价 40%的加成率定价如下:

衬衫的销价 = 46.36 元／件 × (1 + 40%) = 64.90 元／件

注意:生产企业定价按不同的成本加成率定价就有不同的价格。在采用实际成本资料中,企业会计提供的生产成本只包括材料、人工、制造费用三项,而在测算成本中,不少企业只取材料成本,因为其他成本资料较难取得,不少企业采用材料成本加一个加成率定价,因此同样的加成率百分比定价,不同的企业定出不同的价格。特别在许多小规模企业没有专业的定价员,或经营者没有价格专业知识,不同的定价经营者制订不同的价格,存在许多定价错误。由于定价的错误,也因此引起许多不必要的恶性价格竞争。中国的企业定价,不同的企业采用不同的基础定价,不少企业定价存在误区或定价的错误,是造成中国商品低价廉价的原因之一。在国外造成中国商品的低价等同于劣质假货的形象,反过来外国商品在中国的定价大都采用高价策略。

例 7.15 农民创业者黄某,开办了一个养猪场,投资 20 万元建猪舍,希望 5 年收回投资成本,夫妻两人每期养 100 头猪,每期饲料费需要 60 000 元,猪苗需 15 000 元,防疫费需 2 000元,人工费夫妻俩每人每月计工资 1 000 元,每年可出 3 期肉猪,平均每头计 200 斤净肉,其期望的利润率 30%。请帮助其计算猪肉的成本价,按生产成本加成 30%制定的销售价格。如果市场的肉猪收购价每斤 6.50 元,5 年内能否收回其投资 20 万元的投资成本。请计算其需要多长时间收回全部投资。

猪肉的生产成本 = 饲料费用 + 猪苗 + 防疫费 + 人工费

$$= (60\ 000\ 元 + 15\ 000\ 元 + 2\ 000\ 元 + 2\ 000\ 元 × 4) ÷ (100\ 头 × 200\ 斤)$$

$$猪肉的生产成本 = 85\ 000\ 元 ÷ 20\ 000\ 斤 = 4.25\ 元／斤$$

如果按生产成本价加成30%目标定价：

$$猪肉销价 = 4.25\ 元／斤 × (1 + 30\%) = 5.53\ 元／斤$$

如果市场肉猪收购价6.50元，则该猪场一年的盈利：

$$年经营盈利 = (6.50\ 元／斤 - 4.25\ 元／斤)(100 × 200\ 斤 × 3\ 期)$$

$$= 135\ 000\ 元$$

投资者投资200 000元收回的时间：

$$投资回收期 = 200\ 000\ 元 ÷ 135\ 000\ 元／年 = 1.48\ 年$$

该创业者投资200 000元，如果市场收购价达到6.50元以上，则1.5年就能收回全部投资。

注意：投资农业养殖业的企业是免税的。

例7.16 创业者徐某，开办了一间家电维修店，主要维修洗衣机、冰箱、空调及小家电。店铺月费用：租金500元，包干税金200元，其他管理费80元，水电费100元，人工工资1 500元；如果预计一年服务的客户有1 000人次，维修费200元以上预计占60%，分摊固定费为80%；小客户占40%，分摊固定费20%，经营者希望的加价利润率40%。现有一洗衣机需维修，材料成本50元，请帮助制定维修价格。

维修价格 = 材料成本 + 固定成本 + 利润

先计算需摊销的固定成本：

洗衣机维修摊销成本 = (租金 + 税金 + 管理费 + 水电费 + 工资) × 分摊系数 ÷ 人次

月维修大客户人次 = 1 000人次 × 60% ÷ 12 = 50人次

洗衣机维修摊销成本 = (500元 + 200元 + 80元 + 100元 + 1 500元) × 80% ÷ 50台

$$= 38\ 元／台$$

洗衣机的维修价格 = 材料成本 + 固定成本 + 利润

这台洗衣机的维修价格 = (50 + 38)元 × (1 + 40%) = 123元

注意：具体维修价格参照当地市场维修价及洗衣机的价值确定。例如，洗衣机的价值3 000多元，可定价150~200元，洗衣机的价值低或旧则收费100元，5 000元的空调维修费定价400元，顾客也愿意维修。维修价格的实际定价要根据商品价值定价。例如，电饭煲价值只有150元，收50元的维修费，顾客就不愿意维修了，修旧不如买新的；而3 000元的家电每次不超过5%~10%的维修费，顾客就愿意接受维修了。

例7.17 某个体户开一家饭店，其定价毛利率确定为35%。木耳肉丝用料：鸡蛋2两*(1.60元)、瘦猪肉3两(瘦肉每斤13元，净利用率90%)、黄花菜2两(1元)、木耳1两(1.20元)、调料0.90元；烤鸭用料：烤鸭肉1.5斤(毛鸭价格8元/斤，宰杀后净鸭肉利用率70%，净鸭肉烤熟后利用率60%)、配料3.50元、调料0.80元。请制定两道菜的价格。

---

* 1两 = 50克，下同

饮食制品的价格 = 材料成本 + 毛利

材料成本 = 主料 + 配料 + 调料 + 原料的合理损耗

$$原材料的净利用率 = \frac{净原料}{毛原料} \times 100\%$$

$$瘦猪肉用料 = \frac{0.3\,斤}{90\%} \times 13\,元\,/\,斤 = 4.33\,元$$

木耳肉丝价格 = (1.60 元 + 4.33 元 + 1 元 + 1.20 元 + 0.90 元) × (1 + 35%) = 12.20 元

　　木耳炒肉丝菜定价在 12~15 元。

$$烤鸭用料价 = 1.50\,斤 \times \frac{8\,元\,/\,斤}{70\% \times 60\%} = 28.57\,元$$

$$烤鸭菜价格 = (28.57\,元 + 3.50\,元 + 0.80\,元) \times (1 + 35\%) = 44.38\,元$$

$$\approx 44.50\,元$$

　　烤鸭定价在 45~48 元,采用非整数定价。因 40 元或 50 元都是整数定价,给人感觉较贵。

　　例 7.18　某投资者投资开设一家旅馆,总投资 500 万元,固定资产及施设 4 000 000 元,客房设施投资 800 000 元,营业面积有 2 000 平方米,平均一间客房 20 平方米,可安 4 个床位,需营业人员 15 人,月平均工资 1 500 元,水电等业务费用月平均 4 500 元,营业税 5%,企业的投资按 10 年折旧,客房设施按 5 年摊销,利润率要求 30%,请帮助制订一间客房及一个床位的价格。

　　(1)先计算每月每平方米营业面积需摊销的费用:

每平方米固定资产的月折旧 = {4 000 000 ÷ (10 年 × 12 月) + 800 000 ÷ (5 年 × 12 月)}

$$÷ 2\,000\,平方米$$

$$= 23.33\,元\,/\,平方米$$

每平方米摊销业务费用 = 工资 + 业务费用

$$= (1\,500 \times 15 + 4\,500)\,元 ÷ 2\,000\,平方米 = 13.50\,元\,/\,平方米$$

　　(2)每天每平方米的摊销成本:

　　每天每平方米成本 = 固定资产折旧 + 业务费用

$$= (23.33 + 13.50)\,元\,/\,平方米 ÷ 30\,天 = 1.23\,元\,/(平方米 \cdot 天)$$

　　(3)每间客房每天的成本:

　　一间 20 平方米的客房每天成本 = 20 平方米 × 1.23 元 /(平方米·天) = 24.60 元 / 天

　　一间 15 平方米的客房每天成本 = 15 平方米 × 1.23 元 /(平方米·天) = 18.45 元 / 天

　　(4)如果按 30% 利润定价:

　　一间 20 平方米的客房价格 = 24.60 元 / 天 × (1 + 30%) × (1 + 5%)

$$= 33.58\,元\,/\,天 \approx 33.60\,元\,/\,天$$

　　一张床位的价格 = 33.6 元 / 天 ÷ 4 = 8.40 元 / 天

　　一间 15 平方米的客房价格 = 18.45 元 / 天 × (1 + 30%) × (1 + 5%) = 25.20 元 / 天

　　一张床位的价格 = 25.20 元 / 天 ÷ 3 = 8.40 元 / 天

（5）如果平均入住率只有40%,则价格调整为：

一间 20 平方米的客房价格 = 33.60 元／天 ÷ 40% = 84 元／天 ≈ 85 元／天

一张床位价格 = 8.5 元／天 ÷ 40% = 21.25 元／天 ≈ 22 元／天

一间 15 平方米的客房价格 = 25.20 元／天 ÷ 40% = 63 元／天

一张床位的价格 = 63 元／天 ÷ 3 = 21 元／天

注意：实际定价时,一间 20 平方米的客房定价 90 元／天,一张床位定价 30 元/天,一间 15 平方米的客房可定价 70 元/天。从以上的定价计算可以看出,成本并不是很高,但入住率越低则定价越高,所以旅店的经营关键是提高入住率,定价需要根据目标客户分层次定价,增加营业收入,提高入住率;如果一味提高定价,把客户赶出门,入住率越低,定价需越高,定价越高变成入住率又越低的恶性循环。现实市场上有许多旅店定价上盲目跟风,一律定高价,失掉许多低消费的市场客户,甚至在一些城市出差找不到 100 元以下的住宿旅店,使许多非公费出差报销的客户找不到住宿,这是定价误区。

例 7.19　某家具厂接到某商场的订单,订做 100 张办公台,生产过程用料情况如下：进口面板夹板用料 50 张,每张 80；内部夹板用国产夹板 40 张,每张 30 元;木方条 3 立方米,每立方米 300 元;其他辅料如胶水、砂纸、钉子等费用 300 元;木工人工费每张 90 元;油漆工人工费每张 15 元;机器设备、房租、电费等需摊销 1 000 元;送货上门的运杂费需 400 元。请计算每张办公台的生产成本价。如果给出的销售价格每张为 300 元,增值税率为 3%,计算每张办公台的利润,该批办公台可获总利润。

办公台的成本价 = 材料成本 + 人工成本 + 固定摊销成本

材料成本 = 50 张 × 80 元／张 + 40 张 × 30 元／张 + 3 立方米 × 300 元／立方米 + 300 元
　　　　 = 6 400 元

人工成本 = 100 张 × 90 元／张 + 100 张 × 15 元／张 = 10 500 元

送货运杂费 = 400 元

固定成本摊销 = 1 000 元

每张办公台的成本 = (6 400 + 10 500 + 400 + 1 000) 元 ÷ 100 = 183 元

一张办公台的利润 = 销价 - 成本价 - 税金

一张办公台利润 = 300 元 - 183 元 - [300 ÷ (1 + 3%)] × 3%
　　　　　　　 = 108.26 元

该批办公台总利润：

利润总额 = 108.26 元／张 × 100 张 = 10 826 元

例 7.20　某个体商贩,从韶关贩运西红柿到深圳市场销售,深圳市场的批发价 1.50 元/斤,在韶关产地的收购价 0.80 元/斤,用竹筐包装每个筐 5 元,可装 50 斤,一辆载重 8 吨的汽车可装16 000斤,一辆汽车运费每公里* 6 元,总运输里程 500 公里,装卸车费每吨 20 元,随货跟车人员 3 人,伙食住宿等业务费用需开支 1 500 元。购销过程的周转时间需 6 天,资金年利息率为 10%,损耗率为 6%,在深圳农贸市场的场地租赁费每天 200 元,预计使用 4

---

* 1 公里 = 1 千米,下同

天可批发完,场地使用费需 800 元,税金按 3% 计算,该个体户每次共运 3 车到深圳。请你计算该个体户能否盈利,如盈利其利润有多少?

西红柿的购进价 = 0.80 元／斤

包装费 = 5 ÷ 50 = 0.10 元／斤

运杂费 =（6 元／公里 × 500 公里 + 20 元／吨 × 8 吨 × 2 次）÷ 16 000 斤 = 0.20 元／斤

保管费(场地租金) = 800 元 ÷（16 000 × 3 车）= 0.016 元／斤 ≈ 0.02 元／斤

利息 =（购进价 + 包装费 + 运杂费 + 保管费）× 日利息率 × 周转天数

　　　=（0.80 + 0.10 + 0.20 + 0.02）元／斤 × 10% ÷ 360 天 × 6 天

　　　= 0.001 8 元／斤 ≈ 0.01 元／斤

损耗 = $\dfrac{\text{计息后成本}}{1 - \text{损耗率}}$ × 损耗率

　　　= $\dfrac{（0.80 + 0.10 + 0.20 + 0.02 + 0.01）元／斤}{1 - 6\%}$ × 6% = 0.07 元／斤

业务费 = 1 500 元 ÷（16 000 斤 × 3 车）= 0.03 元／斤

增值税 = 1.50 元／斤 ÷（1 + 3%）× 3% = 0.04 元／斤

每斤西红柿到深圳成本价 = 收购价 + 包装费 + 运杂费 + 保管费 + 利息 + 损耗 + 业务费

　　　　　　　　　　　 =（0.80 + 0.10 + 0.20 + 0.02 + 0.01 + 0.07 + 0.03）元／斤

　　　　　　　　　　　 = 1.23 元／斤

每斤西红柿的利润 = 销价 − 成本价 − 税金

　　　　　　　　 =（1.50 − 1.23 − 0.04）元／斤 = 0.23 元／斤

该个体商户每次贩运 3 车西红柿到深圳可获利润:

　　　　利润总额 = 0.23 元／斤 × 16 000 斤 × 3 = 11 040 元

注意:韶关的西红柿 0.80 元／斤,深圳的西红柿批发销售价格为 1.50 元／斤,差价 0.70 元／斤,差价率达 90%,经过精确计算有利可图,每趟贩运可盈利 1 万多元。但是如果在深圳的西红柿批发销售价格低于 1.25 元／斤就可能亏损了,或者损耗率超过 15% 都有可能亏损。所以我们做生意不能看表面有差价就认为有钱赚,要经过计算测算才能做;不然只能等生意亏损后才事后后悔,因此,价格测算在我们经商中非常重要。

四、企业定价存在的误区

由于许多企业经营者喜欢采用传统的简单加成定价法,在商品定价上存在一定的误区。以下是常见的定价误区。

1.企业商品按不含税价格加成一定的百分率定价的误区

我国的经商者对商品定价大多采用购进价(或生产成本价)加上一成、二成、三成定价,每 10% 称为一成,十成为 100%,这种定价法传统上称为加成定价法。它的优点是定价快速、简单,应用灵活,商家希望多赚点利润就加成高,少赚一些则加成低,缺点是不精确,只有事后才能知道是否盈利,特别是现在会计核算实行增值税价税分离核算制的定价,会产生很大的误解,如例 7.21。

例 7.21　某企业销售部罗经理对商品的定价采用加成定价法,他的定价原则是:高档质优的商品加 30%(三成),一般商品加 20%(二成),日用必需品加 10%(一成),而且这种定价法他已坚持几十年。某年的 6 月,公司预计今年夏天气候炎热,提前购进 5 000 台鸿运扇供应市场。货入库后,罗经理交代文员查阅进货价格(增值税发票价格栏)是 200 元/台,罗经理加三成(30%)定价,销价定价为 260 元/台。可是两个星期后,销售部只销售了 100 多台鸿运扇,而且 6 月已过,罗经理果断降价 15%,定价为 220 元/台,结果 5 000 台鸿运扇很快销完,公司马上追加进货的 5 000 台也很快销完了。罗经理心里盘算,今年的鸿运扇应该有个"大利是",按 15% 的加成计算,扣除不到 5% 的运杂费、业务费,每台鸿运扇有 10% 的盈利 20 元,1 万台鸿运扇少说也有近 20 万元的利润,公司今年不会再亏损了吧,想到这,心里美滋滋的。可是到了年终,公司还是亏损了。分析人员发现,该批鸿运扇使公司亏损 13 万元。罗经理怎么也想不明白,怎么会是鸿运扇亏损呢,是不是分析人员弄错了,把其他亏损算在他的部门,故意抹杀他的成绩。很明显,罗经理定价错误造成了公司的亏损。

罗经理定价的错误是依据不含税进价定价,鸿运扇增值税进货单发票标明的单价 200 元是不包括增值税金的,而在增值税实施之前,发票的单价是包括全部税金的含税价,该公司鸿运扇进货的支付价实际是 200 元/台×(1+17%)= 234 元/台,而不是 200 元/台,计算增值税为 34 元/台,但增值税发票价不会标明 234 元/台,只标有增值税额。因为会计核算需价税分离,从货款中分离增值税作为进项税抵扣,而价格定价就需价税合一定价。正确的定价如下:

(1)先换算成含增值税的进货价 = 200 元/台×(1+17%)= 234 元/台

(2)按鸿运扇 234 元/台的支付价加成 30% 定价:

$$销售价格 = 234 元 / 台 × (1 + 30\%) = 304 元 / 台$$

(3)如果按销价 304 元/台降低 15% 的定价:

$$销售价格 = 304 元 / 台 × (1 - 15\%) = 258.40 元 / 台$$

如果按销价 304 元/台降低 15%,减价的差价:

$$减价差价 = 304 元 / 台 × 15\% = 45.6 元 / 台$$

这意味降价按进价 234 元/台降低的幅度:45.60 元/台÷234 元/台 = 19.49%,则原来按进价 234 元/台加价 30% 的加成只剩余 10.51%×(30%−19.49%)= 10.51%。所以罗经理按进价加价 30%,再按销价降低 15%,实际上是降低进价 20%,剩余的差价就没有 15%,而只有 10.51%。

罗经理定价错误的原因:

按不含税价 200 元加价 30% 的销售价格:

$$销售价格 = 200 元 / 台 × (1 + 30\%) = 260 元 / 台$$

按销售价格 260 元/台降价 15% 的促销价:

$$促销价 = 260 元 / 台 × (1 - 15\%) = 221 元 / 台$$

$$利润 = 销售价格 - 进价$$

$$利润 = 221 元 / 台 - 200 元 / 台 × (1 + 17\%) = - 13 元 / 台$$

$$总利润 = - 13 元 / 台 × 10 000 台 = - 130 000 元$$

因此,罗经理定价错误使企业亏损了 13 万元。采用进货发票的单价,在增值发票施行前是正确的,增值税施行价税分离就错误了。增值税发票上注明的单价不是购进价的支付价,是不含税价,所以,有的企业进货与定价不是同一人(或同一部门负责),弄不清楚含税价与不含税价的区别,以不含税价为基础定价,就会存在定价错误,甚至给企业造成很大的损失。目前市场上的商品定价,有不少定价者由于不理解不含税价的含义,定价存在许多错误,给企业造成损失还不知道。

注意:使用增值税发票上的不含税价单价与购进的支付价不是同一价格,定价时须把发票上不含税价换算成含税价加一定的百分率定价,定价公式是:

$$商品销售价格 = 不含税单价 \times (1 + 17\%) \times (1 + 加成率)$$

如果按增值税发票上的不含税价直接加成定价,定价公式是:

$$商品销售价格 = 不含税价 \times (1 + 加成率)$$

加成率必须>17%,否则是定价错误。

如果按含税的购进价(支付价)定价,定价公式是:

$$商品销售价格 = 含税价 \times (1 + 加成率)$$

反之,如果企业以含税价定价时错误使用不含税价的定价公式:

$$商品销售价格 = 不含税单价 \times (1 + 17\%) \times (1 + 加成率)$$

也会使企业定价过高,失去价格竞争力,失去顾客,造成企业的市场销售流失。

2.价格折扣定价存在的误区

例 7.22　某批发企业购进一批热水器,购进价 600 元/台,按进价加 25%制订销售价格,并按数量多少制订不同的折扣优惠,一次购买 5 台以上按销售价格折扣 5%,10 台以上折扣 10%,20 台以上折扣 15%,50 台以上折扣 20%。一个客户一次购买 200 台按 20%折扣,请计算该企业是否有利可赚。

(1)该企业按进价加 25%制订的销售价格:

$$热水器销售价格 = 600 元/台 \times (1 + 25\%) = 750 元/台$$

(2)按销售价格折扣后的价格是:

$$折扣 5\% 销售价格 = 750 元/台 \times (1 - 5\%) = 712.50 元/台$$
$$折扣 10\% 销售价格 = 750 元/台 \times (1 - 10\%) = 675 元/台$$
$$折扣 15\% 销售价格 = 750 元/台 \times (1 - 15\%) = 637 元/台$$
$$折扣 20\% 销售价格 = 750 元/台 \times (1 - 20\%) = 600 元/台$$

显然,以上的计算,客户虽然购进 200 台热水器,折扣 20%后,销售价格 600 元/台,而进价也是 600 元/台,无利可图。该公司制订价格折扣时是 25%~20%,有 5%的差价,为什么实际销售差价金额是"0"呢?

正确的定价方法是按倒扣率加价制订销售价格,定价如下:

(1)该企业按倒扣率加价 25%制订销售价格:

$$热水器销售价格 = \frac{600 元/台}{1 - 25\%} = 800 元/台$$

(2)按销售价格折扣后的价格计算如下:

$$折扣5\%销售价格 = 800\,元／台 \times (1 - 5\%) = 760\,元／台$$
$$折扣10\%销售价格 = 800\,元／台 \times (1 - 10\%) = 720\,元／台$$
$$折扣15\%销售价格 = 800\,元／台 \times (1 - 15\%) = 680\,元／台$$
$$折扣20\%销售价格 = 800\,元／台 \times (1 - 20\%) = 640\,元／台$$

通过以上计算发现,同样定价加价25%,折扣20%,前一种定价剩余5%的差价为"0",后一种的倒扣加价法剩余的5%每台有40元的差价。

其实,顺加率与倒扣率存在一定的关系,其规律如下:

$$倒扣率 = \frac{倒扣差价}{销售价格} \times 100\% = \frac{销售价格 - 进价}{销售价格} \times 100\%$$

$$= \frac{进价(1 + 顺价率) - 进价}{进价(1 + 顺加率)} \times 100\%$$

$$= \frac{顺加率}{1 + 顺加率} \times 100\%$$

例如:上题的顺价加价率25%定价,折扣率属于倒扣率,则折扣优惠的限度为:

$$折扣限度 = \frac{25\%}{1 + 25\%} \times 100\% = 20\%$$

如果顺加的加价率为35%,则折扣率的限度为:

$$折扣限度 = \frac{35\%}{1 + 35\%} \times 100\% = 25.9\%$$

所以,制订价格折扣时,首先要计算出折扣的限度,在限度内制订折扣政策,否则亏损了也不知道。

注意:采用折扣定价的商品定价应采用倒扣的加成率定价,并用除法定价;如用乘法的顺加法定价,则折扣优惠的百分率超过一定限度就会造成定价错误。

3.企业定价只计材料成本,不计固定成本的定价误区

例7.23 某人投资1 000万元创办了一家皮鞋厂,属于一般纳税人。员工有500人,员工月平均工资1 400元,月水电费、物料办公用品及其他营业费用5万元(不包括折旧)。老板由于不懂财务知识,也不知道一双皮鞋的真实成本是多少,但他知道每双皮鞋的材料用料成本需35元。他的定价方法是:最初材料成本加价50%,企业盈利还不错,他认为利润算高了。随着市场价格竞争的激烈,他奉行薄利多销的经商秘诀,加价幅度从50%降至40%,30%,20%。最后,他降至15%迎来了不少订单,工人们有干不完的活。但是,他发工资却越来越难,最后直至没钱发工资。请你计算分析他加价15%,生意兴隆还没钱发工资的原因。

该企业是缴纳增值税的一般纳税人,按增值税的条例规定,只有建立严格执行会计法规,有健全的财务组织,税务部门才能认定为一般纳税人,增值税率执行17%的税率,可以判断该企业制鞋的生产成本是实行价税分离核算的。经营者定价的皮鞋每双35元也是不含税的材料成本。经营者的定价方法如下:

(1)按每双皮鞋35元的材料成本加成法定价:

每双皮鞋加50%差价销售价格 = 35元 × (1 + 50%) = 52.50元

每双皮鞋加 40% 差价销售价格 = 35 元 × (1 + 40%) = 49.00 元

每双皮鞋加 30% 差价销售价格 = 35 元 × (1 + 30%) = 45.50 元

每双皮鞋加 20% 差价销售价格 = 35 元 × (1 + 20%) = 42.00 元

每双皮鞋加 15% 差价销售价格 = 35 元 × (1 + 15%) = 40.25 元

（2）正确的定价方法是按含税价的生产成本定价：

$$销售价格 = 生产成本(1 + 成本利润率) × (1 + 增值税率)$$

由于不知道企业每月的产量，不能计算出每双鞋的人工成本和固定摊销成本，但是，如果把工资划为固定费用核算，则该企业一个月的成本为：

月工资 = 500 人 × 1 400 元 / 人 = 700 000 元

月营业费用 = 50 000 元

月固定资产折旧 = 1 000 万元 ÷ 10(年) ÷ 12(月) = 8.33 万元 = 83 300 元

该皮鞋厂月固定开支 = (700 000 + 50 000 + 83 300) 元 = 833 300 元

假设该鞋厂按 40% 的倒扣毛利率定价：

$$保本销售额 = 833 300 元 ÷ [1 - (40\% - 14.53\%)]$$
$$= 1 118 073 元$$

（注：14.53% 是含税价的增值税率 = 17% ÷ (1 + 17%)）

如果每双鞋的销售价格是 100 元，则须销售 11 180 双鞋。

（3）鞋厂老板定价错误的原因：

按每双皮鞋材料成本也应换算成含税价成本定价 = 35 元 × (1 + 17%) × (1 + 15%)
$$= 47.10 元$$

鞋厂老板定价加价 15%，但是皮鞋材料成本已支付 17% 的增值税大于 15% 的加价，造成倒亏：

$$销售价格 - 进价 = 35 元 × (15\% - 17\%) = -0.70 元$$

所以该厂老板定价加价 15% 造成每双皮鞋倒贴 0.70 元，即使生意兴隆，也无钱发工资了。

4. 盲目跟风广告促销的定价误区

例 7.24 某生产厨房抽油烟机的民营企业，抽油烟机的质量与品牌产品差别不大，而且其产品主机保用 5 年，可是其他品牌产品定价为 1 000 元，不是品牌的仅为 450～700 元，外国进口产品在 2 000～3 000 元。该企业的抽油烟机只能采用低价策略，每台销价 468 元，成本利润率 20%，没想到抽油烟机年销量只达到约 1 万台，不到企业生产能力的 30%，年利润不到 1 000 000 元，低价也不能多销。后来企业花 5 000 000 元聘请明星做了一年电视广告，结果销售额增加不到 10%，还将企业几年的利润一并亏损掉，得不偿失。

企业花费 5 000 000 元的广告费，按 20% 的成本利润率计算，销售额需增加：

$$销售额增加 = 5 000 000 元 ÷ 20\% = 25 000 000 元$$

按 468 元/台的销售价格计算，需增加销量：

$$增加销量 = 25 000 000 元 ÷ 468 元 / 台 = 53 418 台 ≈ 53 400 台$$

投资 5 000 000 元需增加 500% 的销售额，实际只增加 10%，所以企业得不偿失。我国的企业广告营销费是企业自己掏钱做广告,因为企业采取的是低价促销策略,销售额增加达不到保本量就是企业的利润支付,而外国的企业定价大多是高价定价策略,企业的产品价格包括广告营销费是顾客付费,企业做广告,即使销售额没有增加,也是顾客买单,企业只是当作"品牌"宣传,有着本质区别。小企业跟风广告促销是误区,它适合高价高费用促销策略。

5.薄利多销定价的误区

例 7.25　某商场超市,员工有 100 人,年销售额有 8 000 万元,员工月平均工资 1 500元,企业年固定经营费用需 400 万元(不包括员工工资),变动营业费用率 2.5%,企业定价加价率在 20%时有上千万元的盈利。公司实行薄利促销策略,采用顺加法定价,有时定价率降为 15%,有时降至 10%,有时降至 5%,全年平均加价率 10%,销售额增加 40%,销售额增加320 万元,年销售额有 1 120 万元,结果企业还是亏损。这是什么原因呢?"薄利多销"是否失效了?

该商场的固定成本 = 固定经营费 + 固定工资

$$= 4\ 000\ 000\ 元 + 100\ 人 × 1\ 500\ 元 / 月 × 12\ 月 = 5\ 800\ 000\ 元$$

顺加法的加价率换算成倒扣的加价率:

$$倒扣加价率 = 10\% ÷ (1 + 10\%) = 9.1\%$$

即以销售额计算的毛利率为 9.1%。

以全额销售额计算的增值税金率换算为:

$$销售税金率 = \frac{增值税}{销售额} = \frac{(销售额 × 毛利率) × 增值税率}{(1 + 增值税率) × 销售额}$$

$$= \frac{毛利率}{1 + 增值税率} × 增值税率 = \frac{10\%}{1 + 17\%} × 17\% = 1.45\%$$

该商场加价 10%的保本销售额需达到:

$$保本额 = \frac{5\ 800\ 000\ 元}{9.1\% - 2.5\% - 1.45\%} = 112\ 621\ 359\ 元 ≈ 1.12\ 亿元$$

经计算,该公司定价加价率降至 10%,即毛利率为 9.1%的保本额需达到 1.12 亿元,而降价促销销售额才增加到 1 200 万元,而企业也根本不可能实现 1.12 亿元。因此该公司的低价促销并没有实现"薄利多销",多销并不能多利,不如"小销多利"。

现在的市场发育非常成熟,市场的供给能迅速增加,企业的投资额大,保本销售额也大,如果低价促销,企业的销售额没有超过保本点销售额,"薄利多销"并不能实现多利,反而会造成企业亏损。中国人传统的"薄利多销"在今天的大中型企业并不奏效,但在小本经营的创业初期还是有效的。因为小本经营固定投资小,保本额小,只要发挥中国人勤劳的好传统,勤于经营,能迅速超过保本额,就能快速盈利。这一原理会在下一章的保本保利分析中进行介绍。

【案例 7.1】

超市的价格竞争

某市有一家特惠超市,定价策略是在商品进价上加价 10%～15%,由于采用低价策略定价,生意很不错,在顾客心目中也形成了低价的形象。后来在其附近又有人开了一家百惠超市。特惠超市想赶走百惠超市,经常采用更特惠的商品来吸引更多的顾客,后来干脆全部商品定价降10%、8%,最后降5%的特惠价,有时打出平价商品专区。由于经常是特惠价,顾客也习惯了,光顾的顾客也渐渐减少。

百惠超市的定价策略是综合平均定价保持20%,将商品分成A、B、C三大类,A类商品加价35%,B类商品加价20%,C类商品加价10%。百惠超市把顾客购买频率较高的日用品归类为C类商品定价,一般商品归类为B类商品定价,此类商品购买频率较少,质优时兴的产品归类为A类商品定价。在竞争对手特惠超市降价招来较多顾客的时期,不跟随降价,还反其道地悄悄对A、B类商品加价5%,C类商品定价保持不变,经理发现在对手降价优惠期间,顾客光顾了特惠超市后,一般都会光顾百惠超市,或者对比价格,或者比较、浏览商品,有的顾客会再去购买特惠超市的商品,有的则在百惠超市购买,不买商品的客户也不会再回到特惠超市,而是在百惠超市光顾更久,了解商品。经理还发现对手降价特惠期间,此时自己商场销售额也比往常增加了,对手的促销也帮助自己促销。他还明白并不是所有的顾客都喜欢购买便宜的商品,而是购买自己喜欢的商品,例如一支3.60元的牙膏降价5%,降至3.42元,顾客并不在意减少的0.2元。他把精力放在商品的货源充足,品种规格齐全,价格适宜多层次的需求,提高服务和购物的方便上。在对手不降价,光顾人流较少时他才采取每月大减价优惠三天。A、B类商品降价10%,C类商品降价5%,三天后恢复原价。对于喜欢廉价的顾客,由于优惠价只有3天,减价幅度10%较明显,如原来8.30元的商品降为7.40元,降一档次的价格,顾客觉得特别优惠;加上记住了平时的商品价格,觉得比平时便宜,因此人流量大,并且带旺了平日销售。他始终能保持20%的综合毛利率不降低,企业的销售额越来越大,顾客也越来越信任百惠超市。而对手的销售额不断降低,最后经营不善关门歇业。

两家同样的超市,采用的定价和经营手段不同,结果也不同。特惠超市一心想赶走百惠超市,走的是不断降价的恶性价格战;而百惠超市走的是合理盈利,品质服务的竞争,结果是百惠超市越做越强,特惠超市由于亏损,自己把自己赶出了市场。

思考与练习

一、思考题

1.什么是商品价格,商品价格由哪些要素构成?

2.商品价格定价的最低界限在哪里?

3.影响商品价格的因素有哪些?

4.企业商品定价理论定价公式与简化定价公式应用的区别,什么情况下企业必须应用精确的理论定价公式定价?

5.企业商品价格定价的程序一般有哪些?

6.常用的商品定价技巧有哪些?

7.新产品的定价策略有哪些?

8.企业的定价策略中为什么有降价? 是不是企业的商品价格定价越低越好? 低价是否能多销?

9.企业盲目跟随别人降价,会自伤企业,甚至会造成企业的倒闭,企业经营除了定低价还有什么好的策略?

10.好的品牌能提高商品的价格,企业品牌经营也成为一种隐性定价方法,你认为是什么原因呢?

二、实训练习

1.某皮鞋厂生产的皮鞋成本资料如下:每双皮鞋原材料成本为20元(不含税价),生产工人的工资为6元;企业每月固定成本摊销50 000元,每双皮鞋需摊销固定成本10元;增值税率17%,企业要求成本利润率达到30%。请你为该企业制订皮鞋的销售价格。

2.创业者黄某开办了一间便民小商店,顾客主要是附近的居民。他的定价方法是进货价加价10%定为零售销售价,购进的生抽进价每瓶2.30元,牙膏每支进价3.3元,毛巾每张进价5.60元,塑料水桶每个进价8.40元。请计算其零售销售价格。

3.某五金家电批发企业,该企业从外地购进洗衣机500台,购进价1 000元/台;洗衣机经铁路运输,运费共总支付9 000元,企业采用按购进价加运费再加15%进销差率制订批发价。请帮其制订批发销售价格。

4.某家电批发企业从事批发销售业务,从广州购进500台电饭煲,每台含税购进价175元,运杂费每台7元,保管费每台3元。该批电饭煲销售的周转天数预计120天,银行贷款日利息率为0.02%,商品损耗率计2%,企业综合经营管理费率为7%,企业平均利润率定为8%,增值税率17%(含税价增值税率14.53%)。如果企业批发销售价格定价为200元/台,该批电饭煲销完后能有多少利润。

5.某创业者开办一间自行车专卖店,从广州购进一批自行车500辆,运杂费支付3 000元,购进价210元/辆,购该批自行车的出差费用1 000元,企业固定经营费率5%,企业的增值税率按小规模税率3%计算,目标利润率10%,采用购进价加直接费用定价方法。请你制订自行车的销售价格。

6.某个体商户,从广西贩运沙田柚到韶关市销售。经市场调查了解,广西某产地沙田柚收购价1元/斤,韶关市销地沙田柚的零售价2~2.5元/斤,预计以1.5元/斤的价格在韶关市批发销售是可行的。总运输里程600公里,汽车运价每吨每公里1元(1元/吨·公里),每辆汽车可装10吨,装卸车费45元/吨,包装费每100斤5元,每次贩运2车,共20吨沙田柚,随货跟车人员3人,伙食住宿等业务费用共开支1 500元,购销过程的周转时间需7天,周转资金年利息率10%,损耗率计5%,在韶关市水果批发市场的场地租赁费每天200元,预计使用5天可批发完,场地使用费共需1 000元,销售税金按3%计算,该个体户一次贩运20吨到韶关市批发销售,批发价按1.5元/斤计算。请你计算该个体户能否盈利,如盈利其一次贩运利润有多少?

7.某创业者开办一间手机专卖店,店面装修投资了50 000元,店铺租金2 000元/月,员工3人,每人月平均工资1 500元,固定水电及其他管理费用300元/月,企业制订全年手机目标保本销量1 000台,增值税率3%,企业目标利润率10%,某批手机进货价1 100元/台,请你制订该批手机的销售价。

8.某创业者开办一间时装店,装修费投资100 000元,希望5年收回装修投资成本,店铺月租金 3 000 元,员工共有 4 人,每人月平均工资 1 600 元,每月水电及办公费用预计 400 元,包干税金 600 元,业主定下的年保本的服装目标销售量为 1 500 件,即每位员工每天卖一套服装的目标任务。如果最近购进一批服装 100 套,平均进价 250 元/套。请你帮助制订该批服装的保本销售价。(如果装修投资一年收回成本,保本价又应定多少)

9.某面包店,制造某品种面包用料如下:面粉 1 斤,价格 2 元;白糖 2 两,价格 0.50 元;奶粉半两,价格 1 元;鸡蛋 2 只,价格 1.50 元,黄油(奶油)1 两,价格 0.80 元,其他配料 1.50 元。1 斤面粉可做 20 个面包,按成本加成率 30%定价。请你制订面包的成本价及销售价各是多少?

10.某个体户开一家饭店,其定价毛利率确定为 30%。一道炒鲜笋生鱼片,用料:净生鱼片 4 两(鲜鱼每斤 10 元,净利用率 85%),鲜笋 6 两(鲜笋每斤 4 元,净利用率 60%),姜花、蒜蓉、麻油、胡椒粉、绍酒、生抽等调料品计 1.50 元;另一道冬菇蛋花汤,用料:净冬菇 2 两(鲜冬菇每斤 5 元,净利用率 90%),净鸡蛋 3 两 2.00 元,其他配料 1.50 元,调料 0.80 元。请制订两道菜的价格。

11.创业者刘某,开了一家夜茶餐厅,员工共有 15 人,每人月平均工资 1 500 元,装修及设备投资总额 900 000 元,希望 5 年收回投资;营业场地月租金 5 000 元,水电及办公费的固定费用开支每月 5 000 元,每月包干税金 2 000 元,企业要求的利润率为 20%,企业年营业额 300 000 元。请你计算其毛利加成率是多少?

第八章　创业企业的盈利分析

我们看到许多这样的创业事例,创业者欢天喜地地开张营业,没过几个月又销声匿迹地关门歇业;或者坚持不到两年也最终关门歇业;又或者虽然能坚持好几年,每天都有顾客光顾,生意似乎也很好,月月有进账,月月也有结余,可是几年后算总账,还是亏损,最后才明白,赚的都是自己的钱。当初投资的钱不见了一大半,不得不关门。创业者百思不得其解,最后得出的结论是自己没有发财的命。

其实出现上述情况的原因主要是创业者没有财务专业知识,不懂如何进行经营业绩测算。要想创业成功,创业者需在经营中不断学习,边创业边学习经商理论,不断提高。

本章将介绍企业盈亏平衡点的计算,以及财务管理、增加企业利润的策略等知识。

创业者的企业,经过一段时间的创业经营后,出现企业产品热销,店铺的生意也很好,每天都有顾客光顾,创业者也收获创业成功的喜悦。可是,到了年终算总账的报表出来时,看到的总是亏损或盈利不多,究竟是什么原因呢?

创业者需要学会企业的盈利分析,要知道自己的企业盈亏平衡点在哪里,企业的保本销售额和目标利润销售额是多少? 企业只有达到目标销售额,才能实现盈利目标。

第一节　企业盈亏平衡分析

一、企业成本的含义

企业成本是企业为了取得收入而发生的各项支出总和。企业的成本根据不同的分类标准有不同分类。

1.按其经济用途分类

①生产成本,又称制造成本,是指在生产过程中为制造产品而发生的成本。包括直接材料、直接人工和制造费用三个成本项目。

②非生产成本,又称非制造成本,指与生产无关的生产以外的成本。包括营销成本和企业组织管理发生的成本。

2.按内容分类

①完全成本,是指包括企业所有开支项目的成本,包括生产成本、期间成本、其他成本。

②专项成本,是指包括某项内容开支的成本,如生产成本、销售成本、管理成本。

3.按成本的变动性态分类

①固定成本,是指在一定的相关范围内,不随业务量发生任何变化的那部分成本。包括企业固定资产投资的折旧摊销、经营管理开支、无形资产、开办费的摊销等。

固定成本的特点是不随产量、销量而变化,即使没有产销量也会发生的开支,或也需在成本中摊销的费用。

②变动成本,是指在一定的相关范围内,其总额随业务量成正比变化的那部分成本。包括生产成本中的直接材料、直接人工和制造费用中随产销量变化的那部分物料用品、包装材料、燃料费用、动力费等,销售费用中的销售佣金、装运费、包装费等。变动成本的特点是随产销量发生而发生,没有产销量则没有这部分成本的开支。

二、创业者需要把经营成本分为两类

1.固定成本

凡成本总额在一定时期和一定业务范围内,不受业务量增减影响而固定不变的成本开支或需摊销的费用,划入固定成本,如开办费分摊、场地房屋的投资摊销、设备的折旧、装修费用摊销、经营管理费、固定的工资、定额税费等。

2.变动成本

凡成本总额与生产、销售、服务量成正比例增减变动的成本,如直接材料、商品购进成本、直接工资、销售提成工资、包装费、服务佣金等。

三、盈亏平衡分析的计算

盈亏平衡分析是通过盈亏平衡点分析项目成本与收益的平衡关系的一种方法。保本点即盈亏平衡点,是指企业全部销售收入等于全部成本时的产量,即企业的销售需达到多少销售量或销售额才能达到保本。

1.保本量分析计算公式

$$保本量 = \frac{固定成本}{单价 - 单位变动成本}$$

$$保本销售额 = 保本量 \times 销售单价$$

$$保本销售额 = \frac{固定成本}{毛利率}$$

$$平均毛利率 = \frac{进销差价总额}{销售收入总额}$$

例8.1　某投资者接手一家饭店转让经营,转让价格 200 000 元。该饭店原有员工 10 人,月平均工资 1 200 元,投资者全员接受 10 位员工留用,再外聘 3 位员工,共 13 位员工,平均增加工资 300 元。为了以全新的面貌经营,投资者投入 500 000 元对饭店的设施进行更新改造、装修。经过对原有饭店的财务资料了解,该饭店年营业额为 350 000 元,平均日营业额不到 1 000 元,年水电费 30 000 元,办公费、员工工作服、物料用品消耗等年费用 20 000 元,营业税 15 000 元。据调查分析,经过新改装的饭店,营业额会提高一倍,营业毛利率为 45%。水电费、物料消耗也会提高 50%,即营业额达 600 000 元,水电费预计 45 000 元,办公用品、物料消耗等 30 000 元。请你评估分析该投资者的投资项目的可行性,该企业的保本销售额应该达到多少。

$$保本销售额 = \frac{固定成本}{毛利率}$$

$$= (工资 + 水电费 + 物料用品消耗 + 营业税) \div 毛利率$$

$$= \frac{(工资 + 水电费 + 物料用品消耗)}{毛利率 - 营业税率}$$

$$= \frac{(234\ 000 + 45\ 000 + 3\ 0000)\ 元}{45\% - 5\%}$$

$$= 772\ 500\ 元$$

经过保本点的计算分析,该饭店的保本点需达到 772 500 元才能保本经营,即使提高一倍的营业额,也收不回投资。

2.保利点的含义及计算

所谓保利点,是指在单价和成本水平确定下,为确保预先确定的利润目标的实现,而应达到的销售量和销售额的统称。

保利点的计算公式:

$$保利量 = \frac{固定成本 + 目标利润}{单价 - 单位变动成本}$$

$$保利额 = 保利量 \times 单价$$

$$保利销售收入 = \frac{固定成本 + 税金 + 目标利润}{毛利率}$$

$$保利营业额 = \frac{固定成本 + 目标利润}{毛利率 - 营业税率}$$

$$综合毛利率 = \frac{进销差价总额}{销售收入总额} \times 100\%$$

例 8.2   以例 8.1 的饭店为例,如果投资人希望 5 年收回投资,则每年的营业盈利要求达到 140 000 元(70 万元÷5 年=14 万元/年),那么保利营业额需达到多少呢?

$$保利营业额收入 = \frac{固定成本 + 营业税 + 目标利润}{毛利率}$$

$$= \frac{固定成本 + 目标利润}{毛利率 - 营业税率}$$

$$= \frac{309\ 000\ 元 + 140\ 000\ 元}{45\% - 5\%}$$

$$= 1\ 122\ 500\ 元$$

通过保利点分析,该饭店要想 5 年内收回投资,年营业额必须达到 1 122 500 元才能实现。按现有调查分析的资料,该饭店的年营业额预计只有 600 000 元,达不到保利营业额,说明投资不可行。

例 8.3 某乡镇的创业者投资 3 万元开一家日用品便利店,看好了店址,店铺的租金为 350 元/月,他从一位开商店的朋友那里了解到,税务所核定的包干税金是 200 元,水电费每月大概 50 元,现在零售店大多由批发部送货上门,其他费用不多,平日销售额有 500~600 元,生意好的时候有 1 000 多元。他决定马上开张营业,并且决定采用薄利多销的策略定价,毛利率定价 10%。请你帮他计算保本保利点,并分析投资的可行性。

(1)如果不计算工资,只计算租金、税金、水电费等固定成本开支,销售额需达到指标(以 360 天计算,下同):

$$年保本销售额 = \frac{固定成本}{毛利率}$$

$$= \frac{(350 + 200 + 50)\,元 \times 12\,月}{10\%} = 72\,000\,元$$

$$平均每日的销售额 = \frac{72\,000\,元}{360} = 200\,元$$

(2)如果计算一个人的工资,每月工资 1 000 元(参照外出打工者的水平),则保本销售额需达到指标:

$$年保本销售额 = \frac{(350 + 200 + 50 + 1\,000)\,元 \times 12\,月}{10\%} = 192\,000\,元$$

$$平均每日的销售额 = \frac{192\,000\,元}{360} \approx 533\,元$$

(3)如果要求两年收回投资 30 000 元,年盈利 15 000 元就可收回投资,则保利销售额需达到的指标:

$$年保本销售额 = \frac{(350 + 200 + 50 + 1\,000)\,元 \times 12\,月 + 15\,000\,元}{10\%} = 342\,000\,元$$

$$平均每日的销售额 = \frac{342\,000\,元}{360} = 950\,元$$

(4)如果定价的平均毛利率提高到 15%,则保利的销售额需达到的指标:

$$年保本销售额 = \frac{(350 + 200 + 50 + 1\,000)\,元 \times 12\,月 + 15\,000\,元}{15\%} = 228\,000\,元$$

$$平均每日的销售额 = \frac{228\,000\,元}{360} = 633\,元$$

(5)如果定价的平均毛利率提高到 20%,则保利的销售额需达到的指标:

$$年保本销售额 = \frac{(350 + 200 + 50 + 1\,000)\,元 \times 12\,月 + 15\,000\,元}{20\%} = 171\,000\,元$$

$$平均每日的销售额 = \frac{171\,000\,元}{360} = 475\,元$$

通过计算分析,该投资是可行的。投资者不拿工资来计算,采用薄利多销(10%毛利水平),年保本销售额需达到 72 000 元,平均日销售额达到 200 元就可实现,超出部分就是工资报酬;按外出打工每月工资 1 000 元计算,年保本销售额需达到 192 000 元,日平均销售额 533 元,就能实现在家打工,实现自己做老板的梦想;如果希望投资的 30 000 元两年内收回,以后能每年盈利 15 000 元以上,年保利销售额需达到 342 000 元,日销售 950 元就可达到;如果改变定价策略,第一年采用低价策略,第二年略微提高定价目标,定价毛利率提高到 15%,实现两年收回成本的目标,日销售额只需平均达到 633 元就可以了,如果日销售额达到 1 000 元,则一年就能收回投资。

由此可见,创业者初期小本经营时,由于投资额小、保本点低,低价定价有利于打开市场、站稳脚跟,迅速超过保本点盈利,并能尽快收回投资。但是如果投资额大,利用低价策略定价,保本平衡点提高,甚至难以达到保本销售额,如果市场竞争激烈,难以促销,反而风险很大。如果提高合理的盈利水平,则可以大大降低保本平衡点,减低投资风险。因此,低价促销在今天的市场较适合小本投资经营,不大适合大规模投资者的经营。如今科技水平日新月异,劳动效率迅速提高,市场供给快速增加,但市场销量不是可以无限扩大的,加上消费者消费特性不同,商品挑选强;并不是低价就能多销,没有等企业达到保本点就可能被挤出市场了。

例 8.4 某创业者开办了一间手机店,并投资 200 000 元对门店进行装修,有中央空调,购物环境舒适。该店有员工 4 人,月平均工资 1 800 元,另加销售每部手机奖励工资 20 元,另有包干增值税、所得税等综合税金 1 000 元/月。如果手机的毛利率定为 35%,投资者希望 5 年收回 200 000 元投资,并且每年盈利 50 000 元,请你计算年销售额需达到多少? 如果采用薄利多销,低价定价策略,以平均每部手机的毛利差价 100 元来定价,年销量需要达到多少部手机?

(1)年保利销售额:

$$保利销售收入 = \frac{固定成本 + 税金 + 目标利润}{毛利率}$$

$$固定成本 = 投资装修折旧摊销 + 固定工资 + 税金 + 目标利润$$
$$= 200\,000\,元 \div 5 + 1\,800\,元 \times 12 \times 4 + 12\,000\,元 + 50\,000\,元 = 188\,400\,元$$

$$保利销售收入 = \frac{188\,400\,元}{35\%} = 538\,286\,元$$

人均每人每月的销售额 = 538 286 元 ÷ 12 ÷ 4 = 11 214 元

如果平均每部手机的价格为 1 500 元,则月平均每人销售 7.5 部手机就能完成,即每人每月能卖 8 部手机就完成了任务。

(2)如果实行薄利多销,以每部手机毛利差价 100 元定价,保利销售额需达到:

$$保利销售量 = \frac{固定成本 + 税金 + 目标利润}{差价 - 计件销售工资}$$

$$= \frac{188\,400\,元}{(100 - 20)\,元/部} = 2\,355\,部$$

平均每人每月销量 = 2 355 部 ÷ 12 ÷ 4 = 49 部

通过计算分析,该投资人开办的手机店是可行的。如果按 35% 的毛利率定价,平均每月销售 30 部手机就能实现,而实际销售会大于预测。如果按薄利多销,平均每部手机加价 100 元,平均每月的销量只有 200 部,每人每天销售 2 部就能实现目标。如果采用细分市场分档次、根据消费需求特性分层次定价,对于高品位的新手机高价定价策略,一般手机采用中价位定价,大众化手机采用低价定价策略,也许一年就能收回投资成本。因为手机市场需求很大,市场潜力也会很大,许多人还没有手机,远没有达到人手一机的饱和期。

经过以上介绍的保本保利点的计算分析方法,创业者就知道自己的企业保本点和保利点在哪里。知道了自己的企业保本保利的平衡点,就找到企业盈亏的原因,剩下的任务是企业如何开展营销,扩大销售,只有达到企业的保本保利点的销售后,才能真正实现企业的盈利目标,企业才会不断扩大发展。

第二节　增加企业利润的途径

创业企业要增加利润,其基本的方法是不断提高盈利水平。其主要途径是扩大销售、增加收入、降低成本和减少各种费用支出,增加毛利率水平。为此,应采取以下有效措施:

一、提高劳动效率,扩大销量

企业只有在制订合理的价格盈利水平下,增加生产、扩大销售,利润才会不断上升。为了扩大销售,企业应努力提高劳动生产率和设备的利用率,增加适销对路的商品,提高产品和服务的质量,对市场进行细分,不断开拓新市场,关注市场的变化,充分利用各种促销手段,扩大市场占有率,不断创新产品,采用新科技新营销方式,创企业名牌效应,使本企业的产品在市场上畅销不衰。

二、降低产品成本费用

依靠企业自身的力量,不断降低产品、服务成本费用是增加企业利润的根本途径和关键所在。

降低产品成本和经营成本,应从几方面开展:首先,降低产品成本,应着重努力降低生产过程的物资消耗和活劳动消耗,从而降低单位变动成本。其次,要充分利用现有技术设备,网络经营销售,降低单位产品中的固定成本含量,以实现更多的经济效益。再次,还必须在提高管理水平及管理人员素质上下功夫,提高人员劳动效率,进而降低企业的营业费用和管理费用,最后,大力创新,创造新的消费,产生新的利润源泉。

三、合理使用资金,提高资金的利用效果

企业要合理运用生产经营资金,加强资金管理、降低物资储备量和缩短生产周期,积极组织产品的销售、发运和结算,加速资金利用率。同时,减少企业筹资成本和资金占用费用,增加企业的利润。

第三节　企业财务制度的管理

企业除了不断开拓市场,通过各种营销手段来扩大销售外,创业者还须严格企业的财务管理制度。不少企业虽然生意兴隆,销售收入也不断增加,但是企业内部的管理制度不健全,财务制度管理不严,结果是毛利增加了却亏了本,甚至不少企业倒闭。赚钱重要,而管钱更重要,我们既要有赚钱的能力,更要有管钱的能力。因此,创业者必须学会理财,严格制度管理,力图避免财务危机的出现。

一、严格财务核算管理制度

财务管理制度大体分为三大类:记账管理、财务核算管理、资金管理。如果创业者自己不谙财务知识,可聘请专职财会人员。

1.记账管理

记账管理就是账本管理制度,即对企业的收入和支出的钱财、物进行登记。企业创办初期,收支业务大多是现金,记账也不多,创业经营者可以自己学会记账。账本和各种会计报表可在会计用品店买到。如果自己觉得记账有困难,可聘请兼职会计,工作量少,产生的费用也不会很高,业务量大了,再聘请专职会计。千万不要认为,钱财都是自己亲自经手、掌握,无须记账。一两件事会记得,业务多了,时间长了日后就记不得了。如果严格记账制度,经过再长时间都清楚。现金的收支做到日清日结,把每天的收支情况整理好。除了及时记账,还应对账目及时进行整理统计,制成一览表格资料,存档备用。

2.财务核算管理

财务核算管理是对企业经营活动过程和结果以货币为单位进行计算和统计,编制具有一定格式的报表,以供企业经营管理预测和决策时使用。通过这些报表资料,可以了解企业经营情况。评价经营过程出现的问题,是经营者决策的重要依据。所以,财务核算制度一定要严格管理。

3.资金管理

资金管理是建立一定的制度,确保资金合理、安全地运用,有计划地周转资金,使企业的经营能正常进行。

(1)现金收入的管理制度

企业现金的收入管理,主要是收银的管理,收银须严格按操作程序进行,不得出错。收银员应熟悉业务,提高辨别假钞的能力,做到发现假钞能及时处理。

(2)现金的安全管理

现金的流动性很强,随时可作支付,因此现金也是最容易出问题的资金,既要防范外部被盗,也要防止内部贪污。当天营业收入的现金要当天送存银行,库存只能留3~5天的零星开支。零星开支也要存放于保险箱,做好安全措施。现金的交接要当即签收,必须有收借凭据。

　　有这样一个真实的故事。一家店铺的收银员在工作结束后，将一日的营业收入交给老板，老板顺手将钱放入柜子，然后因事离开办公房间大约20分钟。这时包括收银员在内的所有员工还留在店内尚未下班回家。老板工作繁忙，收取当日的营业收入已成为每天的例行工作，因此很多时候，老板收到钱后并未放在心上，而收银员也认为当面交给老板，没要老板签收字据。不幸的是，就在这短短的20分钟内，小偷进了老板办公室，将营业收入偷走了。

　　20分钟内办公室房门大开，内无一人，当老板办完事回来后，拉开柜子，他大吃一惊，柜里的钱没有了，老板来到店内问收银员，今天的营业收入还没上交？营业员说："我刚才交给你了。"老板说："没有，我没有收到。"因此造成误会。

　　后来，小偷被抓获，双方的误会才解除。

　　因此，为了避免此类现象发生，交接现金时收款人必须当即写好现金收据，签收签字，写上收款日期。

二、老板用钱要公私分明

　　有许多创业老板认为，企业是自己的，还有什么钱我不能用？用自己的钱还要谁批准吗，因而自律性较差。不管是因公需要还是自己消费或交朋结友等，都从企业收入中提款，企业成为自己随时的提款机。久而久之，企业再多的营业收入也会被毫无控制的费用吞灭，甚至葬送了自己的企业。这种做法和有这种想法的人都是错的。

　　解决老板公私分明的最好办法是给老板开一份工资，老板的工资分为固定工资和企业分红工资，分红工资每年从企业盈利中按规定提取，老板自己有一份收入，专户存取专户管理，老板个人的消费从自己的收入开支；然后老板的对外费用开支分成两部分，一部分是企业的公务开支，从自己企业专项经营费账户开支；不属于企业的开支从老板个人工资收入部分支出，不足部分从老板分红工资列支，老板用的是自己个人的钱，也就有心疼感。如果肆意乱用，企业很快就会被自己毁掉。只有公私分明，企业的财务才清楚。

三、慎重对待赊账经销

　　赊账是一把"双刃剑"，用好了可以增加销售，提高企业经济效益，可以巩固和发展客户群；用不好，可能会影响企业资金周转，或者使经济利益受损，甚至会导致公司倒闭。因此，在经营中，我们需要谨慎对待赊账情况，分清情况赊销，注意掌握赊销的信用额度和对象、比例。

　　一般来说，赊账大都是熟客，不赊账可能又会得罪客户；赊账太多，又会占用企业的流动资金，影响企业资金周转，同时自己变成一些客户的借款机，还有可能形成"死账"而收不回来。

　　因而在赊账时要考虑赊账的风险，制订企业赊账的信用政策及期限，控制一定的赊账比例，以免造成公司损失。例如，公司如果净利润率只有5%，赊账销售收入为50 000元，但其中有10 000元形成死账，就会变成损失，那么公司就要多完成销售200 000元的销售收入才能填补坏账导致的损失。当然，企业也不是绝对不能赊账，应控制一定的赊销比例及信用期限。例如,企业的净利润率5%,而赊销比例在1%是可控风险,因为即使赊销1%全部收不回来,也还有4%的利润,还不至于因赊销造成亏损。赊账要注意以下几点:

①不能靠赊账拉生意。靠赊账拉生意是非常危险的经营方式。因为人和人诚信度不一样,你以诚待人,但是不能保障和你打交道的人都是有诚信的。

②没有把握的账不能赊。赊账的客户要知根知底,了解其信誉度。而且还要给他赊账的金额设置上限,只要超过上限,无论如何都要结账。赊账要有收回来的把握,不能因为贪图眼前利益,为多销一点货,连本钱都送掉。

③赊账要注意方式。赊账要分清对象。在两种情况下,可以考虑赊账:一是买东西的人是老顾客,赊欠的金额不大,又是在急用的情况下;二是顾客是熟人,而且是来店买东西第一次提出赊账不便拒绝,并希望顾客是回头客。对于不讲诚信的人绝不能赊,不要觉得面子过不去,要坚持原则。对于没有及时还账的顾客要善意提醒,对超过信用期的,有时候坦诚地把话说开追还赊账,顾客也能理解。

四、努力避免财务危机

一般来说,造成企业财务危机的原因有以下几种:

1.以短支长,造成财务危机

以短支长,即企业用借贷的短期资金用作长期资产使用,见钱就用,没有规划,没按资金的性质合理使用,认为很快就能有收入填上,结果落空,没能补上,造成财务危机。

2.过度负债,造成财务危机

适度负债,企业可以获得财务杠杆利益;过度负债,会使企业支付能力变得极为脆弱,甚至会发生财务危机。

3.内部财务管理混乱,造成财务危机

企业财务管理混乱,财务管理制度不完善,在资金管理和使用上存在权责不明,造成资金使用效率低。或者由于财务制度的漏洞,造成资金流失严重,资金的安全性、完整性无法得到保障。要避免这一点,就要完善和严格财务管理制度,杜绝各种漏洞,防止给人以可乘之机。

4.预算失误、现金断流,造成财务危机

由于企业没有做好财务预算计划,资金使用、安排不合理,造成企业现金断流,不能支付到期的债务,造成财务危机。

5.盲目资本扩张、投资、无效投资,造成财务危机

有许多企业投资者追求企业规模、固定资产投资上档次、资产比例失调、企业销售收入没有同比例增长,进而倒闭。

因此,创业者特别是向银行借贷的创业者,一定要做好资金规划,要准备好一定的机动周转金,或者有一条能立即筹到资金的借贷渠道,让自己随时保留备用金,以应付因意外产生的无法预知的财务危机,保障企业顺利经营。

第四节　创业企业资本扩张应注意的问题

创业企业不要盲目乐观，不要急于求成，应先练好内功。一个企业的创办，其特征是自负盈亏，追求的目标是利润，不是空架子。资本是要盈利的，不然就没有人投资。如果一个企业盲目投资，没有经过可行性论证分析，一味追求资本扩张，即使架子做大，没有扎实的内功，最终也会倒塌的。一个企业的战略正确与否，是看能否使企业的利润增加。

【案例 8.1】

盲目投资的苦果

广东某县的农民企业家欧阳先生，靠经营日用百货起家。20 世纪 80 年代改革开放初期，他到省城做搬运工积蓄了 500 元的工钱，回到家乡后依靠 500 元起家做起了日用品百货生意，先在集市摆地摊，后开起商店。他以勤劳节俭为本，信守"和气生财、薄利多销"的经商秘诀，生意也越做越红火，几年时间他的财产已超过百万元。他在县城购置了 5 层楼的房产，首层做商铺，楼上是住房，成了首批进城落户的新居民。

20 世纪 90 年代初国有商业企业、供销合作社商业企业纷纷改制退出市场，个体零售商业企业迅速发展。许多个体户远到厂家进货，由于数量少，细算成本不划算。他瞄准了市场，转做日用品批发商，把首层商店改做批发部，楼上当仓库，并添置送货的汽车，他信守"薄利多销"商业秘诀，低价经营，多进多出，资金周转也快，有时商品差价不到 1%，只有几分钱。他尝到薄利多销的甜头，生意越做越大。不到十年，他的资产已超过千万元。

2002 年，他听说外国连锁零售大型商场纷纷在中国城市落户，商场规模很大，品种齐全，进了这些超市，就不需要到别家了。他想本县城没有一家像样的大商场，都是各自为王的小商店。这几年他做批发商深知，利润都让给零售商了，而且还经常被零售商讨价还价，杀价杀得厉害。况且如果等外国的大型连锁商场进入，与连锁商场竞争，自己的百货生意一定会受到影响。

他找到一个做批发商的老朋友，决定合股投资做本县城最大的零售超市商场，他俩共同出资总额达 2 500 万元，并以自己的房产、汽车及其他不动产向银行抵押共筹集到 7 000 万元贷款，另外还筹到亲朋好友的借款 500 万元，总筹资 1 亿元投入超级商场。

他们选定了广场边的一座大厦做商场，商场名称为"群星超市"。1~3 层共 15 000 m²，月租金 30 元/m²，全部月租金 45 万元，他们首付了 150 万元的定金并签订了 10 年租赁合同，2 000 万元投入固定资产设施，8 000 万元投入商品资金周转。购置了 300 万元的电梯及中央空调，500 万元投入商场装修，500 万元购进现代商业设备工具、货架等，还购买了 3 辆公交车免费接送客户来商场购物，固定资产总投资 1 500 万元，可以说是一流的现代购物环境。为了做好宣传，出资 30 万元聘请了广告公司筹划营销广告宣传，电视广告每月 10 万元，订做一年，并计划以后每年投入 100 万元的营销宣传费。另外，开业时花费 100 万元聘请了著名歌星演唱造势。商品定价坚持"薄利多销"的原则，走低价策略，毛利 10% 为限价，低价多销，让利于市民，有的特价优惠定低价至 5%。良好的购物环境，优质的服务，商品品种规格齐全,进货严把质量关,薄利多销的定价,深受市民的欢迎,使市场反映热烈,买东西都喜欢到"群星超市",经过企业全方位的优质经营服务,全年一炮"开门红",实现销售额12 000多万元,占全县社会总零售额3亿元的30%以上,一个企业占有1/3的市场份额,这是从来没有过的。

然而企业外部风光,内部吃紧,年终报表并没有盈利而是首年亏损。该企业有员工500人,平均每人月工资1 800元,水电费、电话费每月5万元,每月业务费、差旅费、招待费、办公费,日用品耗用等25万元。年终银行催到期还贷,甚至按时发工资也无法实现。

第二年开始,欧阳先生为了保持他的"让利于市民""薄利多销"低价销售的企业形象和理念,他裁员100人,减少开支,继续采取加大电视广告促销策略。但是,银行看到群星超市的亏损又不能按时还贷款,为保障银行资金的安全,决定采取分期还款、减少放贷的措施。欧阳先生转向供货商赊销进货,由于不能按时结账,商业信用受损,供货商纷纷上门讨债并断供商品,商场只见货架多、商品少,员工的工资不能发放,银行的到期债务无钱归还,周转金越来越少,不到半年现金流中断。最后,无奈关门、破产,他又变得一无所有。

欧阳先生百思不得其解,为什么他的"薄利多销,低价多销"经商秘诀的理念,使他经营日用品百货20多年都百战不败,而他坐上零售老大的"宝座",运行不到2年就一无所有了呢?

请你分析一下,为什么一个生意火红,很受市场欢迎的企业会倒闭并被挤出市场?这是过去一些国有企业走过的失败老路,民营企业同样不可避免,能否找到其失败的原因。

企业失败的原因往往是多样的,但是作为刚发展起来的创业企业,抗风险的能力有限,创业者须保持清醒的头脑,保存有生力量,防止意外事故的发生,做到稳中求胜,没有经过可行性的调查和分析,千万不能盲目扩张投资。

【案例8.2】
用别人的钱为自己赚钱

许多小本经营的创业者,在初期创业时,即使有了很好的创业项目,由于缺乏资金,经常为资金筹集发愁,创业者何不动一下脑筋,想一想怎样"用别人的钱为自己赚钱"。

1996年,罗氏兄弟到巴西圣保罗寻找致富之路。一次,大哥来到南里奥格兰德州首府阿雷格里港旅游。在一家饭店就餐时,发现了一种味道可口的意大利肉鸡,当地人十分喜欢。于是,大哥顾不上旅游,便急速赶回与弟弟商量如何饲养意大利肉鸡的事宜。

经过一番商量,兄弟俩认为从事此项目很有前途,但自己没有太多的资金。怎样才能开办养鸡场呢?他们一连多日求人借钱都无果,经过一番思考,弟弟突然有了一个"借鸡生蛋"的妙招。

兄弟俩通过巧妙的方法,策划、组织了一个互助会,以合作社的形式筹集资金。将其认识的工友、朋友、邻居及其好友组成合作社,兄弟俩向他们讲解对开办这个养鸡场的市场前景、销路、利润等详细情况,并让他们投资,许诺他们投入的资金,不但本金、利息能够按时归还,而且还能够享受分红,因为合作社所筹到的资金是用来办前景很好的养鸡场的。功夫不负有心人,他们终于筹到了30万美元。

他们凭借这 30 万美元,办起了一家养鸡场,取名"意大利肉鸡农场"。由于农场的名称特别,起到了广告的作用,很快创出品牌,市场销售很红火,利润可观。

目前,养鸡场每周能供应 100 万只鸡。他们还开发出口业务,每年的出口收入能达到 1 亿多美元。随着养鸡业的发展,罗氏兄弟的财富也不断地增多,他们先后办起 4 家贸易公司,营业额达到 10 多亿美元。

思考与练习

一、思考题

1.为什么有的创业者的企业,生意兴旺,顾客盈门,但几年后,算总账时却发现亏损,你能说明其中的道理吗?

2.企业成本的含义是什么? 按成本的变动性,创业者需把成本分成哪两类?

3.保本点的含义是什么,如何计算盈亏平衡点?

4.保利点的含义是什么,如何计算创业企业的保利点?

5.创业企业有什么途径可以增加利润?

6.创业企业为什么需要加强财务管理?

7.创业企业如何避免财务危机?

8.创业企业资本扩张应注意的问题是什么?

二、实训练习

1.某创业者开办了一间万家乐热水器门店,投资 100 000 元对门店进行装修。门店月租金 300 元,员工 6 人,每人月平均固定工资 1 300 元,另加销售奖励工资每台 30 元。月包干增值税、所得税等综合税金 1 000 元。如果热水器的毛利率定为 30%,投资者希望 5 年收回 100 000 元投资,并且每年盈利 30 000 元。请你计算年销售额需达到多少? 如果采用薄利多销、低价定价策略,按平均每台热水器的毛利差价 200 元来定价,年销量需要达到多少台?

2.某创业者开办一间不锈钢铁门门店,装修门店支出 30 000 元,店铺月租金 1 500 元,水电办公费、电话费等 300 元。月包干税金 800 元,员工有 2 人,人均月工资 1 500 元。不锈钢门的进货价是 2 100 元/扇,销价定价为 2 500 元。请你计算保本的销量是多少? 创业者期望年利润能有 50 000 元,要实现目标利润,销量需要达到多少?

3.创业者刘某,开一家夜茶餐厅,员工共有 15 人,每人月平均工资 1 500 元,装修及设备投资总额 900 000 元,希望 5 年收回投资,营业场地月租金 5 000 元,水电及办公费的固定费用开支每月 5 000 元,每月包干税金 2 000 元。由于市场的竞争,刘某决定采用薄利多销的策略争取顾客,定价毛利率为 20%。请你计算达到保本的营业额应是多少? 如果年实现的营业额只有 300 000 元,该企业是否有利润? 如果投资者希望的年利润是 100 000 元,那么定价的平均毛利率应定多少?

4.某投资者在乡镇开办一间太阳能热水器专卖店,店铺的月租金 500 元,水电办公费等固定费用 100 元,包干税金 200 元,员工 2 人,人平均工资 1 300 元,安装费每台 100 元,太阳能热水器厂家统一定价每台 3 500 元。如果毛利率有 20%,请你计算年保本销量是多少?

如果投资者希望年利润 50 000 元,保利销售量需达到多少? 如果定价的毛利率 30%,保利销量是多少? 如果薄利多销,定价的毛利率定为 10%,保利的销售量又是多少? 你认为在农村乡镇办太阳能热水器专卖店是否可行。

5.创业者陈女士开办一间化妆品专卖店,投资 100 0000 元进行门面装修,计划 5 年收回装修投资,店铺月租金 1 000 元,员工 3 人,每人月平均工资 1 500 元,按销售额核定税金率 4.5%,固定办公管理费用 500 元,毛利率有 50% 以上。请计算其年保本销售额是多少? 如果该专卖店平均日营业额有 2 000 元,能否有利润,年利润有多少?

6.某创业者加盟某品牌面包销售专卖店,年上缴总部加盟费 9 800 元,装修设备等投资 60 000 元,员工 3 人,每人月平均工资 1 200 元,月包干税金 300 元,固定水电及其他费用 100 元,面包制作由总店供应,由总店统一销价,每个面包的毛利有 0.30 元。请你计算年保本销量是多少? 如果每位顾客平均购买 3 个面包,平均每日的顾客需达到多少? 如果创业投资者希望年利润有 30 000 元,保利销售量需达到多少? 日销量是多少? 请你分析投资的可行性。

7.某投资者在乡村投资 100 万元开办了一家农家饭庄,员工有 6 人,每人月平均工资 1 000 元,水电费及其他固定费用 800 元,包干税金 1 000 元。风味多是农家菜式,定价采用低价的薄利多销,毛利率定位 20%。但是,饭庄生意并不好,平日顾客少,只在夏天及节假日顾客较多,每月只有 20~30 台桌的顾客。如按 30 台桌顾客计算,平均每台收入 300 元,月平均营业收入 10 000 元,100 万元按 5 年摊销折旧,如果要达到保本,平均月营业额需预达到多少? 如果定价毛利率为 45%,月保本销售额是多少? 采用高毛利率定价又会失去农家饭庄的特色,那么,你认为农家饭店应如何经营才可行?

三、案例分析

黄平大学毕业放弃就业,在家乡创办了一家养鸡场。他了解到经营自产的家禽产品是免税的,决定把鸡场办成企业化经营,于是,领取了鸡场的营业执照。他用于鸡场的资金全部是银行贷款,100 万元贷款年利息 8%,贷款期限 3 年,本息到期一次归还。他饲养了 1 万只鸡,每年出 3 季鸡。为了提高鸡场的市场声誉,帮助鸡场树立良好的市场形象,吸引更多的顾客,他花费 350 000 元购买了一辆送货的工具车及一辆自己谈生意公关用的轿车,并用 150 000 元装修办公室,购买办公设备,还买了一部手提电脑及一部台式电脑、一台打印机、一台立式空调等。为了做好市场营销宣传,他花费 10 000 元在鸡场做广告牌,花费 20 000 元设计及注册企业商标,在送货的工具车上喷上养鸡企业的品牌标志,加大了广告宣传作用。养鸡场有员工 8 人,其中 1 位司机、2 位财务人员、5 位鸡场饲养工人,每人月平均工资 1 200 元,汽车每月固定费用开销 2 000 元,企业办公费用 500 元,黄平每月的应酬公关费用 5 000 元以上,有时应酬需上万元,并经常出入娱乐场所招待客人。头两年,企业在市场有一定的声誉,由于市场公关宣传的作用,养鸡场的名气也越来越大,客户纷纷上门订货。鸡场的鸡也供不应求,年底还需要托关系才能订到货。鸡场定价采用市场中价位定价,每只鸡盈利 10 元。可是企业到第三年出现资金周转困难,无法归还银行的贷款本息,也发不出员工的工资。员工追讨工资,银行宣布终止再贷款给他,并要求他还清所有债务。黄平尝到了创业成功的喜悦,享受了做老板的荣誉与受人尊重的待遇,但也尝到被人追债躲债的苦水,他没能度过危机,最后只能宣布鸡场倒闭,走上了打工的道路。

　　请分析:创业者黄平的鸡场产品供不应求,并已创出品牌,为什么还会倒闭?如果期望年利润有 300 000 元,鸡场需要达到养多少只鸡的规模?除了扩大规模,还有别的策略吗?如果该鸡场转让给你来经营,你是否能盈利?你能从创业者黄平的经营成败中吸取哪些经验与教训?说说你的经营计划。

第九章 创业企业的市场营销

企业创业成功后,并不是所有的人都能欢天喜地,有不少人遇到这样的问题:企业管理上了正轨,设备不差,人员素质不低,产品质量不比市场的差,价格也合理,可是销售量就是上不去。而有的企业的产品质量并不比自己企业的产品好,却因为有名气,有品牌,即使价格高得多,消费者也愿意购买,这是为什么呢? 这就需要创业者了解市场营销,企业拥有市场比拥有工厂更重要,拥有市场的唯一途径就是拥有具有市场优势的品牌。

本章将介绍如何掌握创业企业的市场机会、消费者的购买行为、消费者的购买动机和消费心理、市场营销策略等知识。

创业者了解自己企业的盈亏平衡点后,主要任务就是扩大销售,促进销售实现企业的经营目标。然而,今天的市场竞争激烈,已由卖方市场转向消费者的买方市场,并不是企业的产品好就不愁销售。扩大销售并不是件轻而易举的事,企业的经营从企业内部生产转移到外部,从市场、消费者的需求出发决定企业的生产经营。企业拥有市场比拥有工厂更重要。

第一节 创业企业的市场机会分析

创业企业是参与市场活动主体的一分子,是市场的一个微小细胞,它需要不断地吸取营养及适应外部环境的变化,才能更好地生存和发展。对于创业企业来说,自身资本规模小,大多为中小型企业,应对外部环境变化的抗风险能力弱,因而对外部环境的分析更为重要。环境的变化,既可以给企业带来市场机会,也可以造成某种威胁。我们需要认识分析它,利用有利的市场机会,规避不利的市场威胁,使企业在激烈的市场竞争中能更好地生存和发展。

一、市场营销环境

市场营销环境,美国著名的市场营销学家菲利普·科特勒的解释是:影响企业市场和营销活动的不可控制的参与者和影响力。具体地说,市场营销环境是指与企业市场营销有关的、影响产品的供给与需求的各种外界客观因素的综合体现。市场营销环境包括宏观市场营销环境和微观市场营销环境。

宏观市场营销环境是指给企业带来市场机会和造成威胁的主要社会因素,主要包括人口环境、经济环境、自然环境、技术环境、社会文化环境、政治法律环境等。这些环境要素均为企业无法控制的因素,企业需要认识、把握、利用它,制订企业的顺应策略。微观市场环境是指对企业构成直接影响的各种力量,主要包括企业本身、供应商、营销中介、顾客、竞争者和公众。这些因素企业是可以通过自身因素去控制、去改变和影响的。

1.宏观市场营销环境分析的内容

(1)人口环境

市场是由那些对商品有需求、有购买力的人组成的,"市场＝人口＋购买欲望＋购买力"。人口是影响企业营销活动的重要因素,人口决定市场的潜在容量。人口的数量、人口的结构、分布、流动都对企业的营销活动造成重要影响。因此对所有企业来说,人口环境因素是非常重要的研究因素,我们需要认识了解它。

(2)经济环境

经济环境是指影响企业营销活动的国家的宏观经济状态,主要包括经济发展水平、收入、消费因素、储蓄和信贷等,它是影响企业营销活动的主要环境因素。

消费者的购买力水平是决定企业市场规模的重要因素。购买力水平受居民收入、储蓄倾向、消费信贷和物价水平等诸多因素的影响,主要表现在以下几个方面:

①收入水平主要包括可支配收入和可任意支配收入。可任意支配收入是可支配收入扣除了生活必需的支出后的余额,是购买力的源泉。

②储蓄倾向和消费呈反向关系,居民越是倾向于储蓄,潜在购买力转化为现实购买力的概率就越小;反之,就越大。

③消费信贷政策对居民的消费倾向有一定的影响,特别对价值大的耐用消费品影响较大。例如,获信贷支持的房地产、汽车等,消费需求就旺盛;没有信贷消费,市场的需求就降温。

④在收入水平不变的情况下,物价水平和购买力成反比,即通货膨胀,购买力下降;通货紧缩,购买力水平上升。

⑤社会经济发展,人们生活水平提高,社会保障水平高,人们的消费意愿就强,市场就具有发展前景。

(3)自然环境

自然环境是指影响企业营销的自然资源、气候、地理位置、交通条件、环境污染等。自然环境的变化不仅会给企业带来发展机会,也会带来威胁。

企业对自然环境的考察分析主要可从两方面入手:一是周围的自然环境和资源是否符合创业企业项目所需要的生产经营条件;二是创业项目和企业是否能够与自然环境协调发展。有些自然资源趋于短缺,如许多国家和地区的水、石油、煤及其他资源短缺的危机,开发就会受到限制。一些行业工业的发展对自然环境造成污染和破坏,一方面,为了保护环境,国家颁布了《环境保护法》并规定了各项污染物的排放标准,企业必须遵守;另一方面,为治理污染的技术和设备提供了市场机会。因此,要树立绿色产业、绿色产品、环保的理念,节约能源、立足长远,与自然环境和谐发展。

(4)技术环境

正确评价创业企业项目的技术先进性,对所处的技术环境有清楚的了解和动态的把握。

"科技是第一生产力"的作用越来越大,国家提倡创新创业,科学技术的发展日新月异,对各行各业都会产生较大的影响。各种新技术、新工艺的出现给企业的生存和发展带来机会,也会带来威胁,需要密切关注科技创新发展的动态,根据技术环境的变化调整生产和研发,不断适应新的科技发展。

(5)社会文化环境

人们生活在不同的社会文化环境中,形成不同的信仰、价值观和审美观、道德规范以及世代相传的风俗习惯等。社会文化环境影响消费者的购买态度、购买方式,对创业企业营销策略的制订产生较大的影响。

(6)政治法律环境

政治和法律是影响企业营销的重要宏观环境因素,政治调节企业营销活动的方向,法律则规范企业经济活动的行为准则。一般来说,经济发展的上升期,创业企业比较容易存活,创业企业需要一个较宽松的法律环境,即较低的市场准入条件、优惠的税收制度。例如,国家实行财政补贴的节能家电、新能源汽车、太阳能等优惠政策,对农村建房补贴,对农村乡村旅游产业的扶持等都对该行业的营销起促进作用。

2.市场营销环境的分析方法

SWOT分析法是一种对企业的优势(Strength)、劣势(Weakness)、机会(Opportunity)和威胁(Threat)进行分析的方法。

(1)优势与劣势

在市场竞争中,企业应与竞争者相比较,识别自身的优势与劣势。例如,企业产品比竞争企业好,企业位置非常有利,员工技术水平很高等,这些有利于企业产品获得市场机会。劣势是企业的弱点,例如,企业产品价格比竞争对手的产品价格高,企业没有足够的资金做广告,无法提供像竞争对手那样的综合服务等,这些都是影响企业市场营销的因素。

(2)机会与威胁

企业的外部环境也是影响企业的市场机会。同一环境对不同的企业产生的影响是不同的,对一些企业可能成为机会,对另一些企业可能是威胁。例如,连锁零售超市对连锁企业是机会,对当地的零售商和批发企业是威胁。因为连锁企业不会从当地批发商进货,而是从总部购进商品;当地的零售商就会失掉市场份额。

环境变化态势可分为两类:一类是环境威胁;另一类是市场机会。环境威胁是指可能使企业向不利的方向发展的环境变化。企业应善于识别所面临的威胁,并按其严重性和可能性进行分类,以便制订相应的应对计划。企业一般可采取如下策略:反抗策略,即企业通过努力尽量限制或扭转环境因素的不利影响;减轻策略,即通过调整市场营销组合来改善企业环境,以减轻环境威胁对企业的影响程度;转移策略,即企业遇到不可逆转的威胁时,主动地将资金转移到其他有利的行业或市场上去。市场机会是指市场发展过程中出现的对企业市场拓展有吸引力,能使企业拥有竞争优势的领域,企业应利用市场机会大力开拓市场,迅速发展。

创业企业一般进入理想型业务和冒险型业务。对于理想型业务,利益大于风险,企业必须抓住机遇,迅速行动,不可错失良机。对于冒险型业务,利益与风险同时存在,企业应全面分析自身的优势与劣势,扬长避短,审时度势,分析企业盈利机会,争取利益。对于成熟业务,企业可维持常规业务,取得平均利润,同时还要为开展其他业务做好准备。对于困难型业务,必须想法扭转困难局面,改变环境或者放弃困难业务,退出市场,避免造成更大的损失。

二、市场调研与市场营销预测分析的方法

1.市场营销调研的含义和市场调研的内容、方法

(1)市场调研的含义

市场调研是运用科学的方法,有目的、有计划、有系统地收集整理和分析研究有关市场营销方面的信息,并提出调研报告,以便帮助管理人员了解营销环境、发现问题和机会,为市场预测和营销决策提供依据。

市场营销调研是企业活动的出发点,创业企业要想自己的经营决策正确,离不开对市场环境的调查。概括地说,可以起到几方面的作用:一是有利于制订科学的市场营销计划;二是市场调研是企业提高经济效益的保障;三是有利于企业开拓新的市场,发挥潜在的竞争优势。

(2)市场调研的内容

市场调研的内容非常广泛,凡是影响市场、影响企业环境的因素,都可以作为市场调研的对象。企业面对的不是新产品就是新市场,市场的环境不断变化,企业须根据自身的特点进行有针对性的市场调研活动。如果企业的能力有限,某些方面也可以交给专业市场调研公司帮助调查,有偿获取调查信息。市场调研一般包括以下5个方面:

①顾客需求的调研。对顾客需求情况的调查一般包括:市场上现有的产品是否满足了顾客的需求;现有的顾客对市场上已有的同类产品的满意度如何;现有的顾客对市场上已有产品的依赖度如何;有哪些因素将影响市场需求的变化;顾客为什么购买该类产品或替代品;有哪些没有被顾客发觉的需求等。

②产品的调查。产品的调查主要包括:市场上同类产品设计的调查;市场上已有产品和产品组合的调研;创业企业提供的产品处于生命周期的哪个阶段;已有的产品改进空间如何;其他企业是否也在研究和设计新产品,有何优势和劣势等。

③产品价格的调研。产品价格的调研主要包括:市场供求情况及变化趋势的调研;影响价格变化的各种因素的调研;产品需求价格弹性的调研;竞争对手价格构成的调研;市场流行产品价格的调研,替代品价格的调研;新产品定价的调研等。

④分销渠道的调研。分销渠道的调研包括:分销渠道选择是否合理;产品的储存和运输安排是否得当等。

⑤促进销售的调研。促销的调研包括:广告信息调研、广告媒介的调研、广告时间的调研、广告效果的调研等;人员推销的调研、各种营业推广的调研、公共关系与企业形象的调研、促销效果的调研等。

(3)常用的调查方法

①观察法。创业者可通过对有关人物、行动、环境的观察来收集第一手资料。

②网络调查法。可以在网站开设调查专栏,用投票或问卷的方式,了解消费者的需要、

愿望、满意度等信息。

③实验法。通过确定一个小组作为市场实验对象,观察消费者的反应,取得调查资料。

④电话访问。通过电话访问取得调查资料的方法。

⑤面谈法。通过与被调查者直接面谈,调查人员可以及时、灵活地改变提问题的角度和方法,引导被调查者全面、如实地发表自己的意见,在调查中还可以通过观察发现被调查者不愿透露的信息。面谈法的缺点是成本高、调查范围窄,被调查对象不一定具有代表性。

2. 市场营销预测的方法

预测是指用科学的方法预计、推断事物发展的必然性或可能性的行为,即根据过去和现在预计未来,由已知推断未知的过程。市场营销预测是运用科学的方法对市场的营销环境变化因素、市场供求发展趋势以及与之联系的各种因素的变化,进行调查、分析、预见、判断和测算的过程。预测分析一般按以下步骤进行:

①确定预测对象。要做好预测分析,必须先确定预测对象,即确定预测分析结果的内容、范围、目的和要求,进而有针对性地做好各阶段的预测工作。

②收集整理资料。确定预测对象后,应尽可能多地收集相关市场营销资料、信息,同时对所收集的大量资料进行整理、归纳,找出与预测对象有关的各因素之间的相互依存关系。

③选择预测方法。针对不同的预测对象和内容,选择不同的预测方法,建立数学模型,对资料进行处理、计算和科学分析,进行定量和定性分析。

④分析判断。按所选择的预测方法对所预测的对象进行实际预测,求得预测的结果。

⑤检查验证。将本期实际发生数与前期预测数进行比较计算并分析差异,以便在本期预测中加以改进。

⑥修正预测值。一些根据数学模型计算出来的预测值可能没有将非计量因素考虑进去,这就需要对其进行修正和补充,使其更接近实际。

⑦报告预测结论。最后,要按一定程序将修正后的预测结果向企业的有关领导报告。

预测分析一般可分为定性分析法和定量分析法两大类。

(1)定性分析法

定性分析法,又称为非数量分析法,是指由熟悉情况和业务的专家根据个人的经验进行分析判断,提出初步预测意见,然后再通过一定的形式(如座谈会、讨论会、研究会等)进行综合分析,作为预测未来和发展趋势主要依据的方法体系。此类分析法一般是在缺乏完备的历史资料或有关因素之间缺乏明显的数量关系,难以进行定量分析的情况下采用。

(2)定量分析法

定量分析法,又称为数量分析法,是指运用现代数学方法对有关数据资料进行加工处理,据以建立能够反映有关变量之间规律性联系的各类预测模型的方法体系。此类分析法适用于历史资料齐备的企业。定量分析方法又分为趋势外推分析法和因果预测分析法。

①趋势外推分析法:又称为时间序列分析法,即根据某项指标过去的、按时间顺序排列的历史数据,运用一定数学方法进行计算,借以预测未来发展趋势的方法,包括算术平均法、移动平均法、趋势平均法、加权平均法、平滑指数法和修正的时间序列回归分析法等具体方法。

②因果预测分析法:是指从某项指标与其他指标的互相联系中进行分析,将它们之间的

规律性联系作为预测依据的方法,包括本量利分析法、投入产出法、回归分析法和经济计量法等具体方法。

定量分析法较精确,但很多非计量因素无法考虑其中,如国家经济政策发生变化、自然灾害、市场强大的竞争对手的策略变化等。定性分析法可将这些非计量因素考虑其中,但却带有一定的主观性、随意性,缺乏数据支持。因此,在市场实际预测中,应根据具体情况将两类分析法有机地结合起来,才能提高预测分析结果的准确性。为企业的经营决策提供科学准确的预测数据,确保企业决策的正确性,并提供可靠的依据。

三、市场细分与市场定位

1.市场细分的概念

市场细分是指在市场调研的基础上,以消费者为对象,根据消费者的需要与欲望、购买行为和购买习惯等方面的明显差异,将某一产品的市场整体划分为若干个消费者群体,以确定目标市场的行为。

一个创业企业进入市场,因为顾客数量太多,需求多样性,创业者应意识到它最能有效服务的是哪些细分市场,并且针对这些细分市场进行有效目标营销。创业企业必须区分主要的细分市场,把一个或几个细分市场作为目标,为每个细分市场制订产品开发和营销方案,把营销重点集中在最有购买兴趣的客户身上。目标营销需要经过3个步骤:

$$市场细分 \longrightarrow 目标市场选择 \longrightarrow 市场定位$$

2.目标市场的概念

目标市场是指经过市场细分后,企业准备以相应的产品去满足其需要的一个或几个细分市场。目标市场就是企业准备进入的细分市场。

创业企业对市场进行细分后,就要选定目标市场,目标市场选择的条件可从以下几方面考虑:

①市场上存在尚未满足或可以刺激、诱发的潜在需求。

②消费者存在一定的购买力,其有效需求旺盛。

③竞争者未完全控制市场。

④企业有能力经营市场。

目标市场营销策略的选择:

①密集单一市场策略。创业企业选择一个细分市场集中营销,通过集中营销,创业企业更加了解该细分市场的需要,并树立了良好的声誉,巩固了市场地位。

②有选择的专门化策略。创业企业选择若干个细分市场,其中每个细分市场在客观上都有吸引力,并且符合企业的目标和资源。遵循在投资中"不要把鸡蛋放在一个篮子里"的原则,可以使企业分散经营风险。即使某个细分市场失去吸引力,企业仍可继续在其他市场上获利。

③产品专门化策略。创业企业集中生产一种产品,向各类顾客销售这种产品,通过这种策略,促使某个产品在市场中树立起较高的声誉。

④市场专业化策略。创业企业专门为满足某个顾客群体的各种需要服务,从而获得良好的声誉,并成为这个顾客群体所需各种新产品的销售代理商。

⑤完全市场覆盖策略。企业想用各种产品满足各种顾客群体的需求。这种策略一般只有实力雄厚的大公司才会采用。

3.市场定位

企业一旦选定了目标市场,就要在目标市场上进行产品的市场定位。市场定位是企业根据目标市场的需求和竞争者的状况,为企业或产品培养一定特色,树立一定的企业形象,并通过一系列的营销努力,把这种个性或形象强有力地传达给顾客,从而确定该产品在市场上的位置。创业企业通过市场定位明确自己在目标市场中的地位,并把企业文化、产品质量、服务方式等信息有效地传递给目标市场的消费者。

第二节　消费者的购买行为、动机与消费心理

一、消费者的购买行为

1.消费者购买行为的含义

消费者购买行为,是指消费者为满足自身的生活需求在一定的购买动机驱使下,所进行的购买消费品或服务的活动过程。消费者的购买行为千差万别,一般是以其心理活动的变化为基础的。消费者的心理活动,主要是指消费者消费需求的产生与变化、购买动机的形成、购买决策确定的心理过程。消费者购买行为是消费者心理活动的外在表现。

消费者的购买行为一般可分为如下几个阶段:刺激引起需求,需求引起购买动机;在购买动机的支配下,进行购买;购买商品后会有买后感受,对新购商品进行心理评价:包括"满意"或"不满意"。

刺激 ── 需求 ── 购买动机 ── 购买行为 ── 买后感受评价

2.消费者购买行为的分析

研究消费者购买行为是一件极其困难的事情,心理学家和营销学家为此作出了不懈的努力,归纳出 7 个主要问题。

①消费者市场由谁构成。

②消费者购买什么。

③消费者为什么购买。

④谁参与购买。

⑤消费者如何购买。

⑥消费者何时购买。

⑦消费者在何处购买。

3.消费者购买行为的类型

消费者购买行为具有多样性,不同的人有不同的心理,很难掌握其特性。可分为以下 7 种购买行为类型:

①习惯型购买行为。这类消费者按照自己过去形成的爱好和习惯购买某种品牌、商标、规格的商品,甚至只到同一家商店购买,购买商品时目标明确,成交迅速,并经常反复购买。营销者只需为消费者提供服务,完成购买行为就可以了。

②理智型的购买行为。这类消费者在购买商品时比较认真,对所有商品总要反复比较,细致挑拣,慎重选择,交易过程复杂而缓慢。对此,营销者应提供多种品牌价格的商品以供其选择,自选超市商场就是满足这类消费经营的最佳场所。经营者接待这类消费者应尊重其选择,适时地加以赞许和肯定,不要过多地发表意见。

③经济型购买行为。这类消费者喜欢购买廉价商品,购买商品时,主要以价格高低为购买条件。营销者应强调商品的物美价廉、物有所值,帮助此类消费者选择适合其心理价位的商品。

④冲动型购买行为。这类消费者容易受商品外在造型的影响,购买豪爽大方,成交果断迅速。购买时从个人兴趣、爱好出发,不怎么讲究商品效能、性能,多数易受广告的影响。营销者多利用商品的外观,介绍商品的性能、优点,帮助其挑选适用好看的商品,迅速促成交易。

⑤想象型购买行为。这类消费者感情丰富,善于联想,对商品的外观、造型、颜色、品名都较重视,在感情的支配下产生购买行为,只要是看上的商品,多迅速成交。营销者应该营造购买氛围,以情促销。

⑥疑虑型购买行为。这类消费者在选购商品时顾虑重重,对售货员的介绍和宣传总是持怀疑态度,存在戒备的心理,自己又拿不定主意。营销者应尽量打消消费者的顾虑,并有意介绍该商品售后顾客的反馈信息,使顾客觉得买到的商品物有所值。

⑦随意性购买行为。这类消费者没有固定的爱好,容易接受别人的意见。只要售货员态度热情,服务态度好,善于介绍商品性能和主要优点,就能得到认可,迅速达成交易。

二、消费者的购买动机与消费心理

消费者的购买行为是在购买动机与购买心理的作用下产生的。因此经营者需要研究了解消费者的购买动机和消费心理,才能使营销能更好地满足消费者的需求。

1.消费者购买动机的类型

①理智型的购买动机,是指消费者在购买商品前,一般要经过深思熟虑,对所要购买商品的性能、优点和使用方法早已心中有数。因此,他们在挑选商品时着重注意检查商品内在质量和特殊功能,不受周围气氛的影响,而受理智的约束,因而购买后很少退货。

②冲动型购买动机,是指消费者在购买商品时,易受商品外观、样式、功能、新奇所驱动,欠缺必要的考虑和比较,时常是心头一热—买下再说—后悔不已。他们一般不了解所要购买商品的内在质量,事前没有明确的购物目标,而是在浏览商品时无意发现,引起兴趣决定购买的。这类消费者易受周围环境的影响,挑选商品时比较随性,最易发生退货情况。

③生存型购买动机，这种购买动机出于人们的生存需求，是人类生存最基本的生理需求，并自然反映到对商品的购买动机上，如人们饥饿要购买食品充饥，寒冷要购买衣物御寒，口渴要喝水解渴，生病需要药品治病等。

④被迫型购买动机，是指由于某种无法摆脱和避免的原因，消费者不得不购买商品的行为。有这种购买动机的人，并不是出自对商品的需求，而是为照顾某种人际关系、公共关系或其他原因，违心破费购买，如社交活动花费购买、送礼购买、某些制度规定购买等。

⑤习惯型购买动机，是指购买者对所要购买的商品已形成习惯，早已心中有数，购买时不假思索，习惯地选中目标，购买迅速，如抽烟者总是习惯购买某种品牌的香烟。

⑥流行型购买动机，是指购买者受社会环境的影响或社会的流行、新消费观念变化而引起的购买动机。这类消费者追求社会时尚、流行元素，借购买的商品引人注意，起到突出表现自己，显示社会地位和潮流先锋者的作用。

⑦诱发型购买动机，此类型与冲动型购买动机相似，都是事前没有考虑好，趋向于感性购买动机的购买心理，只是诱发性被动而缓慢地经思索而决定购买，后悔度没有冲动型动机那么高。

⑧自信型购买动机，是指购买者对采购的商品心中有数，有一套购买标准，不受他人影响，即使情况有变化，也会坚持自己原来的标准采购，不轻易改变。这种购买者团体购买较多。

⑨保守型购买动机，是指市场商品供应充沛，市场变为买方市场，消费者不急于购买，耐心地慢慢选择，不随意作购买决定，宁可等到合意商品才决定购买，尽量做到"买下就不后悔"。

2.消费者的消费心理

①节俭性消费心理。这是一种典型的传统消费心理，是节约和朴素的作风在心理活动上的直接反映。大多是收入不高的工薪阶层和老年人的消费心理。这种消费心理是以最少的消费支出获得最大的消费满足，达到较大的综合使用效能。

②适宜性消费心理。这种消费者以当代的社会消费观念和时尚性为标准，有一种追随时尚、流行元素的时代特征，重在突出自己，标示自己的时代性，有生怕落后于时代的心理。一般以收入较高和经济负担不重的年轻人、社会精英居多。

③制约性消费心理。这种消费者有强烈的消费欲望。由于客观环境因素的制约，而使此类消费者原有的消费欲望受到限制，从而不得不降低消费档次。例如，经济收入水平不高的中年人，受家庭开支多、负担重的制约，不敢购买高端商品；学生受校规的管束，不敢买时装。

3.几种类型的消费者购买动机和消费心理

不同性别、年龄、职业都对人们的购买动机和消费心理产生不同的影响。购买动机因人而异，往往几种类型的购买动机同时出现在不同类型人的身上，也可能集中在一个人身上。

（1）男性的购买动机和消费心理

男性与女性相比，购买商品时理智和自信的程度就会相对强些，一般在购买前就选择好购买对象，因此退货和后悔的比女性少。男性购买商品往往都有一定目的，一般都是根据需要才购买,不会浏览全部商品,有时是到了必须用时才会购买。男人购买的商品大多集中在社交人情的交往需求,个人固定的日用消费品,家庭基本建设的大件耐用消费品,如家电、家具等。一般的家庭日用品则较少采购,多交给女性采购。他们在购买商品主要注重其功能的使用性。大多数男性平时不大愿意逛商场,如不是被迫陪妻子,也不轻易进商场;有些男性愿意在一旁站着,让妻子挑选,很少发表自己的意见,也没兴趣浏览橱窗,只有到需要时才会去了解。

男性在购买日用品方面,也不如女性周到细致。例如,上菜市场买菜,男性爱面子,不愿意挑选,也不喜欢讲价,只要认为价格大体合理就会购买,不会讨价还价;而女性买菜,由于她们对家务及市场都较熟悉,对价格也很敏感,喜欢货比三家,有时为了几角几分,也要讨价还价,直到满意为止。

现代男青年对生活质量的要求越来越高,只要他们在经济上有了独立性和自主权,往往是高档、名牌商品、新产品的购买者。在购买商品时,冲动性、诱发性购买动机就会产生。例如,男青年在女朋友面前,只要女朋友有喜欢之物,就会不管价格的高低而购买。

(2)女性的购买动机和消费心理

女性的购买动机具有复杂性,一般是情感诱发型动机和适宜型消费心理较为多些。女性在购买前一般没有明确的目标,往往在逛商场过程中产生。在商场浏览商品时,受市场环境的影响和心理感受产生购买动机。购买商品时挑剔性较强,左右比较,往往是购买时喜欢,买回家后比较,发现商品瑕疵又后悔,购买后容易退货。购买商品时随心境而购买,盲目性较大,不是根据家庭及自己的需要购买,有时一连好几天没有买一件称心如意的商品,有兴趣就采购一大批商品回家,对商品的款式、价格较为敏感。同时女性比男性有更多的兴趣浏览商店的橱窗和商品广告,并对特价商品较为敏感,不太注重商品的实际用途,而在抢购后又易后悔,告诫自己下次购买时千万要慎重。

许多女性都有冲动型加诱发型的购买动机,她们常在同事的鼓励下购买东西,也容易受女伴们的品评影响购买意愿,经常以别人的议论和评价作为自己的购买标准。例如当别人称赞某种商品如何好时,也容易冲动型购买。但是由于她们经常逛商场购买商品,比男性更了解市场商品,有时比男性的冲动型购买更理智。

女性比男性有更多的耐心仔细挑选商品和比较商品,对感兴趣的东西要问个究竟,并且情愿为自己所喜爱的商品做"义务宣传员",向亲朋好友推荐这些商品。如果觉得某些商品不合心意,同样热心地告诫别人不要买。

在消费心理方面,中年女性由于操持家务的原因,更容易以节俭型消费心理来要求自己和子女,降价或便宜的商品容易诱发她们的购买动机。但年轻姑娘们向往美好的生活和有美的需求,更容易产生适宜型消费心理,她们追求时尚,如当姑娘们看上一件时尚的服装时,虽然价钱较贵,但经过三思之后,还是会下定决心购买的。

(3)老年人的购买动机和消费心理

老年人在购买商品时较为慎重,他们往往以自信型和理智型动机购买,对不大了解的商品及新商品不太容易产生诱发型和冲动型购买动机,但在了解商品的特性、确认其性能后,也会逐渐成为购买者。

老年人在购买消费品时,一般注重商品的质量,相信名牌及老牌商品,购买商品时注重商品的使用效果,总是想购买到既经济又实用的商品,比较注意节约消费。他们倾向于购买营养保健商品,不太舍得在穿着上花钱,但对晚辈很舍得花钱。

第三节　创业企业的市场营销组合策略

市场营销,就是在变化的市场环境中,通过市场交换实现商品由卖方向买方的转移,从而满足消费的需要,实现企业的经营目标。市场营销的内容包括市场的调研、选择目标市场、产品开发、产品定价、分销渠道的选择、产品促销、产品储存和运输、产品销售、提供服务等一系列与市场有关的企业经营活动。在企业的营销过程中,能够加以整合、协调可控因素,即为市场营销组合。

一、产品策略

1.整体产品的概念

从营销的角度来说,产品是指能够提供给市场选择和消费,能够满足某种欲望和需要的东西,包括实物、劳务和消费理念等。产品是一个整体的概念,它包括三个层次:核心产品、有形产品和附加产品。核心产品,核心的利益或服务;有形产品,质量、样式、特点、包装、品牌名称等;附加产品,安装、保障、送货上门、售后服务、消费信贷等。

2.产品的生命周期

产品就像人的生命一样,有产生的一天,也有消失的一天。产品的生命周期是指产品从研制成功到投入市场,经过成长、成熟阶段,最终被市场淘汰的整个过程。产品的生命周期包括四个阶段:引入期、成长期、成熟期和衰退期。产品生命周期的不同阶段需要采用不同的营销策略。

（1）引入期

引入期是指新产品研制成功投放到市场试销的阶段。引入期具有以下几个主要特征:

①产品的生产批量小,试制及制造成本高,产品的价格也高。

②需要大量的促销费用对产品进行宣传,以便消费者接受新产品。

③产品的销量有限且增长缓慢,利润往往是负值。

④新产品在市场上的竞争对手很少,甚至没有。

引入期的营销重点是提高新产品的生命力,使新产品为顾客所接受。在引入期有以下几种营销策略供选择:

①快速撇脂策略,即以高价格高促销费用的方式推出新产品。企业采用高价是为了在每单位销售中尽可能获利,同时利用高水平的促销活动促进市场的渗透率。外国大企业的产品多数采用此策略。采用这一策略,条件有以下 3 个:

●潜在市场的大部分消费者还没有注意到该产品。

- 知道的人渴望购买并且具备购买能力。
- 公司面临着潜在竞争,试图建立品牌偏好。

②缓慢撇脂策略,即以高价格和低促销费用推出新产品。这样的策略可以获得更多的毛利并降低营销费用。采用这一策略的条件有以下3个:

- 市场规模有限。
- 大多数消费者已了解这种产品。
- 潜在的竞争并不迫在眉睫。

③快速渗透策略,即以低价格和高促销费用推出新产品。这一策略期望给企业带来快速的市场渗透和较高的市场份额,凭借规模化生产降低生产成本。采用这一策略的条件有以下4个:

- 市场潜力大。
- 消费者对该产品不了解。
- 大多数消费者对价格敏感。
- 潜在的竞争很激烈。

④缓慢渗透策略,即以低价格和低促销费用将新产品推出市场,经过一段时间坚持不懈的努力,稳步挤入和占领市场。低价格使市场迅速接受产品,同时低促销费用可实现较多的利润。采用这一策略的条件有以下4个:

- 市场潜力大。
- 市场上该产品的知名度较高。
- 消费者对价格相当敏感。
- 有一些潜在的竞争。

(2)成长期

成长期又称畅销期,是指产品在试销成功后,转入成批生产和提高市场占有率的阶段。成长期具有以下几个主要特征:

①产品设计和工艺基本定型,可以成批或大批量生产,生产成本显著下降。

②由于顾客对产品已经比较熟悉,广告费用可相对降低。

③销售量迅速增长,企业利润迅速上升。

④同行业竞争者开始仿制这类产品,竞争开始加剧。

成长期企业可采用以下策略:

①改进和完善产品。

②进入新的细分市场。

③采用新的分销渠道。

④广告目标,从产品知名度的建立转换到说服消费者接受和购买产品上。

⑤适时降价。选择合适的时机降低产品价格,既可以争取那些对价格比较敏感的消费者来购买产品,提高市场份额,又可以冲击想进入市场的竞争者,加大其进入的风险。

(3)成熟期

成熟期是指产品进入大批量生产,而市场上处于竞争的激烈阶段。成熟期的持续阶段一般比前两个时期长,销售量经过快速增长后,已达到最高点,增长速度缓慢,甚至徘徊不前,生产能力下降,市场竞争加剧。成熟期具有以下几个主要特征:

①生产批量大,生产成本降到最低程度。

②产品的服务、广告和推销工作十分重要,销售费用不断提高。

③市场的需求量逐渐趋于饱和,产品的销售量增长缓慢,利润达到最高点并开始下滑。

④许多同类产品进入市场,市场竞争十分激烈。

成熟期的营销策略可以选择以下策略:

①市场改进。通过刺激购买者扩大原有市场,通过开发产品的新用途开辟新市场。创业企业可以用组成销售量的两个因素为其品牌扩大市场领域:

$$销售量 = 品牌使用人数 \times 每个使用人的使用率$$

转变品牌使用人数有3种方法:即转变非使用人(如原来使用电饭煲的人改用微波炉)、进入新的市场(中国电饭煲出口进入外国市场)、争取竞争对手的顾客;使用率可以通过增加使用次数,开发现有产品更多的用途等。

②产品改进。

③营销组合改进,进一步强化企业形象,充分运用价格、分销、促销手段,展开市场攻势。

(4)衰退期

衰退期是指产品不能适应市场需求,走向被市场淘汰或更新换代的阶段。衰退期具有以下几个主要特征:

①已有新产品进入市场,正在逐渐替代老产品。

②销售量和利润由缓降变为急降。

③竞争对手纷纷退出,竞争的突出表现为价格竞争,产品价格被迫不断下降,特别是新一代产品出现后,各种促销手段开始失效。

在衰退期时,一般企业可选择以下策略:

①维持策略。虽然产品进入衰退期后企业的利润开始下降,但如果其产品仍然具有相当的竞争力,这个时候企业应该选择继续维持这个产品,只需减少对这个产品的营销费用投入,还能够为企业带来一定的利润,为企业开发新产品提供过渡性利润来源。

②集中策略。把企业的人力、物力和财力集中在具有最大优势的细分市场上,以最有利的局部市场获得尽可能多的利润。

③转移策略。各地的经济发展水平不同,有些产品在发达地区可能是老产品,而在欠发达的地区可能是新产品,可以转移促销,仍可获取一些利润。

④停止生产,退出市场。对于一些衰退得比较迅速的产品,企业应当机立断,放弃经营,转向新产品的开发和经营。

二、品牌与商标策略

1.品牌与商标的概念

品牌,俗称牌子。品牌是用来识别不同的产品或服务,并使之与竞争者的产品或服务区别开来的文字、符号、标记、图案设计和颜色等要素或是它们的组合构成。品牌是一个结合体的总名词，它包括品牌名称、品牌标志、商标3个部分。

①品牌名称，是指品牌中可以用语言称呼表达的那部分，即能发出声音的那部分。例如，海尔、科龙、格力、美的、华凌、TCL都是我国著名的家电品牌名称。

②品牌标志，是指品牌中可以识别但不能直接用语言表达的部分，常常用一些图形、符号和色彩等特殊的设计来表示。例如，"奥迪"的标志是4个平行两两相交的圆圈；"麦当劳"（中国区为"金拱门"）是黄色的"M"标志。

③商标，是指经过向有关政府部门注册登记并受到法律保护的品牌。商标所有者具有使用品牌名称、品牌标志的专用权，其他任何企业都不得仿效、使用。

2.品牌在市场营销中的作用

①识别功能。品牌和商标可以帮助消费者辨认制造商、产地等基本要素，从而区别同类产品，减少消费者在搜寻过程中花费的时间和精力，有助于消费者选购商品。

②形象塑造功能。品牌有利于营销企业促进产品销售，树立企业形象。品牌是企业塑造形象、知名度、美誉度的基石。借助品牌，使消费者了解品牌标志下的商品，而记住了品牌就记住了企业的商品及企业。消费者对品牌的信任，使企业能够在该品牌影响下不断推出新产品；企业的社会形象和市场信誉也由于品牌而提高。

③维权功能。通过注册专利和商标，品牌可以受到法律保护，防止他人损害本企业品牌的声誉或非法盗用品牌。如果产品质量有问题，消费者也可以根据品牌和商标追究品牌经营者的责任，依法索赔，保障自己的合法权益。品牌既有利于企业促进商品的销售，又对品牌使用者的市场行为起到约束作用，促使经营者着眼于长远利益，规范自己的行为。

④增值功能。品牌是企业的一种无形资产，它所包含的价值、个性品质等特征都能给产品带来重要价值。即使是同样的产品，贴上不同的品牌标识，也会产生悬殊的价格。

3.品牌化决策

创业者应该充分认识到品牌的作用，努力培养自己企业的品牌形象和顾客对品牌的忠诚度，促进企业的发展。在品牌化决策中，须考虑以下几个方面：

①品牌化决策。品牌化决策即企业是否使用品牌。大多数企业都为自己的产品或服务规定品牌名称、标志、商标等，即实行品牌化策略。创业者是否要给自己的产品或服务确定一个名称或品牌，需要去具体分析。从企业长期的发展来看，应有自己的品牌，否则不利于打开市场和扩大销售，从而降低生存机会。如果企业的生存机会大，而且短期能盈利，又能打开市场，应越早创立品牌。但是，如果创业者没有经营经验，企业的生存有问题，产品难打开市场，则使用别人的品牌更有利。可以利用别人的品牌大规模推向市场，积累资金和经验，等待时机、条件成熟再创自己的品牌。

②品牌质量决策。品牌的形象、标志等应该和创业企业想要传递给市场的形象相吻合。如企业要体现出高、中、低档产品，企业是否是具有活力的创新型企业等。

③家族品牌决策。如果企业生产多种产品，是使用同一品牌，还是每类产品设计一个品牌？如果产品在质量上有不同，比如有些产品面对高端客户，有些产品面对中低端市场，那

么使用同一品牌就会给消费者带来模糊不清的感觉,企业定位模糊。例如,五粮液酒厂生产的不同档次的白酒,高端酒价格是 500～1 500 元/瓶,如果 50～150 元/瓶的低端酒也叫"五粮液",那么消费者就会混淆,对"五粮液"的品牌产生怀疑。因此,五粮液酒厂将低端酒叫"五粮醇"或"五粮春"等来区分。

④品牌再定位决策。如果产品已经由原来的高端定位变为大众化产品,那么品牌也应该改变。无论原来在市场如何适宜,地位变了,品牌也应该改变,再重新定位;否则企业再推出高端的产品就会贬值,企业的形象也会受损。

三、分销渠道策略

1.分销渠道的含义

分销渠道是指产品从生产者转移到消费者手里所经过的通道。分销渠道包括商人中间商和代理中间商,但不包括供应商和辅助商。

2.分销渠道的类型

①按照流通环节的多少,可以将分销渠道划分为直接渠道与间接渠道。直接渠道是指生产企业不通过中间商,直接将产品销售给消费者。例如,工业生产资料的大型设备、专用工具及技术复杂的产品,工业品中需要专门服务的产品一般采用直接渠道。间接渠道是指生产企业通过中间商把产品传送到消费者手中,间接渠道是消费品分销的主要类型。

②按照经过中间环节或层次的多少有长渠道和短渠道之分。具体包括以下几种:

- 零级渠道:制造商—消费者。
- 一级渠道:制造商—零售商—消费者。
- 二级渠道:制造商—批发商—零售商—消费者。
- 三级渠道:制造商—代理商—批发商—零售商—消费者。

可见,零级渠道最短,三级渠道最长。

③按照商品在流通过程中同一层次选择同一类中间商数量的多少,可以把分销渠道划分为以下几种:

- 宽渠道:商品在由生产者向消费者转移的过程中,经过多个中间商将产品转卖到消费者手中,这种产品的销售渠道就较宽。一般的日用品多是经过宽渠道销售才转到众多的消费者手中。
- 窄渠道:如果某种商品的生产企业是通过一个中间商来销售其产品,或在某地区只委托一家中间商经营其产品,则该产品的分销渠道就窄,如独家代理商或独家经营商。它一般适用于专业性较强的商品或贵重耐用的商品。

四、促销策略

成功的市场营销活动,不仅需要制订适当的价格,选择合适的分销渠道,向市场提供令消费者满意的产品,而且还需要采取适当的方式进行促销。今天的市场是买方市场,消费者挑选性强,选择的余地大。正确制订促销策略是创业企业在竞争中取得有利销售条件的保障。

促销是促进产品销售的简称,是企业将其产品(或服务)及相关的有说服力的信息告知目标顾客,说服目标顾客购买而进行的市场营销活动。所谓促销组合,就是企业根据产品特点和营销目标,综合各种影响因素,对各种促销方式的选择、搭配和运用的巧妙组合。促销组合的内容主要有:广告、人员推销、营业推广和公共关系4种营销工具。

1.广告的含义和特点

广告是指广告主以促进销售为目的,付出一定的费用,通过特定的媒体传播商品或劳务等有关信息的大众传播活动。广告作为一种主要的促销工具,其媒体主要包括报纸、广播、电视、网络、车体、路牌等。广告有以下几个特点:

①公开展示性、单向传达性。广告是一种高度公开的信息沟通传达方式的传播。

②增强表现力。广告可以借用各种艺术形式、手段技巧,将一个企业及其产品感情化、性格化、戏剧化,增强其吸引力与说服力。

③普及性。广告可以在短期内达到与众多消费者沟通的效果。

广告的特点适用于创立一个企业或产品的长期形象,传达给地域广阔而又分散的广大消费者,还能促进快速销售。在创业企业财务预算允许的情况下,广告是一种较为有效的促销方式。

2.人员推销的含义和特点

人员推销是指企业的推销人员通过帮助或说明等手段,直接向现实顾客和潜在顾客传播和沟通信息,推介产品或服务,促使顾客采取购买行为的过程。这个过程既是向市场提供产品或服务,又是激发顾客购买欲望的过程,同时还是满足顾客需求的过程。其特点如下:

①直接沟通。推销人员以一种直接、生动的与客户双向沟通的方式进行推销。推销员在与客户的直接沟通中通过直觉和观察,可以探究消费者的动机和兴趣,从而有针对性地调整沟通方式。

②针对性。通过推销人员与消费者的直接接触,将目标顾客从消费者中分离出来,能可靠地发掘推销对象,把推销努力集中于目标顾客上,避免了许多无效劳动。

③说服性。说服是推销的重要手段。推销人员运用自己所掌握的各种知识劝说顾客购买,促使顾客接受推销人员所推销的观念、产品或劳务。

④培植效果。在推销人员与客户交易的基础上,建立与发展其他各种人际沟通关系,通过客户培植更多的客户。

人员推销是一种昂贵的促销工具,在符合成本原则下采用人员推销、专业推销与兼职推销相结合的方式。同时推销人员应具备较高的素质,推销人员必须留给顾客好的印象,必须注意几个方面:注重外表;学会倾听;要说真话;学会微笑;强化记忆;把持自我。

3.营业推广的含义和特点

营业推广又称销售促进,指企业运用各种短期诱因鼓励消费者和中间商购买、经销或代理产品或服务的促销活动、赠送样品、商品展销等。营业推广有以下几个特点:

①迅速召唤作用。营业推广可以迅速引起消费者注意,把消费者引向实际购买。

②强烈刺激作用。通过采用让步、诱导或赠送的办法带给消费者某些利益,使销售促进

具有强烈的刺激作用。

③短期有效性。通过一系列具有短期诱导性的手段,短期内能起到较有效的促进销售的作用。

4.营业推广的主要方式

（1）面向消费者的销售促进

①赠送样品。向消费者赠送样品或试用品是介绍新产品的有效方法,缺点是费用高。

②送优惠券（卡）。送给顾客购物券、优惠卡或会员卡,持有者可按优惠价格购买某种特定商品,或累计在本商店购买一定的金额便可享受一定的优惠。

③组合销售。将新产品与原有产品配套或相关的商品包装在一起组合销售,给予单件出售的价格。

④以旧换新。将以前购买同品牌的老产品或别的品牌的同类产品折价,再加上差额的现金即可换购该产品的新产品。

（2）面向中间商的销售促进

①价格折扣。企业为了争夺中间商多购进产品,在特定的时间、数量下给予价格折扣。

②推广津贴。企业为了促进中间商购进产品并帮助其推销产品,可以支付给中间商一定的推广津贴。

③销售竞赛。根据各个中间商销售产品的实绩,分别给优胜者以不同的奖励,如现金奖、实物奖、免费旅游奖、度假奖等,以起到激励的作用。

④免费赠品。企业对购买一定数量产品的中间商,额外赠送若干数量的产品或现金。有些企业还免费赠送附有企业名字的特别广告的赠品,如挂历、备忘录、雨伞、微波炉等。

⑤协助经营。企业为中间商提供人员培训,举办经营研讨会,发放经营简报、杂志等,帮助和促进中间商提高经营效益。

（3）对推销人员的销售奖励

①推销竞赛。推销竞赛的内容包括推销数额、推销费用、走访客户次数等;同时规定奖励的级别、比例、奖金的数额等;对于特殊贡献者,给予现金、旅游、度假、提级晋升等奖励。

②推销奖励。对推销人员按完成推销量的多少发放数量不等的津贴或奖金,以激励推销人员的工作热情。

③利润提成。一种是固定工资不变,完成一定的比例后,按超额部分提成奖金;另一种工资不固定,每完成一笔业务提取一定的比例作为报酬,多推销则多提成。

5.公共关系的含义和特点

（1）公共关系的含义

公共关系,又称公众关系,是指利用各种传播手段,沟通内外关系,加强与社会和公众的联系,塑造企业自身良好形象和声誉,从而促进企业产品销售的一系列活动。其特点如下:

①可信性。由于公共关系是由第三者进行的企业或产品的有利报道或展示,因而其可信性比广告要高得多。

②含蓄性。公共关系促销方式是以一种隐蔽、含蓄、不直接触及商业利益的方式进行信

息沟通,从而消除购买者的回避、防卫心理。

③长期性。公共关系着眼于平时的努力,着眼于长远打算,其效果不是急功近利的短期行为所能达到的,而是需要持续、有计划的努力。

④具有新闻价值。公共关系具有新闻价值。可以引起社会良好的反应,甚至产生社会轰动效果,从而有利于提高知名度,促进消费者发生有利于企业的购买行为。

⑤成效的多面性。企业通过一系列的公共关系活动,树立良好的企业形象,使公众"爱屋及乌",以便给企业带来多方面、长久的利益。在销售方面,同样的商品,消费者会选择信誉好的企业的商品进行购买;信誉好的企业能得到更多的融资;信誉良好的企业能吸引更多的人才。

(2)公共关系的形式

①公关宣传:将企业的新产品、新服务项目、新的销售手段等信息,及时、有效地传递给消费者。常用的形式有新闻公报、记者招待会、各种宣传资料、策划新闻事件等。

②公关活动:企业通过一系列公关活动,达到促销的目的。具体形式有消费者接待日、参观日、社会赞助等。

③公共关系专题活动:通过有广泛社会影响的活动,将企业与广大的公众紧密联系起来,从而促进销售。其形式有典礼仪式、周年志庆、专题庆祝活动、学术研讨会、电视专栏节目、专题专项文化娱乐比赛等。

(3)宣传报道的含义和特点

宣传报道是指企业以非付费方式,通过各种大众传播媒体来宣传企业及其产品,以达到促销的目的。宣传报道是公共关系的一部分,有以下两个特点:

①宣传报道不是由被宣传者出资,而是由第三者出资进行的宣传活动。例如,新闻发布会,是与会记者以新闻的形式把这种新产品的功能、特点介绍给广大消费者,这样企业没出资登广告,却达到了宣传产品的目的。

②宣传报道具有较强的客观性和真实性。一个企业或一种产品由于具有新闻价值而被宣传报道,其效果往往比花钱做广告更好。对消费者来说,新闻报道具有较强的客观性和真实性,因而不像对广告那样心存戒心,可收到较好的效果,起到其他促销手段起不到的作用。

(4)公共关系的实施步骤

①收集公共信息。企业在开展公共关系活动前,应通过调查研究,收集有关公众对企业政策及活动的意见和反映,为企业制订公关计划提供依据。

②确定公关目标。公共关系是企业促销组合的组成部分,公关目标主要有以下几种:建立和提高企业及产品的知名度;建立和培养公众对企业及产品的信任和好感;激励企业的销售人员及中间商。

③选择公关信息和载体。确定公关目标后,就要确定公关信息和载体。信息的收集并不容易,它需要公关人员平时的积累和深入细致地进行调查研究。公关信息要求能有效吸引公众的注意,对企业宣传有利。公关信息确定后,则要选择最恰当的载体将它传播出去。比如有的信息适合制作宣传手册,有的信息适合通过记者会或制造新闻的形式发布出去。

④发布信息。企业一般通过各种媒体或其他信息交流的方式传播信息,这就要求企业要处理好与媒体的关系,以便能及时地将企业的公关信息发布出去,实现企业的公关目标。

(5)评估公关活动效果

公关活动效果往往不容易评估,一般从以下几个方面来考察:

①信息传播量。即公关活动在计划期内传播了多少信息。

②公众心理效果。这主要是测量在公关活动之前及之后公众心理发生的变化,如注意度、理解度、好感度等方面的变化。

③促进销售和增加利润的效果。公共关系是一门"内求团结,外求发展"的经营管理艺术,是一项与企业生存与持续发展相关的事业。虽然公共关系也要支出一定的费用,但这与广告等其他促销工具相比要低得多。其特有的性质如果能和其他的促销方式恰当结合起来,可以取得很好的效果。

对于创业企业来说,公共关系能树立企业在社会公众面前的良好形象,搞好与企业周边团体的关系,为企业创造一个良好的生存环境。

第四节　创业企业的品牌经营与企业形象设计

一、品牌经营的概念

过去经营企业依靠产品经营,商标限制于具体的产品标识,产品会退出市场,而企业不能退出市场,企业需通过产品不断创新占领、扩大市场。现今企业经营是整体的品牌经营,品牌已不再仅仅是一个标记,而是作为一组"无形资产"来考虑。我国的企业已经感受到了品牌经营的巨大魅力,也正在朝着品牌化经营方向努力。

品牌经营是指将品牌视为独立的资源和资本,并以此为主导来关联、带动、组合其他资源和资本,从而取得最大经济效益和社会效益的一种经营活动和经营行为。它包括两个递进的过程:品牌创造和品牌运作。

现代生产力的发展推动了市场的信息化进程,市场的主动权从企业进一步转移到消费者手中,企业沦为市场第二主体,市场配置资源的效率更加依赖和取决于自身信息化程度高低。企业传统的经营管理方式面临严峻挑战。在这种条件下,企业品牌经营策略就成了企业面对激烈竞争获胜的关键,拥有品牌就拥有顾客、拥有市场。

二、品牌经营的标准

品牌经营的标准对于不同企业是不同的,中小企业的标准就是盈利;大企业经营品牌的标准则是创造新的市场空间,为了获得更多盈利空间而进行的一场接一场的商业竞争。

中小企业如果离开盈利,品牌则毫无价值。国内企业经营的虚拟模式创造了很大的盈利,这是以品牌经营为基础。如果离开为企业创造利润这个原则,企业的品牌经营就是一种无意义的经营行为。

三、产品经营与品牌经营的区别

产品经营≠品牌经营。谈到品牌经营，其实就是研究怎样利用知名度高的品牌效应，提高自己企业的市场占有率，取得更好的经济效益和社会效益。从表面上看，品牌经营往往是把社会效益放在第一位，经济效益放在第二位，甚至还有的干脆以品牌命名，搞一些公益性活动等。但无论哪一种品牌经营，其最终目的肯定还会回到经济效益上来。区别仅仅是取一时之利，还是取源源不断之利，是把钱放在第一位，还是把市场放在第一位。品牌经营得好，拥有广阔的市场；品牌经营得不好，会落个赔了夫人又折兵的残局，可能会丢掉自己的品牌，沦为贴牌生产的打工族。拥有驰名商标品牌的企业，无一不是耗费巨大心血来扩张经营的，拥有品牌优势，就拥有了市场。

让我们看看品牌经营究竟如何不同于产品经营：

西方发达国家的品牌经营一般分为 3 个阶段：首先是输出产品，通过产品销售占领市场；其次是输出资金和设备，通过技术合作、合资，在市场所在地组织当地生产销售；最后是在品牌具有一定的知名度后，采用输出品牌的方式，带动产品的销售，从而实现以低成本获取最大利润的目的。

产品经营是经济比较落后、商品短缺时代的经营方法；而品牌经营是商品经济发展、物质产品极大丰富的结果，它们都是适应当时经济发展状况的。就现在而言，产品经营无疑已经落后了，品牌经营的思想应该而且已经占据了市场的主流。品牌经营比产品经营更贴近消费者，更能满足消费者较高层次的需求，因为今天的消费者不会贸然花一大笔钱去购买一种毫不知名的产品和服务。产品是在工厂生产的东西，而品牌则是消费者所要购买的东西。消费者在购买时，首先是看品牌在他们心目中是否留有位置，影响着购买行为的权衡，消费者选择某种产品的理由就是某种品牌给他带来的独有的精神感受。一件产品可以很容易被竞争对手模仿，但一个成功的品牌则是独一无二的。产品很快会过时、落伍退出市场，而成功的品牌则是经久不衰的，正如陈年老酒，历久弥香，对消费者产生源源不断的吸引。

而对于企业来说，始终需要牢记的一点就是要打造面向目标客户群体的品牌，这是品牌经营的核心。例如，中国移动动感地带广告的整个传播组合、广告元素、代言人都和年轻人密切相关，这样就能够将品牌真正打造成年轻人的品牌。

四、品牌经营的基本策略

1.单一品牌经营

单一品牌经营战略就是指企业在其所生产经营的产品上冠以一个相同的品牌名称，企业用同一品牌传递企业统一的经营理念，进行市场竞争。这种战略模式的突出优势在于能有效地将企业有限的财力集中于单一品牌的塑造上，它的产品、传播和其他所有行动都对品牌声望贡献良多，因此可以产生强大的品牌杠杆力，有利于消费者迅速认识新产品和对新产品产生信任感，也有利于企业准确地传递企业理念，塑造良好企业形象，壮大企业声势，培植企业的核心竞争力。

在实践中，单一品牌经营战略有两种行之有效的操作方式：一是采用企业名称作为品牌;二是另创一个与企业品牌相关联的产品品牌。就两种操作方式而言,前者更有利于企业的形象塑造,更有利于企业竞争优势的创造。例如,我国著名企业海尔就是采取这一操作方式。他们将企业的所有产品都冠以"海尔"这一品牌,从而使"真诚到永远"的企业理念迅速传向四面八方。但企业要从单一品牌经营模式中获益,品牌就需要在市场上有一定的信誉,所有产品都应具有高质量水平,否则会影响品牌声誉,严重的会导致整个企业的衰亡。

2.多品牌经营

多品牌经营策略是企业发展到一定水平,在积聚了相当实力的情况下,为开辟新的市场经常采用的一种运作模式。多品牌经营策略是指企业在共同的经营理念指导下,通过市场细分和市场定位,赋予不同细分市场的产品不同的品牌,并依一定的目标确立合理的品牌结构,进行合理的品牌组合,以便企业规范有序地参与市场竞争的品牌经营模式。宝洁公司、可口可乐公司等就是成功实施多品牌经营策略的典型代表。在世界一流企业中,索尼、三菱等企业一直奉行单一品牌打天下,其余的企业则较多地选择了多品牌经营模式,力求运用多个品牌,建立自己的品牌"王国"。

总之,无论企业是选择单一品牌经营策略,还是选择多品牌经营策略,其本质都是对企业经营理念的贯彻,都必须要有符合社会公众情感期盼的企业理念为指导。只有在正确的企业经营理念的指引下,才能使企业的品牌经营策略形神合一。

五、品牌经营的价值

我国的企业已经感受到了品牌经营的巨大魅力,许多企业也尝到品牌经营的价值,开始朝着创立中国驰名品牌的道路迈进,品牌是一组无形资产,品牌已被视为企业独立的资产来经营。企业品牌经营不但能拥有市场,提高商品的价值,而且使企业资产增值。2017 年 12 月 18 日,中国品牌研究院发布第十一届中国品牌价值 500 强榜单,其中排名在前 10 位的企业品牌评估价值(以人民币计):腾讯(4 588.78 亿元,排第 1 位)、华为(4 516.60 亿元)、中国工商银行(3 838.75 亿元)、阿里巴巴(3 715.32 亿元)、中国建设银行(3 151.52 亿元)、中国移动(2 957.06 亿元)、中国石化(2 632.94 亿元)、中国农业银行(2 535.72 亿元)、中国平安(2 513.01亿元)、中国银行(2 535.72 亿元);其他在 100 位以内的企业品牌评估价值有:联想(2 429.50亿元,排第 11 位)、茅台(2 388.33 亿元,排第 12 位)、美的(1 868.06 亿元,排第 16 位)、万科(1 330.45 亿元,排第 23 位)、五粮液(1 013.35 亿元,排第 30 位)、苏宁云商(938.50亿元,排第 36 位)、长城汽车(807.76 亿元,排第 42 位)、蒙牛(547.48 亿元,排第 72 位)、东方航空(406 亿元,排第 100 位)。还有许多企业品牌在市场不断成长增值。可见,中国驰名品牌经营的价值在企业价值中得到了体现,在市场发挥效应,并在世界市场传播,中国的企业也有了自己经营的驰名品牌,体验到品牌经营的价值。

六、创业企业的形象设计

品牌的经营并不是企业短期的经营行为就能成功的,而是需要企业长期经营、系统综合的经营。因此,创业企业需要树立品牌经营的思想,在市场塑造良好的企业形象,有意识地将自己企业的各种特征向社会公众主动展示和传播,并由此使公众在市场环境中对某一企业的标准化、差别化有所认识,以便更好地识别企业、加深对企业的印象,成为企业品牌的忠实客户。

1.企业形象设计的内容

企业形象设计一般包括三方面的内容:企业理念识别、企业行为识别、企业视觉识别。

①企业理念识别,是指企业在长期生产经营过程中所形成的企业共同认可和遵守的价值准则、文化观念,以及由企业价值准则和文化观念决定的企业经营方向、经营思想和经营战略目标。它是企业形象设计的核心,是建立企业良好形象的关键。理念识别是在对企业精神、企业文化、管理制度、员工素质、员工形象、企业战略、企业营销策略等企业基本情况进行深入了解的基础上建立的企业经营理念。

②企业行为识别,是指企业在内部关系处理和对外公关中企业员工都熟悉的一种规范性准则,是将企业经营理念具体化的活动,企业行为识别包括在企业理念指导下的企业员工对内对外的各种行为。行为识别系统是一个非常有效的识别系统,对公众接受企业的形象及理念有着不可抗拒的效应,同时在企业内部对团队精神和提高效率也具有积极的作用。

③企业视觉识别包括基本要素(企业名称、企业标志、标准字、标准色、企业造型等)和应用要素(产品造型、办公用品、服装、招牌、交通工具等),企业视觉识别系统通过企业形象广告、标识、商标、品牌、产品包装、企业内外环境布局和厂容厂貌等方式向大众表现、传达企业理念。因此,引入视觉识别系统能够在产品、企业、公众之间形成更有效的沟通。

2.企业形象设计的作用

①增强企业的竞争力。企业要持续发展,必须提高自身的竞争力,在市场中占据最大的份额。创业企业初期没有什么名气,要在市场中打开局面,往往要经历一段较长的过程,其间需要投入大量的人、财、物资源进行广泛宣传。相反,有着良好形象的企业,情况就大不一样了。因为消费者心目中对这类有信用、信誉度高的知名企业有着良好的印象,不会产生抵触和戒备心理,有高度的认同感,从而缩短了消费者认识新产品的时间,为尽快打开市场扫除了障碍。

②满足公众对优质品的需求,产生良好的社会效益。从需求层次的理论来看,著名的产品品牌不仅能满足公众基本生产、生活的需要,还能满足其较高层次即自我实现的需要。例如,海尔产品。由于海尔集团素有售后服务好的美誉,即使产品的价格相对同类产品价格要高,而销量却居于榜首。这正是海尔集团给消费者一种安全可靠的企业形象。

③提高企业经济效益。良好的企业形象是企业创驰名品牌的保障,企业拥有具有市场优势的品牌,能迅速打开市场,提高市场占有率,提高企业产品的价值、价格,使无形资产转变为有形资产。

④有利于形成凝聚力。一个企业具有良好的形象和很高的声誉,无疑是该企业员工的荣耀,会令员工产生强烈的荣誉感和责任感,促使他们用自己的辛勤劳动来维护公司的形象、企业的品牌,以期企业有更大的发展。

因此,创业企业在创立成长阶段就要对企业的市场形象、自我定位,确定创立知名品牌战略,分析和研究消费者的心理特征,确立企业的经营理念、价值观念,统一企业的经营行为,这是企业实施品牌经营战略的基本前提。同时,一个品牌的成功要靠企业集约化的宣传投入,同时又必须有富于特征的企业形象策划。要把策划和宣传有机地结合起来,使宣传自始至终围绕着品牌经营来进行。不能做表面文章,要不断地提高企业的人才素质与企业管理水平,确保产品质量,提高企业的形象;不能有短期行为,品牌经营不可能一蹴而就,必须要作长期经营的准备,以拥有市场为目标。

【案例 9.1】

拥有品牌比拥有工厂更重要

美国广告研究专家莱利·莱特说:"未来的营销是品牌的战争——品牌互争长短的竞争。商界与投资者将认清品牌才是公司最宝贵的资产。拥有市场比拥有工厂要重要得多,唯一拥有市场的途径就是拥有具有市场优势的品牌。"

一般来讲,品牌经营的启动资金最少要 100 万~500 万元人民币,并且必须先进行生产,广告营销宣传,再进入市场销售。但是现实中却实实在在地发生过无中生有的品牌神话。2001 年 10 月,温州某新品牌女装决定在两周后召开品牌发布会。为了双管齐下,一气呵成,先设计好品牌商标,再投入广告宣传,公司利用 7 天时间招募了 3 名服装批发业务员;同时,将发布会消息通过媒体集中投放。本来已是万事俱备,只欠东风,然而,计划赶不上变化,设计师和扩版师突然辞职,将发布会变成了笑谈。原因是,所有的样衣都还没有制作完成。

尽管如此,温州商人的倔强性格和处变不惊的气魄,并未动摇他们的时间表。通过招聘,直到发布会的前一天,新的设计师才完全落实。时装样衣是新任设计师从家里带来的原先设计的秋装,贴上商标,就被送到了发布会会场。

由于广告效应和新招业务人员的努力,100 多名来自全国各地的批发商汇集到发布会现场。午餐和晚餐的丰盛掩饰了产品发布会的匆忙。对于一些豪爽的经销商来说,公司的前途要看老板的为人和出手阔绰程度;而对于本故事的主人公来讲,全部的 50 万元家当都放在了会场和餐桌上。接下来,要做的就是如何应对这些客商到自己简陋的公司实地考察。

这时候,奇妙的事情发生了。这位老板故意安排所有客商在同一个上午到自己偏僻的办公室洽谈。当客商们被大巴车接到公司的时候,发现公司虽然小,但财务室门口却排满了等候交订金的经销商。其中,还有两个经销商来自同一个地区,为了争夺地区的独家经销权而打得头破血流。这无形中给所有人传递了信号:一定要马上订货!就这样,40 个大大小小的客商从几百元到 10 多万元,纷纷交出订金。而这家企业正是靠着这第一笔共 200 万元的订金,在 14 天后生产出了第一批秋装,从而迈出了重要的一步。目前,该品牌的年销售额已超过 8 000 万元,遍布全国的网点达 200 多家。

上面的故事告诉我们,该温州商人的创业是先创品牌而后生产。产品是工厂生产的东西,而品牌是消费者所购买的东西。品牌不仅仅是产品就可以涵盖的,品牌是区分不同商品与服务来源的标志,是承载商誉的工具,是对特定的商品及服务加以宣传传播的工具,是进行市场区隔、细分、定位等营销活动的工具。

对企业来说,品牌不仅是对外销售的利器,而且是对内管理的道德力量。在营销中,品牌是唤起消费者重复消费的最原始动力,是消费市场上的灵魂。拥有市场比拥有工厂更重要,而拥有市场的唯一办法就是拥有品牌。

【小贴士】

接待6种类型顾客的销售技巧

顾客受性别、年龄、性格等因素影响,对相同商品的反应也不相同。因此,经营者应因人而异地对待顾客。

1.对待外向型的顾客

对待外向型的顾客要赞成其想法和意见,不要催促,不要争论,协商细节尽量使谈话有趣并行动迅速。在向他们推销商品或服务时,要让他们有时间讲话,要给他们充分的机会来谈论,注意倾听他们的心声,研究他们的目标与需求特性。

2.对待优柔寡断型的顾客

有的顾客在营业人员解释说明后,仍然优柔寡断,迟迟不能作出购买决定。对于这类顾客,经营人员要极具耐心并多角度地强调商品的特征。在说服过程中,经营人员要做到有根有据,并要打消顾客的顾虑。

3.对待小气型的顾客

喜欢贪小便宜是小气型顾客最大的特征。买东西老嫌贵,还特别喜欢杀价,大有将你杀得"血本无归"的势头。应对这种顾客,跟他套交情是最佳的做法。热情地跟他打招呼,倾情赞美他,并且提醒他已占到便宜了,得到了好处,在购买商品时就不斤斤计较了。

4.对待心直口快的顾客

这类顾客往往购买商品果断,直接点名要某种品牌,不拖泥带水。对待这种顾客,要以亲切的态度,顺着顾客的话去说,如果顾客要的品牌没有,在介绍别的商品时,说话的语速也要跟着快些,只说明重点,细节不必详说。

5.对待"慢性子"的顾客

这类顾客正好与"急性子"的顾客相反。如果你碰到"慢性子"的顾客,可千万不能以急性子对待,唯有慢工出细活才能赢得他的赞赏。

6.对待挑剔型的顾客

喜欢挑剔的客户,往往对店员介绍的真实情况,认为言过其实,总是持不信任的态度。对待这类顾客,经营者不应该反感,更不能带"气"来反驳顾客。最佳的办法是耐心地听顾客讲话,待其挑剔完后认定商品,摸清意图后才顺势介绍商品而促成交易。

思考与练习

一、思考题

1.什么是市场营销环境?宏观市场营销环境包括哪些内容?

2.市场调查的含义是什么?市场调查的内容包括哪些方面?

3.市场预测方法一般包括哪两类？

4.什么是定量分析方法？常用的方法有哪些？

5.消费者的购买行为的含义是什么？

6.消费者的购买行为有哪些类型？

7.消费者的购买动机有哪些类型？

8.消费者的消费心理有哪些类型？

9.产品的整体概念含义是什么？包括哪3个层次？

10.产品的生命周期分成哪几个阶段？

11.品牌与商标的概念是什么？品牌在市场营销中的作用有哪些？

12.分销渠道的含义是什么？分销渠道有哪些类型？

13.促销组合策略的内容包括哪些？营业推广与公共关系的含义是什么？

14.品牌经营的含义是什么？产品经营与品牌经营的区别是什么？品牌经营的策略有哪些？

15.品牌经营有哪些价值？

16.企业形象设计的内容有哪些？

二、案例分析

创业者李某在本地县城加盟了某品牌的快餐店，品牌的一次性加盟费为188 000元，以后每年按营业额上缴3%的特许经营管理费，门店装修投资500 000元，购置厨具、营业设备需200 000元，共投资700 000元。门店月租金3 000元，员工10人，其中厨师2人、勤杂工2人、采购1人(业主兼任)、营业服务员4人、收银员1人，每人月平均工资以1 300元计算。快餐店按总店指导价3元、5元、8元、10元几个档次定价。开张后生意开门红，每日有一两百人来就餐；半年后生意火爆，每天顾客达到三四百人，出现排队就餐的现象。平均日营业额2 000多元，年营业额达800 000元，毛利率20%。可是一年后发现亏损，李某不但自己不领工资，就连员工的工资也发不出了，坚持半年也是如此，最后他只好挂牌将店转让了。创业者张某看到该快餐店生意不错，以100万元的价格接管该快餐店，并全员接收员工，每人平均工资还增加300元。李某能够收回70万元投资已算幸运了，而且增加了30万元，于是他赶快办理了转让手续。张某接手餐厅后对快餐店的经营进行了一些改革。退出加盟分店的名号，改为快餐茶厅。他把营业大厅一半保留为快餐厅，另一半改成雅座式茶厅房间，满足一部分家庭聚会、交友、业务洽谈的顾客需要。雅座茶厅定价为一间房间消费100元起。另增设了便利火锅快餐，定价50元、80元、100元，适合2人、4人、8人就餐的需要。原来的3元、5元、8元、10元快餐继续保留，兼顾了原来顾客群体的消费水平。经过改变的快餐茶厅，表面上顾客人数并没有明显增加，但日营业额却翻了几倍，达到5 000~9 000元，年营业额达到2 500 000元，平均毛利率提高到40%，年利润超过500 000元，生意越做越红火。

请你分析，为什么同一家快餐厅，创业者李某经营失败，而张某却经营得很成功，原因在哪里？他们经营的策略有什么不同，各自采用什么不同的定价策略，目标顾客有区别吗？说说你还发现了什么，有何启示？

第十章　连锁加盟经营

创业者除了"勤奋+节俭"的守业经营之本外,还要虚心学习和借鉴别人的成功经营经验,学习现代经营理念和经营模式,要跟随社会潮流走,不断创新。须知新的经营模式能迅速发展,肯定有市场价值。

例如,有的企业经营很好,在市场享有很高的声誉,品牌也很受欢迎,但是,企业经营几十年也没有发展成大企业。究其原因,企业的经营能力是有限的,而现代新的连锁加盟经营形式为企业的成功经营提供了舞台。创业者由于初期创业没有经营经验,因此,借鉴成功的连锁企业也是很好的学习方式,从而降低创业风险。

本章将介绍现代连锁加盟经营的特点、形式、加盟连锁经营知识及应注意的问题。

第一节　连锁加盟的概念和特点

一、什么是连锁加盟

1.连锁加盟的定义

美国是连锁加盟的创始国,也是全世界连锁加盟企业发展最好的国家,诸如麦当劳、肯德基等知名品牌在我国已家喻户晓。美国对连锁业的定义是"一种存在于总公司和加盟者之间的持续关系。总公司赋予对方执照、特权,使其能经营生意,对其组织、训练、采购和管理上协助。同时要求加盟者给予相当的代价作为报偿"。

按美国的分类,连锁加盟可以分为两大类:一类是商标商品的连锁加盟;另一类是公司的连锁加盟。

"连锁加盟"是指加盟总公司和加盟者缔结契约,加盟总公司将商标、商品、经营技术授权于加盟者,而加盟者在得到上述权利之时,也必须支付一定金额给加盟总公司,并根据加盟总公司的指导要求、培训及协助,使用相同商标,全部或部分使用相同商品、服务和经营技术,行使专业分工、集中管理的经营团队职能。同时,设立加盟店,所需资金大部分(或全部)由加盟者负责,加盟店所需人员原则上由加盟者负责。

授权者是指提供商标、商号、产品、专利和专有技术、经营模式者。加盟者也称为受许者,是指获得授权者商标、商号、产品、专利和专有技术、经营模式的使用权者。

2.连锁经营的形式

连锁经营是一种商业组织形式和经营制度。世界各国的连锁商店,按其所有权与经营权可分为3种类型,即直营连锁、自由连锁和特许连锁。

①直营连锁是在同一家资本系统管理下,由多个经营同类商品或服务的零售商组成的集团,企业所有权、经营管理权高度集中统一于总部,是其区别于其他连锁形式的显著特征。

②自由连锁是各独立零售商在保留单个资本所有权的前提下,自愿联合组成的集团,这是中小零售企业与直营连锁企业进行竞争的主要形式,其特点是:各分店在所有权上彼此独立,拥有较大的经营管理权,并在上缴总部加盟费用的前提下实行独立核算、自负盈亏。它是经营思想、理念上的连锁形式。

③特许连锁是由主导企业与一些独立零售商签订合同,授予他们经营其产品、服务或使用其营业系统(包括商标、经营技术、商号、营业场所)的特许权而形成的集团。其特点是:各分店在所有权上一般是独立的,但经营自主权很小,营销活动须听从于主导企业,主导企业就是加盟总公司企业。

二、连锁经营的特征

1.连锁经营的内在关系

①连锁经营是一种授权人与被授权人之间的合同关系,也就是说,授权人与被授权人的关系是依赖于双方合同而存在和维系的。

②连锁经营中授权人与被授权人之间不存在有形资产关系,而是相互独立的法律主体,由各自独立承担对外的法律责任。

③授权人对双方合同涉及的授权事项拥有所有权及专用权,而被授权人通过合同获得使用权(或利用权)及基于该使用权的收益权。

④连锁经营中的授权是指包括知识产权在内的无形资产使用权(或利用),而非有形资产或其使用权。

⑤被授权人有根据双方合同向授权人交纳费用的义务。

⑥被授权人应维护授权人在合同中所要求的统一性。

2.连锁加盟的特点

连锁加盟是连锁经营的一种形式,是属于特许经营。连锁加盟具备"10个统一"的特征,即统一领导、统一商号、统一进货、统一价格、统一服饰装饰、统一广告宣传、统一经营形式、统一仓储物流运输、统一售后服务、统一管理体系。

3."连锁加盟"的优点

①对加盟店而言:总部提供一整套经营模式、人员培训、商标和商誉、广告及商品供应,能降低时间与资金成本并迅速提高和扩大知名度。消费趋势的掌握和新产品的研发都由总部负责,快捷地掌握行业信息和销售信息,降低了风险,从而大幅度地提高了创业成功率。

②对总部而言:帮助年轻的创业家实践事业理想,在减少资金和人力开拓市场的同时,总部企业有更多、更好的机会扩展其业务。

③对消费者而言：提供品质标准化、价格大众化的商品及服务。

三、连锁经营模式的优点

连锁经营模式在商业领域得到迅速的发展，其原因主要是连锁经营模式有以下几个优点：

①授权人只以品牌、经营管理经验等投入，便可达到规模经营的目的，不仅能在短期内得到回报，而且还能使无形资产迅速提升。

②被授权人由于购买的是已获成功的运营系统，可以省去自己创业不得不经历的一条"学习曲线"，包括选择盈利点、开拓市场等必要的摸索过程，降低了经营风险。

③被授权人可以拥有自己的公司，所有权属于自己，自己掌握收支。被授权人的经营启动成本低于其他经营方式，因此可在较短的时间内收回投入并盈利。被授权人可以在选址、设计、员工培训、市场等方面，得到经验丰富的授权人的帮助和支持，使其运营迅速走向良性循环。

④授权人与被授权人之间不是竞争关系，有利于共同扩大市场份额，创造双赢的经营模式。

连锁经营这一模式的实质，是企业运用无形资产进行资本运营，是实现低风险资本扩张和规模经营的有效方法和途径，这也是现代连锁经营模式能得以迅速发展的根本原因所在。

第二节 如何选择连锁加盟

一、为什么要选择连锁加盟

连锁加盟是一种简单、成功率较高的经营手段。它提供了一种双赢的经营模式。许多初次创业者缺乏资金和市场经验，连锁经营可以让不熟悉开店经营的人，以较小的风险开创自己的事业。与单一独立经营、独立创业相比，连锁经营具有以下几个优势：

①连锁经营加盟店的风险比较低。据一项调查，在投资者首次创业时，加盟成功率高达80%左右，而投资者自行开店的成功率则较低。

②连锁加盟店能减少创业初期的困难。一般来说，创业初期是最困难的，而加盟了连锁企业后，由于加盟总部拥有的连锁系统、商标、经营技术可以直接利用，比起投资者独创事业，在时间、资金和精神上都减轻了不少负担。同时，授权者通过输出自己成功的行业经营经验和管理模式，可以帮助加盟者改进管理。而加盟者可以在很短的时间内，花较少的精力学习到成功的经营管理经验与知识，少走很多弯路。

③连锁加盟店能获得消费者的信任。加盟者可以用较小的代价，分享授权者经过长期经营努力形成的品牌和信誉，从而有力地促进店铺的销售。即使是创业者新开的店铺，由于加盟店承袭了连锁系统的商誉，等于给顾客吃了"定心丸"，消费者在自己的消费行为不确定时，往往对品牌具有信任力量，促使消费者增加对加盟店的信任度并迅速作出购买决定。因

此,对于加盟者来说,借用知名品牌的声誉,实在是一件省心省力的事。

④连锁加盟店会减少同业的竞争。著名的连锁企业会有非常合理的网点布局,在某个区域的开店数量是经过严密计算的,所以加盟者不用担心自己店铺区域会出现相同品牌的竞争者。

⑤加盟店能获得系统专业的培训。加盟总部通常都会为加盟者提供系统专业的培训,以指导加盟店进行经营,在实践中学习,增加与同行交流的机会。

⑥加盟店可以及时享受总部产品设计和研发的成果。

⑦加盟店比自行创业拥有更为低廉的经营成本。连锁经营企业通过统一采购原材料,可以享受大批量购买优惠,增强与供应商合作的力度,降低采购成本、节约费用。如果自己创业,则商品原材料进货等因购买量小,进货成本高等,都可能遇到种种困难,而加盟店则由总部大规模生产及订制原材料,甚至连设施、杂项装备等,都可以便宜购进。

连锁经营企业可以集中资源,用于广告促销,降低广告促销的平均成本,加盟店不用再自己出钱,到处费力张贴广告做宣传。

当然加盟店也有自身的缺点,通常合同书上有详细的规定,加盟店不可能有太多的自主性及创意,不能按自己的意图经营,如果本地市场顾客不足,可能会造成经营失败风险。但是,连锁经营的优点大于缺点,对于初创业者,以及苦于资金或经验缺乏的人来说,可以尝试选择加盟经营模式。

二、怎样选择连锁加盟行业

选择行业是加盟的第一准则。创业者需了解行业的发展前景和准备开店地点的市场情况,如果行业在当地没有前景,或者这个行业在当地竞争已经很激烈,处于市场饱和状态,顾客量不足,难以维持经营,也就没有加入的必要了。具体来说,加盟行业的选择可以从以下5个方面进行:

①要选择一个成熟的行业。一个成熟的行业往往不会存在很大的危机和风险。

②要有良好的发展前景。如果这个行业正处于成长期,竞争对手还不太多,整个市场在今后的发展空间很大。在本地越早投入,获利的可能性越大,积累的经验就越丰富,赚钱的概率就越大。

③选择自己熟悉的行业。如果创业者对打算加盟领域的市场空间、经营方式等有一定的了解,再加上加盟成熟品牌的市场号召力,就更容易成功。

④选择利润较高的行业。

⑤要与本地市场具有兼容性。选择了连锁加盟行业,还要在当地进行大量的市场调查,分析此行业在当地的发展情况,是否具有兼容性,不要在没有经过市场调查分析的情况下盲目上马。

创业者还需了解我国哪些行业比较热门。从目前投资人加盟的热点来看,美容健身、汽车养护、便利店、服装店、家装电器、房屋中介、餐饮美食、洗衣店、物流快递等已成为投资热门。

三、如何挑选加盟品牌

选择什么样的加盟品牌对创业者非常重要。因为，选对品牌，经营顺利，销售增长快速，利润大增；选错品牌，销售不佳，市场拓展不开，收不抵支，提早关门。所以，创业者加盟连锁，第一步要选好品牌。挑选加盟品牌主要从以下几个方面入手：

①要看所加盟公司的基本情况。选择品牌不能偏信广告宣传，要了解品牌公司的基本情况，如果有条件最好到所要加盟总公司进行实地考察一番，同时还要去其他加盟店实地考察，了解其他店的经营情况，做到心中有数，不要被假冒伪劣的加盟所欺骗。

②要看其产品是否被市场认可。考察加盟品牌的"产品"本身是否有过硬的品质，项目的实施是否具有广泛的市场，当地的市场是否认可投资者，有没有产品的需求。

③要看所加盟的商标品牌的知名度。考察时要看加盟商标是否有知名度，在当地的口碑是否良好，产品是否受欢迎，是否适合当地的习俗。

④要看品牌公司对加盟者所提供的支持。要看加盟总部对加盟者有些什么具体的支持和服务。在签约加盟之前，要问清楚公司能够给加盟者提供什么样的培训和服务支持。因为加盟商大多是创业初期，缺乏生意经验，要保证生意高成功率，非常需要公司的经营培训支持，包括人力资源培训、广告、营运、后勤资源、配送系统等，店铺形象、商品陈列、货品管理、促销手段的运用、遇到问题的处理。如果加盟总部能够给加盟者提供足够的技术支持，加盟者的创业成功就有了一大半的保障，剩下的靠加盟者自己的努力。

⑤要看所要加盟品牌企业的规模。要了解将要加盟企业的规模，企业的发展历史、现状、未来的走势；目前有多少直营店、加盟店，企业的资产规模、销售额业绩。一般来说，企业创办时间越长，规模越大，在市场的信誉地位越高，商业实惠也越多。所以，选择加盟公司，尽量选择较大的公司，以便得到更多的实惠保障。

四、加盟连锁须注意的问题

加盟连锁认识的误区有以下 8 个：

①加盟连锁就一定成功，保证赚钱。

②事先缺乏基本知识，加盟后才发现需要许多资金及缴费，并且被约束不自在。

③加盟连锁赶潮流，别人能赚钱的项目马上跟进，肯定没错，也能发财，没有具体分析当地市场是否适合。

④听信连锁公司员工的吹嘘，自己不用心打听，没认真调查了解，糊里糊涂就加盟。签约后才发现与当初说的不同，加盟是为总店推销劣质商品。

⑤不选择自己熟悉的行业，投入技术难度高的加盟系统。

⑥不善于管理企业、不勤动脑，一切事务都听从总部的指导。

⑦不愿接受总部的指导，不执行总部的命令，不配合总部的计划，擅自变更作业规定。

⑧不善于积累管理经验，没有学习进取精神。

第三节　签订连锁加盟合同应注意的问题

一、如何签订公平合理的加盟合同

加盟合同是连锁双方未来合作愉快与否的基础,它规范了总部与加盟店的权利与义务的长期关系,具有法律约束力。因此,加盟者必须逐条研究其内容,必要时向相关的法律专家及同行人士咨询,有些事项在合同中必须特别注明。

1.合同序言

在合同的序言中应把合同中可能引起误解的文字用定义的形式加以解释、说明,以免将来出现不必要的纠纷,如在合同中列明加盟金、保证金、特许权使用费的概念。

2.特许权的授予

特许经营权的授予是指特许人给受许人使用的商标、商号、专有技术及经营模式等无形资产的权利,其中特许人要为这些权利设定具体的形式或范围。

3.业务种类

必须清楚加盟店售卖的货品种类及系列。对加盟店而言,可供销售商品越多则竞争力越大,销售收入越高。对于一些经常转换款式的货品,加盟店也应要求加进条文,规定每当总店生产销售市场最新产品时,应于一定的时间内通知加盟店,并提供最新货品以供加盟店销售。

4.总部供货的价格

一般在加盟合同中,总部都会要求加盟者一定要向总部进货,不得私下进货。加盟者应在签订合同时,要求总部供货的价格不得高于市场价格,或是高出市场行情几个百分点是可以接受的,以免事后因为价格问题产生矛盾。明确积压质次商品是否可以退货,防止总店高价推销商品。

5.费用支付

在特许经营合同中,特许经营费用问题既是说明的焦点,也是合同签订后的难题,要考虑费用是否合理。

①加盟金,在加盟时一次性支付,通常已包含初步培训、广告、装修及一些开业的支出,但一般不包括器材费用。加盟费的数额及其包含的项目应由双方协商商定。

②使用费,如加盟店使用总店的商标、商号、知识产权及接受管理培训及服务等的费用。一般需支付按销售额计算某个百分比的费用或确定一个定额。

③其他费用,如广告费、保证金等。视总店制定的政策及销售行业的惯例而定,总店有无投资资金支持等。

6.经营范围

通常合约订明加盟店只能在营业地址经营,不可在其他地方开设店铺经营相同业务。

总店应承诺在一定范围内不允许另一家加盟店开设。对这个范围有多大,必须在合同中写清楚。

7.关于违约的罚则

总店与加盟店双方约定的责任,一方不履行合同义务或履行合同的义务不符合约定的,要承担继续履行、采取补救措施或者赔偿损失等违约责任,特别应注意,总店不履行义务约定应承担的责任。

8.合同终止的处理

当事人协商一致可以变更合同,当合同履行结束后可以终止合同,出现不可抗力致使不能履行或者约定解除的条件出现可以解除合同。加盟方如果想退出加盟也可以与总店协商解决,约定合同出现纠纷时解决的办法。

二、利用现代连锁经营,壮大企业经营

有些创业者立志创业,常常因为找不到商机而愁眉苦脸。但有的创业者却能创业成功,经营顺利,而且有了成熟的经营经验和品牌。这是为什么呢? 其实只要创业者善于学习,利用外力,利用现代连锁经营模式,就能有效帮助创业者的事业发展。

有这样一个例子:

创业者李涛,20世纪80年代,单位分给他一套60平方米的住房,他将床和许多必需品搬到屋内后,有一张实木书桌放不下,于是他打算将它送到旧货市场卖掉。

这时来了一个收废品的乡下人,他问这张书桌卖不卖,李涛说卖价50元。其实邻居早先告诉他在旧货市场这张木桌子只能卖到10元,可是那人却用50元买下了这张书桌。

李涛好奇地问他:"在旧货市场是不能卖这么高价位的,你花50元将它买走,又卖去旧货市场,不亏吗,你准备如何处理它呢?"那人回答道:"我不是拿去旧货市场卖的,而是自己拿回家用的。在我们乡下,制作一张这样的实木书桌,人工费也超过100元,还需要材料费。我打算带回家给小孩学习用,城里一张书桌要500多元,没舍得买呀,农村人的生活哪比得上城市!"

这个发现使李涛十分兴奋,他觉得城市中许多人住进新房、家具、电器全部换新,原来的家电、家具都当废品处理。于是他迅速跟乡下的亲戚联系,决定在公路边开一家旧货商场,他在城里组织货源。由于价格比市场低很多,几千元的空调、电视、洗衣机只需几百元,用途跟买新的没有什么差别,很受农民欢迎。于是他辞职专门从事旧货生意,开设了几家分店,结果生意红火,利润十分可观。由于当地农村的经济收入还不高,很多家庭还买不起城里的新家具、新家电,旧家电在农村特别畅销,出现很多农民订货的局面。很多农村的个体商人也与李涛洽谈货源。旧货在农村的市场如此大,单靠自己个人的能力和资金是无法满足农村这个大市场的。于是,他想到连锁加盟,让他人去销售,自己负责供货就行了。

　　　李涛打出连锁经营的牌子,自己成为总店,不久他就有几十家各地的连锁加盟店。不到三年的时间,他创造了1 000多万元的财富。

　　李涛善于动脑子,善于学习新的经营模式,终于快速扩大了自己的业务。其实当我们创业成功,产品或项目很有市场,经营方式成熟,企业有一定的声誉和品牌的影响,个人扩展的能力受到资金、时间、空间等客观条件限制时,我们可以利用连锁加盟的外部力量迅速扩大和发展自己的事业。

　　连锁经营这一模式的实质,是企业运用无形资产进行资本运营,实现低风险资本扩张和规模经营的有效方法和途径,这也是连锁经营能得以迅速发展的根本原因所在。

【案例10.1】

连锁经营模式的发展

　　1859年,第一家颇具规模的连锁商店大美国茶叶公司(A&P)由美国的乔治·F.吉尔曼和乔治·亨廷顿·哈特福特在纽约创办。

　　1865年,美国胜家缝纫机公司,首创连锁经营式分销网络,从此雄霸美国市场。

　　20世纪50年代,麦当劳(现中国区改为"金拱门")、肯德基引入连锁经营体系,公司得到迅速发展的同时,完善了连锁经营业态。

　　20世纪六七十年代,连锁经营以其特有的生命力,冲破贸易保护主义的藩篱,从美国向世界各地蔓延。

　　20世纪70年代以后,日本的连锁经营以零售业和饮食业为中心迅速发展起来,并形成了自己的连锁经营体系。

　　20世纪80年代,全球连锁经营飞速发展,美国几乎每6.5分钟就有一家连锁店开业。马来西亚、新加坡,连锁经营也呈不断上升的趋势。

　　1859年,乔治·F.吉尔曼和乔治·亨廷顿·哈特福特在纽约创办了大美国茶叶公司,这是第一家颇具规模的连锁商店。在六年时间内,该公司发展了26家正规店,全部经销茶叶。在1869年更名为"大西洋和太平洋茶叶公司",到1880年时已经发展到100多家分店。在同一时期,另一家通过连锁经营取得成功的公司是"胜家缝纫机公司",它在1865年开始采用"特许经营"分销网络的方式进行产品销售,收到很好的效果,迅速打开产品销路,成为该行业的领导者。经过一百多年的发展,这一经营形式在世界各地得到迅速推广。

　　在中国内地,连锁经营的起步应该是皮尔·卡丹专卖店在1984年落户于北京。随后连锁作为一种企业组织形式在我国发展迅猛,尤其是以食品、零售、餐饮业等行业最具代表性。例如,上海"荣华鸡""华联";北京"福兰德""家家福";济南"百盛园""统一银座"等。对于连锁店的规模,不同国家有不同的法律规定:欧美国家一般认为连锁店至少要有10家店铺。连锁经营是经营同类产品或服务的若干经营单位,以同一商标、统一管理或授予特许经营权方式组织起来,通过对企业形象和经营业务的标准化管理,共享规模效益,获取竞争优势的一种经营组织形式和经营制度。

　　2001—2005年,是中国连锁业发展最快的几年。其中四年,中国连锁百强企业的平均年店铺增长率达51%,年销售增长率达38%,是连锁业快速发展的几年。

2006 年上半年我国连锁企业继续呈现良好的发展势头。全国前 30 家连锁企业 2006 年上半年销售额达 2 751 亿元(其中,直营店的销售额为 2 363.4 亿元,占销售总额的 86.1%),比 2005 年同期增长 25%;店铺总数为 15 563 个,比 2005 年同期增长 17.1%。百联集团有限公司(商业连锁部分)以 383.7 亿元销售额、6 451 家店铺的业绩稳居第一,销售额与店铺数分别比 2005 年同期增长 5.2% 和 9.4%。国美电器有限公司、苏宁电器集团、大商集团股份有限公司、家乐福(中国)管理咨询服务有限公司分别以 303 亿元、289 亿元、173 元亿元和 119 亿元的业绩排名第二至五位。

连锁经营进入中国时间不长,真正发展起来也是近十年的事。随着国际大企业进入中国市场,这种经营方式猛烈地冲击着传统的流通体系,迅速在中国蔓延,这种经营已遍布第三产业的几乎所有行业,特别是被广泛地应用于服务领域。连锁经营正迅速成为中国最具获利能力的投资方式和创业途径。

【案例 10.2】

创办百草粥店办成大型连锁企业

江西某城镇下岗工人程先生,只有初中学历,下岗时已经 50 岁了。在下岗期间程先生每天翻看报纸寻找工作,他也多次到人才市场求职。由于他无学历,年龄又偏大,无人聘他,眼看着生计问题难以解决。为了促进下岗职工再就业工程,当时的市劳动局给下岗职工每人提供 1 次免费培训,程先生从中懂得了创业的基本原理知识,得到了启发。

程先生回想起小时候在农村,一年不到 200 斤的口粮,一年四季靠粥填饱肚子。记得小时候有一次发高烧,浑身无力,没钱去医院看病,父亲用绿豆、大蒜熬粥给他吃,然后又上山采野菜、牛筋草、鸡骨草、金银花藤等草药继续熬粥给他吃,几天后病就好了。回想这件往事,给他一个启发,也许开粥店会有很大商机。如今生活水平提高了,鸡、鸭、鱼、肉、海鲜都吃腻了,天上、地下、水里可吃的都吃了,人们想吃清淡、养生的饮食,开一个粥店也许会成功。他马上对当地市场进行调查了解,除了在大饭店客人们吃饱后根据客人要求送上一碗白粥外,没有一间是专门开粥店的。他看到市场的前景,决定开一间粥店。

他将自己开粥店的想法与年迈的父亲说了后,父亲也很支持他,还把自己积累的民间流传的许多煲粥的草药良方传授给他。他没有多少积蓄投入开店,市场门店月租金都近千元,他的住房是在一楼靠近路边街道,决定利用自家的客厅开粥店。他拿出 2 000 元的积蓄购买了消毒柜、厨具等,粥店开张了。首先,他给自己的粥店起名为"百草苦味粥",本意希望经历过喝粥的苦日子的中老年人能成为他的首批顾客。开张不久,有人笑话他,你的粥是苦味的,谁会来光顾啊!一天有位老板开车经过,看到"百草苦味粥"的招牌,停下车来尝他的粥。闲谈中这位老板谈起自己也是喝粥长大的,非常有同感,赞赏说他的粥非常好,粥和招牌很有特色,坚持经营一定会成功。

后来人们听说本地有一家"百草苦味粥",都抱着好奇心来看究竟,来到粥店一看,定价 1 元、2 元一碗稀粥,比喝饮料、凉茶值,都想尝试一下这"苦味粥"如何苦如何难吃,结果一试,口感非常好,味鲜还很有特色。不少人因为各种身体不适的小病,喝了粥回去都觉得头脑清醒,身体舒服了。百草苦味粥的名声就传开了,越来越多的人来尝"百草苦味粥",有很多人变成这里的常客,生意一下火爆起来,出现排长队买粥的现象。同时,他不断总结煲粥的技巧,煲出消食、清肠胃、止咳、解暑、醒脑等不同功效的药粥。根据不同的季节及客户群体,开发出几十种粥,满足不同的消费群体需要。第一年他赚到6万多元。赚到第一桶金后,他马上租店面、聘请员工扩大粥店经营。"百草苦味粥"的牌子越做越大,在当地家喻户晓,几年后他成为了远近闻名的粥店大老板。

由于连锁经营模式传入我国,不少人找他要求加盟,他决定打出连锁粥店加盟总店的招牌,经过规范经营,他发展了几百家连锁粥店。

第一个粥店做成功后,程先生明白了两点:小企业便是大企业的开始,小企业的成功是做大企业的基础;企业经营品牌很重要,没有品牌就没有市场。如果没有经营好第一个粥店的品牌,就不可能有今天的大型连锁企业。在生意场上,不能因为利润微小就不去做,经营好利小的生意就是赚大钱的开始,是万里征程的第一步。

思考与练习

一、思考题

1. 连锁加盟的含义是什么,连锁经营的形式有哪些?

2. 连锁经营有哪些主要特征?

3. 为什么要选择连锁加盟经营?

4. 如何选择连锁加盟的行业与加盟品牌?

5. 创业企业选择连锁加盟须注意些什么问题?

6. 签订连锁加盟合同须注意些什么问题?

二、案例分析

某县城创业者刘某,通过网上选择外省某品牌的现代童装加盟连锁专卖店。为了慎重起见,他花了2 000多元到外省的总店实地考察了一番,看到总店虽然门店不是很大,但商场装修得豪华气派,商品陈列设计得有特色,整洁美观,墙上挂着许多知名品牌服装的奖牌和信得过连锁企业的奖牌,并听取了总店负责人的介绍。总店经营国内外知名品牌童装,该品牌童装专卖店全国有200多家加盟专卖店,加盟分店的年销售额达500多万元;童装市场很大,产品很畅销,经常断货。加盟专卖店,品牌商标加盟使用费3 800元,门店装修设计费收取5 000元,首期进货100 000元,年进货达到300 000元,还会返还利润5%;年进货达到500 000元,返还利润10%;年进货达到1 000 000元,返还利润20%。一个县城只准开一家专卖店,没有竞争对手,价格独家定价,一个县级城市,人口最少十几万,年销售额一百多万元能轻易完成。经营按30%利润计算,一年赚30万元加上总部奖励返还20万元利润,加起来一年就有50万元。刘某当即交了1万元的定金签订了加盟专卖店的合同,合同期限3年,到期可续约,按合同规定加盟只能由总店供货,不得从其他渠道进货。随后,刘某交齐余下的加盟费,一个星期后,总店派来人员指导装修设计,投资100 000多元进行装修,并顺利开张营业。

刘某首期进了100 000元的童装,款式较新,卖掉六七成后,继续追加进货200 000元童装。可是第二批发来的童装款式是过时陈旧的大路货,布料较差,不符合南方当地人的服饰消费特点,两个月也只卖掉十多套童装。即使减价也没卖掉几十套,20多万元的童装基本滞销。他与总店联系要求退货,可总店说根据加盟条约非质量问题不退换。当初没有想那么多,也不懂得仔细认真研究,只能哑巴吃黄连了。后又经多次在电话中交涉,总店答应现在没到新款的童装,先想办法促销,等过了这季节确实销售不完,总店正在购进一批新款的韩国新潮童装,到货时先多分些货给予补偿,并答应销不完的前批童装可换韩国童装,不过须先预付100 000元订货金,才保障优先供货。他想总店是指导帮助分店的,没有猜疑,为了维持经营,他追加100 000元定金订货,期望弥补前批童装的损失。又过了两个月,他再次打电话给总店,总店的电话欠费停机,他立即感觉不妙,马上到总店查看,这时总店已人去楼空。向临近饭店的老板打听,说该店开张不到一年,听说最近购进一家倒闭的服装厂处理的一大批童装高价卖给加盟店后关门走人了,连登记注册的姓名都是假的,前几天来了几批加盟店讨债的人也找不到总店的人就回去了。这时刘某才明白因为自己不专业,对连锁加盟经营了解不深,落入了骗子的陷阱,不得不自认倒霉。

　　本案例刘某选择加盟的经历对你有什么启发教育?往往被骗都是事后才知道是陷阱的,问题出在哪里?选择连锁加盟时应注意些什么问题?你认为创业者刘某选择加盟时有哪些做得不够?应吸取哪些教训?如果你要选择加盟企业,你会怎样做?

第十一章 创业项目的选择

　　许多创业者不知如何选择创业项目,不知道求助于谁,希望别人能推荐一个好的项目。其实创业项目的选择不在于项目本身,而在于自己,只要创业者具有创办企业与经营的专业知识,具备了经营创业企业的老板思维方式,就能依靠自己筛选出适合自己的创业项目。只要创业者具备了老板的思维和素质,细心观察周围的市场,研究市场,就会发现很多商机。创业的财富属于敢于创业实践的人。失败是成功之母,对于善于学习总结的创业者才有意义。

　　本章将介绍创业项目选择的思路,一般程序方法、注意的问题,了解国家产业政策、创业计划书等内容。

第一节　如何选择创业项目

　　许多人创业不知选择经营什么项目,常常问计于亲朋好友、同事、创业咨询专家、创业培训机构,但回答往往不能解决现实问题。本章介绍一些选择和评估项目的思路、一种思维方式,从而帮助创业者选择适合的创业项目。

一、创业者如何选择创业项目

　　一个好的创业项目是成功的必备条件,一个好的创业项目也许是创业者一生事业的起跑线。

　　创业项目的选择是一个棘手的问题。创业者选择什么项目,理论上是一个难以回答的问题。因为不同的创业者选择的标准、思考的角度、认识的方法、个人兴趣爱好、专业素质、投资期望值都因人而异,因而决策也不同。

　　虽然创业者选择决策的方法多种多样,但可以分成两类:一类是先知而后做,即对创业项目先预测分析、推测、比较选定后而实施创业项目;另一类是先做而后知,即先凭感觉选定创业项目,马上行动实施,在创业过程中不断根据市场选择项目,调整项目及方向,在一次又一次失败中总结经验。创业的成功者虽然是少数,但他们共同的特点是都具有创办企业经营的思维,在实践中善于学习总结。

　　1.创业项目选择的思路

　　(1)好的企业构思

　　创业者创业,首先要有好的项目构思、好的企业想法,选择方向要正确,挖掘出好的企业构思有两条基本途径:从生产技术专长出发;从顾客的需求出发。

创业者应当沿着这两条途径同时出发,开发企业构思。如果只从自己的专长出发,却不知道是否有顾客,市场在哪里,企业就可能失败。同样,如果不懂专业知识,没有技术生产高质量的产品或提供优质的服务,就没有人来买这些产品和服务,产品只能自己买单,企业也不会成功。有了好的企业构思,把它变成创业计划,变成行动的创业项目,目标才能实现。

（2）从收集的众多创业项目中筛选出适合自己的创业项目

今天创业者获得的创业项目的信息来源可能有很多,但创业者须制订自己的选择标准,筛选出适合自己经营的项目,主要从以下几方面考虑:

①从个人兴趣爱好、专业技能筛选出适合自己感兴趣的行业、创业项目。

②对初选的项目进一步分析、比较,对市场调查了解,从中选定最感兴趣的创业项目。

③创业项目需要的资金总量,是否符合自己的筹资能力。

④选定的创业项目经营的难度,自己是否有能力经营。

⑤企业需雇佣的人员数量,管理工作量的大小。

⑥项目年预计达到的收入水平。

⑦企业能否盈利,投资回收期,投资报酬率。

⑧市场的潜力如何。

⑨企业的投资环境,创业项目是否符合国家的产业政策,环保环境政策等。

（3）从经营成功的企业选择创业项目

跟随别人成功的企业选择创业项目,虽然会成为竞争对手,但对手的成功说明产品项目存在一定的市场,较容易切入市场,需要认真分析细分市场,选择竞争对手忽略或未涉及的细分市场经营,在产品成长期介入较容易分享成功,同时注意需具体问题具体分析,如果市场容量不够大,市场竞争激烈,产品趋向衰退,则避免进入。

选择加盟成熟成功的品牌知名企业,是创业投资者较好的选择。连锁加盟是一种简单、成功率高的经营手段,它提供了一种双赢的模式。连锁加盟让初次创业者在缺乏资金和市场经验的情况下,降低经营风险,学习经营经验。但同时应注意分析加盟品牌在本地市场的可行性,本地市场是否具有足够多的顾客。

2.创业项目选择的一般程序方法

①先选择市场,后选择项目。今天的市场经营观念是从消费者的需求出发,研究企业的生产经营,没有市场,就没有经营的项目。因此只有找到市场,确定目标市场,知道顾客是谁,顾客的容量是否足够大,才去寻找项目,确定创业项目。

②从市场趋势,选择经营的行业,确定经营项目。从市场的发展趋势来选择经营的行业,创业企业就能站在市场的前沿,企业进入产品的引入期或成长期,企业的市场潜力就大,投资回报高,经营风险小。如果企业选择的是产品的淘汰期,即使企业经营成功,最终还是被市场淘汰,成为短命企业。因此,需选择市场处于成长的行业,看市场的发展趋势,行业前景与市场潜力大小,不是看具体产品。

③对选定的项目进行市场评估分析,判断项目的可行性。一般创业者选择创业项目是凭个人感觉、兴趣、别人的介绍选择项目。而具有企业经营专业知识素质的创业者,主要从理性的方面选择项目,有能力运用定性和定量的分析方法,分析影响选定项目的因素,判断

项目的可行性。一是对创业项目进行市场评估,分析目标市场的潜力,目标顾客是谁,市场营销渠道、项目投资的回收期、投资报酬率、净现值报酬率、内涵报酬率等分析指标,二是综合各因素判断确定项目的可行性。先分析预测后实施,风险才是可控的;先创业实施,后总结风险就很大,而且大多是蛮干,创业经营的失败损失就大了。

④项目经营的难度评价。创业者是否具备经营的能力,生产要素是否具备,项目经营的技术要求,经营场所的要求、市场准入需要的员工技能,需要的人际关系资源、营销渠道等。

⑤产品和服务的优势,是否具有独特性。企业产品和服务是否有独一无二的优势。这些优势体现在技术、成本、创立的品牌等方面,而这些优势能保持多长时间。企业具有独特的优势是决定其他投资人是否加入投资的重要因素之一。

⑥投资风险性评估。通过大量的调查分析,对所有的信息进行分析,判断企业的成功率;风险性可能有多大,你能否承受这些风险。

⑦市场投资环境分析。项目的选择着眼于宏观是大机会、中观是中机会、微观是小机会。分析企业是否符合国家的产业政策,符合国家鼓励产业项目,是否会得到国家的扶持与政策支持,市场前景是否广阔;属于限制的产业会被淘汰,成为短命的企业;评估你的企业对环境的影响,一个企业对其环境的影响有可能是积极的,也可能是负面的。例如企业向人们提供了就业和收入,对社会环境产生积极的影响;另一方面,企业会开采大量的非再生资源,或生产过程中造成环境污染,因此可能对环境产生负面的影响,所以创业者需分析创业项目的环境。

⑧项目选择决策。通过对项目的综合评估分析,依据一定的标准,你对选择的创业项目是决定投资,还是放弃,需作最后的决策。如果决定实施,最后须编制详细的创业计划书,预测创业的企业是否能盈利,说明投资的目标以便向相关投资人介绍项目,使他们了解项目情况进而支持你的创业计划。

二、创业项目选择标准

创业项目的选择标准因投资观念、行业标准、市场地域不同,创业者选择的标准也会不同。

美国的比尔·盖茨总结了对选择创业项目的四大标准。

①最大的趋势:现在没有将来会有;现在少将来会多;现在多将来会没有。

②最大的市场:全球化(通过互联网能瞬间做到全球化)。

③最少的竞争:尽早做,最好是第一个做;独特,不容易被别人复制(生产经营专利产品,独家代理产品,创新技术)。

④最小的风险:投资少风险小。

最好的创业项目不一定适合自己,只有非常适合自己的才是最佳的选择,适合自己的项目才容易成功。在这里介绍创业项目选择的一般标准(仅供参考)。

1.创业者自己对项目是否感兴趣或者熟悉该行业

兴趣是一个人的动力源泉,只要对某项事情感兴趣一般都容易做好,并且会事半功倍。如果对某项事情不感兴趣,一般都不容易做好,即使最后做好了,也会是事倍功半。因此,正在艰难选择项目的创业者,最好选择自己感兴趣的行业和熟悉的项目。选择熟悉的行业和项目有两层含义:一是自己所学专业领域的项目,这当然是熟悉的了;二是对这个项目或者产品比较熟悉。这样可以少走弯路。

2.项目本身经评估是否具有可行性

项目本身是否科学和可行是创业成败的关键,如果项目本身经科学的评估不可行,即使付出再多的努力最终还是会失败。在选择项目时不仅要收集大量的资料和市场调查进行对比分析,还要通过充分的讨论和研究以后才下结论作出决策。

3.产品(或者服务)是否有市场,发展前景如何

首先要明确目标市场和目标顾客是谁,只有找到市场,产品才有经营的意义。如果生产出来的产品没有市场,这样的项目再好也不能选择。导致没有市场的原因可能有:一是质次价高,二是产品的安全性能不达标,三是产品不适合当地市场,四是营销策略的问题。其次需分析市场的发展趋势,前景如何。

4.自己是否有经营的能力

选择的项目自己是否有经营的能力,包括技术、资金、管理等能否解决。没有不存在困难和问题的创业活动,创业的过程也就是一个不断战胜困难和解决问题的过程。预测自己是否有能力解决所选择项目存在的困难和问题,如果存在的困难和问题自己无法解决,这样的项目不要选择。如果选择了有问题和困难还不能解决的项目,将意味着创业活动会半途而废,这样只会给自己带来损失。

5.项目经营是否可持续发展

有些产品的寿命周期很短,如以前有一种玩具"飞来飞去器"、健身器材"呼啦圈""流行的保健品""流行的健身器材"等,这些产品的盛销就像一阵风,这阵风吹过之后市场就饱和了。市场要有源源不断的需求,最好是反复重新消费的商品,只有选择这样的项目才可以持续经营发展。

6.能否找到自己的切入点

所谓切入点是指从何处着手,项目选择在哪里实施,创业所需的人、财、物等各种资源如何调集和动作。企业协作关系、企业内部的利益分配关系、与工商税务的关系、与顾客的关系、与投资者的关系,生产经营的各个环节需找到自己的切入点。如果哪一个环节出现问题或因某个因素的阻碍都会使整个创业活动受到影响,严重者甚至会被迫中断。

7.生产经营是否合法

创业项目要选择国家允许准入的行业和领域,同时考虑国家的产业政策、节能减排和环保要求。国家对于有些领域是明令禁止的,如军火的生产和经营、非法传销等。有些领域是有限制条件准入的,如制药、烟草等。有些行业是有资质限制条件准入的,如大型的建筑安装工程、矿山的开采等。对于普通大众的民用商品绝大部分没有限制,只需要守法经营和照章纳税即可进入。选择符合国家产业政策鼓励的项目,市场就广阔,而且会得到政策的扶持。所选择的项目及经营必须符合法律的规定。

8.业务小规模时被验证

当创业者瞄准某个项目时最好适量介入,以较少的投资来了解、认识市场,经过产品市场试销,投资被验证成功(或者别人经营同样的项目已经成功),自己分析认为有把握时,再大量投入扩大经营规模,放手一搏。一般来说产品处于成长期经营成功率大。

第二节　国家的产业政策

创业项目选择后还需了解创业投资的环境,了解国家相关的产业政策,了解相关行业的准入条件或资质条件,以及当地的投资政策规定。了解哪些是国家鼓励投资的项目,哪些是限令禁止的项目。如果创业者的投资项目是国家鼓励的,说明市场前景广阔,属于资源消耗低、低碳经济、综合效益好的产业,并且会得到国家政策的支持与扶持。如果属于国家限制的项目,说明市场前景狭小,不能持续发展,而且迟早会被市场淘汰,企业会成为短命企业,应尽早调整,国家禁止的项目更不能进入。

一、产业政策的概念、构成与作用

1.产业政策概念

产业政策是指政府通过对资源在各产业间和产业部门内部配置过程的干预,调节市场机制的缺陷和不足,使资源得到合理配置,从而促进经济增长和优化经济结构的手段与策略。产业政策一般包括产业结构政策、产业组织政策、产业技术政策、产业布局政策等内容。最直接的是向社会公布国家鼓励的产业、技术、产品目录,引导企业技术改造、新产品开发的方向,遏制低水平重复建设;同时,也成为指导财政、金融、税收、物价、土地、进出口等政府部门制定相应政策,指导社会投资方向的依据。产业政策既有鼓励的产业、技术、产品目录内容,也有限制、禁止的内容。产业政策的推行需要国家综合运用财政、税收、金融等多方面的措施,涉及产业结构、组织、技术及布局等各个方面,体现了较强的政府干预作用。产业政策是政府为了实现一定的经济和社会目标而对产业的形成和发展进行干预的各种政策的总和。干预包括规划、引导、促进、调整、保护、扶持、限制等。产业政策的功能主要是弥补市场缺陷,有效配置资源;保护幼小民族产业的成长;熨平经济震荡;发挥后发优势,增强适应能力。

2.产业政策的基本构成

产业政策包括产业组织政策、产业结构政策、产业技术政策和产业布局政策,以及其他对产业发展有重大影响的政策和法规。各类产业政策之间相互联系、相互交叉,形成一个有机的政策体系。

3.产业政策的作用

①国家加强和改善宏观调控。
②抑制固定资产投资过快增长。

③限制部分行业盲目扩张。

④有效调整和优化产业结构。

⑤提升产业素质,保持国民经济持续、快速、健康发展的重要手段。

二、国家产业政策的作用

①合理的投资规模有利于国家经济稳定增长,但是根据经济宏观调控目标的需要,对资金投向要加以引导,要"有保有压",引导投资向"三农"、结构调整、节能减排、自主创新、社会事业五个重点领域倾斜,同时要严格控制"两高"行业生产能力的盲目扩张。

②国家鼓励发展的产业方向主要是有利于促进产业结构升级的关键技术、装备和产品,以及需要重点发展的农业、现代服务业、环境和生态保护、资源节约及综合利用等经济社会发展的薄弱环节。

③产业政策是国家为了促进市场经济机制发育,弥补市场机制的缺陷和不足。通过调整资源在不同领域的配置,促进产业结构的优化,形成以农业为基础,高新技术产业为先导,基础产业和制造业为支撑,服务业全面发展的一、二、三产业协调发展格局。产业政策在资源配置方面的作用不是替代市场,而是遵循市场在资源配置中发挥基础性作用的同时,规范市场经济秩序,建立公平竞争机制,弥补市场缺陷。

④国家支持产业方向的确定依据。目前国内有从研究开发到实现产业化的技术基础,产业升级,有利于技术创新,推进创新创业,形成新的社会经济增长点;当前和今后一个时期有较大的市场需求,发展前景广阔,有利于提高短缺商品的供给能力,有利于开拓国内外市场;有较高技术含量,有利于促进产业技术进步,提高产业竞争力;符合可持续发展战略要求,有利于安全生产,有利于资源节约和综合利用,有利于新能源开发利用,提高能源效率,改善生态环境;有利于发挥我国比较优势,特别是中西部地区、东北地区等老工业基地的能源、矿产资源和劳动力资源等优势;有利于扩大就业,增加就业岗位。国家鼓励企业参与"一带一路"倡议中互联互通的产业。

三、当前国家政策关注的热点

1.西部大开发

国务院颁发了《国务院关于进一步推进西部大开发的若干意见》(国发〔2004〕6号,2004年3月11日)《重庆市实施西部大开发若干政策措施》(渝委发〔2001〕26号,2001年9月)大力推进西部经济发展。

2.长江经济带

长江经济带是指长江沿江附近的经济圈。长江经济带覆盖上海、江苏、浙江、安徽、江西、湖北、湖南、重庆、四川、云南、贵州等11省市,面积约205万平方千米,人口和生产总值均超过全国的40%。2014年9月,国务院印发《关于依托黄金水道推动长江经济带发展的指导意见》,长江经济带战略作为中国新一轮改革开放转型实施新区域开放开发战略,是具有全球影响力的内河经济带、东中西互动合作的协调发展带、沿海沿江沿边全面推进的对内对外开放带,也是生态文明建设的先行示范带。2016年9月,《长江经济带发展规划纲要》正式印发,确立了长江经济带"一轴、两翼、三极、多点"的发展新格局:"一轴"是以长江黄金水道为依托,发挥上海、武汉、重庆的核心作用,"两翼"分别指沪瑞和沪蓉南北两大运输通道,"三极"指的是长江三角洲、长江中游和成渝三个城市群,"多点"是指发挥三大城市群以外地级城市的支撑作用。

3.非公有制经济发展

①放宽非公有制经济市场准入。
②加大对非公有制经济的财税金融支持。
③完善对非公有制经济的社会服务。
④维护非公有制企业和职工的合法利益。
⑤引导非公有制企业提高自身素质。
⑥改进政府对非公有制企业的监管。
⑦加强对发展非公有制经济的指导和政策协调。

4.低碳经济、循环经济、绿色经济

国家发改委出台了《可再生能源产业发展指导目录》(发改能源〔2005〕2517号,2005年11月29日)提出了风能、太阳能、生物质能、地热能、海洋能和水能六个领域的88项可再生能源开发利用和系统设备/装备制造项目,对于《可再生能源产业发展指导目录》中具备规模化推广利用的项目,国务院相关部门将制定和完善技术研发、项目示范、财政税收、产品价格、市场销售和进出口等方面的优惠政策。

5.产业结构调整

国家发挥产业政策导向作用,推动产业结构优化升级。2005年国务院发布了《关于发布实施〈促进产业结构调整暂行规定〉的决定》,明确将《产业指导目录》作为引导投资方向,政府管理投资项目,制定和实施财税、信贷、土地、进出口等政策的重要依据。我国产业政策工作已由过去出台"行业管理政策"逐渐转变为制定"行业准入条件""健全和完善行业准入管理制度"。需要通过制定针对特定行业的产业政策来引导相关企业的投资行为。这一转变不仅意味着产业政策导向的变化,而且标志着政府管理产业发展的方式也在发生变化。

目前,国家新修订的《产业结构调整目录(2011年本)》已发布实施,创业者需要关注国家产业政策调整动向,了解国家产业政策中鼓励、限制、淘汰禁止类别,同时需了解当地政府每年制定的产业投资导向目录、产业准入条件。首先需选择进入国家鼓励的产业,能得到国家的准入,还会得到国家相关政策及金融的支持,避免涉及限制、淘汰禁止的行业投资,更好规避投资风险。

第三节　创业计划书

当创业者向创业企业相关人介绍创业项目时,不能仅靠口头说明,而且需要详细的创业计划书,下面将介绍创业计划书的相关知识。

一、为什么要制订创业计划书

创业计划书是商业计划书的一种。在市场经济的社会,资金是一切企业生存和发展的命脉,无论是把新技术转变成新产品,把新的设想项目变成现实,还是对企业的更新改造,扩大发展,都离不开资金。创业企业更是如此,不管项目选择如何好,设想如何详细,但是没有资金,还是纸上谈兵。当前银行对企业的贷款日益严格把关,许多企业普遍感到申请贷款已经越发困难。特别是创业企业的初始阶段和成长阶段,更是感到一金难求。一份优秀的创业计划书也会成为创业企业吸引资金的"敲门砖"和"通行证"。

创业者除了自己筹集资金外,还要向投资者筹集入股资金,向金融机构借入资金,向风险投资企业吸收创业资金,但是创业计划书的好坏,往往决定了投资是否成功。

对初创的风险投资创业者来说,创业计划书的作用尤为重要。一个酝酿中的项目,往往很模糊,通过制订创业计划书,把正反理由都书写下来,通过书面再逐条推敲,这样就能对这一项目有更清晰的认识。可以这样说,创业计划书首先是把计划中要创立的企业推销给了创业者自己,使创业项目的轮廓更清晰,能更详细地规划。其次,创业计划书还能帮助创业者把计划中的风险推销给风险投资家。创业计划书的主要目的之一就是筹集资金。在中国风险投资成长的今天,创业计划书在创业投资中的作用也越来越被人们重视。一个创业融资项目要获得风险投资者的青睐,良好的投资策划和财务计划的包装是融资过程必不可少的环节,许多创业者渴望获得融资,不是项目本身不好,也不是项目回报不高,而是项目的创业计划书的编写让投资商感到失望。

目前,中国的企业在国际上融资的成功率不高,一位亚太地区项目评估专家在上海融资研讨会上指出:"中国许多项目很有发展和开发价值,可是项目递交上来后,给我们的第一印象是,项目的专业术语引用很少,其编写不是来自专业机构或专业人士。其次,是没有按照国际融资的要求及规定内容来编制,这个问题在中国特别严重。在初审送来的项目计划中深感资料中缺乏有力的数据,非定量的空话太多。中方在项目的前景分析中,效益谈得很多,风险讲得很少,并且两者都缺乏严密的科学理论依据。"

二、创业计划书是创业者的创业指南和行动大纲

创业计划不是凭感性喜好的冲动,而是理性的行为。因此,在创业前制订一份较为完善的计划是非常有意义的。第一,在制订创业计划时会比较客观地帮助创业者分析创业的主要影响因素,能够使创业者保持清醒的头脑;第二,一份比较完善的创业计划,可以成为创业者的创业指南或行动大纲。通过制订相应的创业计划书,创业者会对自己的创业企业的各个方面有一个全面的了解。它可以更好地帮助创业者分析目标客户,规划市场,形成定价策略,对竞争性环境的界定,以求创业企业的经营成功。

有了创业计划,就可以按"计划"逐项进行工作,并努力付诸实践,在实践中调整、修订计划日臻完善,使之真正成为整个创业过程中的"行动指南"。一份成功的创业计划应明确经营的规划、步骤和要达到的目标。

三、创业计划书的主要构成要素

不同产业的创业计划书,形式有所不同。但是,从总体方面来说,所有的创业计划书都应该包括摘要、主题、附录3个部分。摘要是对整个创业计划书的高度概括;主题是创业计划的核心,创业者向投资者一一展示他们所要知道的所有内容,说服投资者,使他们充分相信你的项目是一个值得投资的好项目;附录经常作为计划书的补充说明部分。每份创业计划书在附录中都会附有大量的财务预测,作为执行计划和财务计划中的有关财务数据的总结。创业计划书的主体部分包括的主要要素有以下几个:

1.创业企业创业的战略规划

创业战略是在创业资源的基础上,描述未来方向的总体构想,它决定着创业企业未来的成长轨道以及资源配置的取向。创业战略与企业非创业阶段战略的不同在于:它主要包括创业企业的核心能力战略和企业定位。核心能力战略是创业企业的根本战略,不仅决定着创业企业能否存续,而且决定创业企业能否实现成功的跨越和进一步发展。而企业定位则包括创业产品定位和创业市场定位,决定着创业企业能否成功地进入市场并立足市场,进而拓展市场。反观中国许多创业企业,一不缺乏创业资本,二不缺创业技术的情况下,往往只是因为缺乏准确的创业战略而使企业走向夭折。战略规划包括目的,达到目的的程序,进度时刻表等,并列出任何可能会影响规划的情况,考虑好调整、应变的措施。

2.市场分析

市场分析,包括目标顾客情况、市场容量和发展趋势、竞争对手的优势分析。创业者的想法在市场上能否奏效;这个市场发展有多快;目标市场在哪;目标顾客是谁? 美国公司和中国公司有很大的差别,中国的公司认为它需要向每一个人提供自己的产品和服务才能够获得成功,而美国和欧洲的公司则会认清自己的目标市场,然后为特定目标市场提供专门的服务。所以,建议创业者在计划书中一定要明确指出目标市场是谁。这样在执行时会比较容易,能够针对目标市场展开营销活动和促销活动。在这部分一定要提到谁是竞争者,他们在做什么,他们的主要客户是谁,他们是否在盈利?

3.市场营销计划

市场营销计划包括产品或服务、定价、渠道、促销。你如何将这些产品和服务递交到客户手中呢? 例如,如果面对的客户是消费者,那么就要注重产品的广告;如果面对的客户是企业,就要注重销售人员的公关营销。在这里,最重要的是如何给产品制定价格。对于新创公司来讲,公司是否盈利很大程度上取决于产品价格。

4.机会及风险

创业者一定要选择有经验的和自己所喜爱的工作。但也必须注意:所选择的事业本身必须有发展前途,前景可观。如果所选择的业种本身效益不佳,就需要重新研究确定想进入的行业。在前景不佳的行业内,则很难成功。即使是所熟悉的行业,也须创业者有独到的眼光和别人尚未发现的商机,同时,必须预测来自各个方面的风险大小,如市场风险、执行计划中的风险。在计划书中不仅要逐一列出这些风险，还要根据不同风险制订出不同的解决方案。

5.企业财务计划

企业财务计划包括固定资产、变动成本、销售利润预测、盈亏平衡分析、现金流量分析。你需要多少资金，你在什么时候需要这些资金？投资者希望你能逐渐投入这些资金，而不是刚建立公司时就大量投进去。作为一个创业者，在选择投资者时要非常谨慎。在今天，金钱已经成为一种商品，在任何地方都能得到这种商品，但是更重要的是金钱以外的东西。实际上投资人不仅能带来资金，他们还能带来像政府关系和技术这类服务。所以在一开始就要想清楚要投资者能带来什么，同样的投资，能给企业带来什么附加值。需要选择怎样的投资者。

四、如何撰写创业计划书

撰写创业计划书一般包括以下几个内容：

1.计划摘要

计划摘要列在创业计划书的最前面，它是浓缩了的创业计划书的精华。计划摘要涵盖计划的要点，以求一目了然，以便读者能在最短的时间内评审计划并作出判断。

计划摘要一般要有以下内容：公司介绍；投资者背景介绍；主要产品和业务范围；市场概貌；营销策略；销售计划；生产管理计划；管理者及其组织；财务计划；资金需求状况等概况介绍。

2.产品(服务)介绍

在进行投资项目评估时，投资人最关心的问题之一就是风险企业的产品、技术或服务能否以及在多大程度上解决现实生活中的问题，或者风险企业的产品(服务)能否帮助顾客节约开支，增加收入。因此，产品介绍是创业计划书中必不可少的一项内容。通常，产品介绍应包括以下内容：产品的概念、性能及特性；主要产品介绍；产品的市场竞争力；发展新产品的计划和成本分析；产品的市场前景预测；产品的品牌和专利。

3.市场评估

市场评估包括目标顾客情况、市场容量和发展趋势，竞争对手的优势分析，项目的可行性分析，企业项目的发展前景，未来市场的发展趋势等。

4.企业人员组织结构情况

有了产品项目之后，创业者第二步要做的就是组成一支具有知识和技能的员工团队去执行你的计划。

5.市场营销计划

市场营销计划包括产品或服务、定价、渠道、促销等策略。在创业计划书中，营销策略应包括以下内容：营销渠道的选择；营销队伍和管理；促销计划和广告策略；价格决策等。

6.市场预测

市场预测首先要对需求进行预测。市场是否存在对这种产品的需求,需求程度是否可以给企业带来所期望的利益,新的市场规模有多大,需求发展的未来趋向及其状态如何,影响需求都有哪些因素? 其次,市场预测还要包括对市场竞争的情况,企业所面对的竞争格局进行分析。市场中主要的竞争者有哪些,是否存在有利于本企业产品的市场空当,本企业预计的市场占有率是多少,销售收入能达到多少,本企业进入市场会引起竞争者怎样的反应,这些反应对企业会有什么影响等。

7.启动资金需求预测

企业需要多少资金,对固定资产、流动资产的资金需求进行预测,机动周转金,资金总量需求。

8.财务计划

财务计划包括销售收入预测计划、销售成本利润计划、现金流量计划、财务指标分析,投资回报率等。

财务规划需要花费较多的精力来做具体分析,其中就包括现金流量表、资产负债表以及损益表的制备,通过计划测算来反映企业的效益和企业资金的需求,使投资者了解资金运用。

最后附录补充说明,需要进一步说明有关资料采用附件,例如申请哪种营业执照、产品或服务目录、价格表、岗位责任、工作定额等附在创业计划后面。不同类型的企业可以用适合自己情况的格式来写创业计划,格式大都大同小异。

五、制订开办企业的行动计划

个人创业的念头在很多人的心中闪动过,真正由心动到行动的为极少数,在极少数中能有老板思维的人更少。大多数人是人们常说的那种晚上想想是千条路,早晨起来走原路的人。创业者需要知识,也需要勇气,敢于行动,才能在实践中成长。

个人创业者选定自己的创业项目,汇集了创业所需的全部信息,制订了详细的计划书,这使创业者的创业构思在变成现实之前进行了一次纸上测试,但如果没有行动计划,再好的创业计划也还是纸上谈兵,仍然是虚拟的计划,不能变成现实的财富。创业是属于敢于承担风险,敢于行动的人;财富属于创业实践者拥有,只有在实践中才能积累财富。经济理论学者不是实践者,是指导实践的指路人,企业家才是创业的实践者。

一旦决定开办企业,实施创业计划,就会有许多工作去做,安排这些工作最好的办法是制订一份行动计划,按计划各司其职。只有作充足的准备,创办企业才可能成功。

创业的过程是艰辛的,但只要执着地追求,就能达到目标,成为财富的拥有者。

【小贴士】

创业项目选择七窍门

1. 诀窍一：男人不如女人

西方商界有句名言：做女人的生意，掏女人的腰包。市场调查表明，社会购买力70%以上是掌握在女人手里，市场目标定位在女人，你会发现有更多的机会。

2. 诀窍二：大人不如小孩

儿童消费市场大，随机购买性强，加上容易受广告、情绪、环境的影响，向这种市场投资是一种富有生命力的选择。

3. 诀窍三：多元不如专业

品种丰富，大众买卖，这是一般投资者的思维定势。专业化生产及流通容易形成技术优势和批量经营优势，如近年闻名退迩的温州小商品市场、义乌服装市场等，红红火火，走遍世界。

4. 诀窍四：做生不如做熟

俗话说"隔行如隔山"，投资者选择自己熟悉的行业，就能拥有更多的信息，知道市场发展的方向，就能够作出正确的判断与决策。

5. 诀窍五：大型不如小型

大型项目运行后，单位成本小、技术基础强容易形成支柱产业，但资金需求量大、管理经营难度大。而一般投资者，只要是做民间性质的投资就宜选择投资小、见效快、技术难度系数低的投资项目。

6. 诀窍六：重工业不如轻工业、服务业

重工业企业投资周期长、耗资多、回收慢，一般不是民间投资角逐的领域。小商品轻工业、服务业无论是生产加工，还是流通贸易，经营产品服务尤其是消费品，风险小、投资强度和难度小，容易在预知短期内见效，因此特别适合民间资本投资。

7. 诀窍七：用品不如食品

政府除了技术、卫生管理、健康安全监督外，对食品业的规模、品种、布局、结构，一般不予干涉。食品业投资可大可小，进入容易，选择余地大。

【案例11.1】

负债经营靠诚信

有一位富翁，他从创业到事业辉煌，都是靠负债经营，几十年过去了，却从来没有出现过偿债风险，银行一直对他十分信赖。

有位年轻人感觉很惊讶，便向他请教成功的秘诀，富翁回答道："我把还钱当存钱。""我不明白是什么意思，能再说得详细一点吗？"年轻人不解地问。

富翁进一步解释说:"在过去几十年里,我每次都按时归还贷款,从来都不拖欠。时间长了,我在银行的信誉就非常好,表面上我是还了一笔债,实际上我是把钱暂时存在银行里。银行认为我守信用、有诚信。每当我有困难的时候,我随时可以把还的钱再借出来,银行经常还问我钱够不够。如此,整个银行成了我的金库,何来偿债的风险呢?"

年轻人明白了诚信原来也是经营者取之不尽、用之不竭的财富。

【案例 11.2】

百元起家成为"爆米花大王"

湖北有位下岗职工牛先生,投资 100 元经商,没想到这笔 100 元的投资,却让他成为了百万富翁。

牛先生下岗后,为了担起养家糊口的重任,经过一段时间的研究和观察,他发现了爆米花这项好生意。

20 世纪 80 年代,用高压锅爆爆米花的新技术刚传到湖北,还算比较稀罕的技术。与传统技术相比较,新的技术省力、省时,并且环保,爆出的爆米花口感好,香甜,色泽鲜艳,十分受消费者欢迎。另外,这项新技术成本很低,购买爆爆米花的设备高压锅还不到 100 元。

这项买卖投资少、竞争少,不起眼,风险低、收入高,被牛先生看好了。他把家里煮饭用的高压锅改造成爆爆米花锅,并购进一套单头灶具,购买了玉米、白糖、奶油等原料,总共不到 100 元的成本。另外,牛先生还做了块三合板材质的招牌,用毛笔写下了"牛家爆米花"几个字,挂起来就开张了。生意开张后的第一天,他就卖了 60 多锅。那时候一锅只卖 5 元钱,一锅的利润也不过五六角钱,但一天算下来的收入也有 30 多元,而当时工人的月工资不足 50 元。过了一个月,牛先生清点一个月的收入,发现爆爆米花的利润非常高,一个月的纯收入就有好几千元,生意兴隆比牛先生想象预料的还要好。第二个月,买爆米花的人都要排起队来了。

经过一段时间的摸索和经营,牛先生已经成为爆爆米花的行家了,他根据顾客不同的需求、口味添加辅料,为顾客定做各自所需的爆米花。先前顾客只能一锅一锅地买,有些顾客吃不完就造成浪费,从而影响了销量。牛先生灵机一动,分包卖不就解决了吗,分成大小规格不同的包装来卖,销售营业额快速上升。

后来,牛先生增添设备,又开设了另一家爆米花专卖店,扩大了经营规模,聘请了几个工人专门生产,一天能卖三四百锅爆米花,日营业额超过 10 000 元,年销售额超过几百万元。虽然他的爆米花专卖店销售形势喜人,但牛先生并不裹足不前,不断推出新产品,改成精致包装并标上商标,远销外地,并获得很好的经济效益。

几年光景,他就成为百万富翁,成为下岗工人再就业的明星。不起眼的小小爆米花被牛先生爆出了名堂,他也成为爆米花大王。

思考与练习

一、思考题

1.创业者如何选择创业项目？

2.创业项目的选择程序一般包括哪些方面？

3.创业项目的选择应注意什么问题？

4.好的创业项目是否一定适合你的创业企业？为什么选择同一个创业项目有的创业者成功了，而有的创业者失败？

5.产业政策概念的含义是什么？产业政策一般包括哪些内容？

6.为什么创业企业须考虑国家产业政策？

7.为什么要制订创业计划书？

8.创业计划书的主要构成要素有哪些？如何写好创业计划书？

9.如果你决定创业，你选择创业项目的标准是什么？

二、实训练习

筛选一个适合你的创业项目，编写一份创业计划书。

附 录(计划书样式)

创业项目计划书

企业名称 _____

姓　　名 _____

日　　期 _____

通信地址 _____
邮政编码 _____
电　　话 _____
电子邮箱 _____

目　录

一、创业企业概况

（说明：企业简介包括创业项目、企业的类型、经营行业或范围，主要经营产品或服务，企业人员规模、企业的投资规模效益及发展规划等）

企业类型（选择适合项打"√"）：

☐生产制造 　　☐ 农业 　　☐ 新型产业 　　☐ 传统产业

☐零售 　　☐批发 　　☐服务 　　☐其他

二、创业者的个人情况及投资者背景介绍

1.创业者以往的简历或相关工作经验、技能、专业知识、教育程度等

2.投资者（或合伙人）相关情况简介

三、创业项目市场评估分析

（说明：市场评估分析包括行业分析，目标市场或目标顾客分析、市场容量及发展趋势分析、项目可行性分析、市场竞争分析、企业优势、市场占有目标及发展策略等）

四、创业企业的组织形式

1.创业企业注册的属性（企业登记注册）（选择其中一项打"√"）

□个体工商户　　　　　　　□个人独资企业

□合伙企业　　　　　　　　□有限责任公司

□股份有限公司　　　　　　□其他

2.创业企业注册的名称：_____

3.创业企业注册的地点：_____

4.投资者投资协议主要内容

内　容 条　款	创业者投资（个人投资）	合伙人	合伙人	合伙人
出资方式及出资数额				
出资期限				
利润分配与亏损分摊比例				
经营分工、权限和责任				
合伙个人负责的责任				
其他条款				

5.创业企业办理相关登记(选择适合项打"√")

工商注册登记 □　　　税务登记 □　　　社保登记 □

特种行业许可证 □　　卫生许可证 □　　行业经营许可证 □

上岗证(如健康证、电工上岗证、工种岗位证等)□　其他 □

注册或登记项目	预计费用	备注说明
合　计		

五、创业企业人力资源计划

1.创业企业人员规模计划

人员工种	岗位分工设置	人　数	工　资	其　他
业主或经理				
管理人员				
员　工				
其他人员				
合　计				

2.保险、福利待遇

保险福利种类	保险费计划额/(元·月$^{-1}$)	备注说明
员工社会保险		
商业保险		
企业其他保险		

六、创业企业产品定价及市场营销策略

1.产品或服务

产品或服务	特点介绍

2.产品成本价格计算

产品项目	材料成本	人工成本	费用成本	产　量	成本单价

3.产品或服务定价

产品或服务项目	成本预计	销售定价	竞争对手的价格

4.营销政策制订

销售方式对象:(选择一项并打"√")	最终消费□　　　零售商□　　　中间商□
批发销售定价(折扣率)	
赊账销售	
其他(集团消费)	

5.企业地点选择

营业场所 (办公或营业)	地　　址	面积/平方米	租金或自建成本/元

6.促销方式

促销项目	实施方式	预测费用/元	
人员推销		成本预测	
广　告		成本预测	
公共关系		成本预测	
营业推广		成本预测	

7.产品或服务定价采用的营销策略简述

七、创业企业启动资金需求计划

1.固定资产

(1)生产经营用工具和设备

名　称	数　量	单　价	总费用/元
合　计			

(2)交通工具

名　称	数　量	单　价	总费用/元
合　计			

(3)办公用品家具和设备

名　　称	数　　量	单　　价	总费用/元
合　　计			

(4)固定资产和折旧计算(折旧年限按5年计算)

项　　目	价　　值	折旧年限	年折旧/元	月折旧额/元
工具的设备				
交通工具				
办公家具和设备				
店　　铺				
厂　　房				
土　　地				
装修费用				
品牌形象投资(如广告)				
其　　他				
合　　计				

2.开办费计划

(1)开业营业前的开支成本预计

项目内容	筹备期间/月	预测费用/元	备　注
证照注册或登记费			
前期营运费用			
市场调研费用			
人员工资费用			
合　　计			

(2)开办费摊销

摊销项目	价值/元	摊销期(年或月)	月摊销额	备　注

3.流动资产(流动资金月计划)

(1)材料或商品资金(商贸及服务企业商品资金)

名　称	数　量	单　价	总费用/元
合　计			

(2)其他经营费用(不包括折旧费)

项　目	费用/元	总费用/元
业主的工资		
雇员工资		
租　金		
营销费用		
公用事业费(水电、通信)		
维修费		
保险费		
登记注册费		
财务费用(借款利息)		
其他管理费用		
其他开支		
合　计		

4.创业企业启动资金需求预计(流动资金一般预计3~6个月):

项　目	固定资产投资/元	开办费/元	流动资产投资/元	机动资金	合　计/万元

八、销售收入预测(12个月)

产品或服务 \ 销售		1月	2月	3月	4月	5月	6月	7月	8月	9月	10月	11月	12月	合计
(1)	销售数量													
(1)	平均单价													
(1)	月销售额													
(2)	销售数量													
(2)	平均单价													
(2)	月销售额													
(3)	销售数量													
(3)	平均单价													
(3)	月销售额													
(4)	销售数量													
(4)	平均单价													
(4)	月销售额													
其他	销售数量													
其他	平均单价													
其他	月销售额													
合计	销售总量													
合计	销售总收入													

九、销售和成本计划(12个月)

项目 \ 金额/元		1月	2月	3月	4月	5月	6月	7月	8月	9月	10月	11月	12月	合计
销售	含流转税销售收入													
销售	流转税(增值税等)													
销售	销售净收入(A)													
成本	一、材料成本:													
成本	二、人工成本:													

续表

项目	金额/元	1月	2月	3月	4月	5月	6月	7月	8月	9月	10月	11月	12月	合计
成本	三、费用:													
	租　金													
	水电、通信													
	营销费用													
	保险费													
	登记注册费													
	财务费用（贷款利息）													
	折旧费													
	其　他													
	总成本（合计）（B）													
利润（A-B）														
税费	企业所得税													
	城建税、教育附加费													
	其　他													
税后净利润														

十、创业企业利润计划（预测半、全年利润数）

项　目	行次	半年预计数/元	年预计数/元	上年实际数
一、主营业务收入	1			
减:主营业务成本	2			
主营业务税金及附加	3			
二、主营业务利润（亏损以"-"填列）	4			
加:其他业务利润（亏损以"-"填列）	5			
减:营业费用	6			
管理费用	7			
财务费用	8			

续表

项　目	行次	半年预计数/元	年预计数/元	上年实际数
三、营业利润（亏损以"－"填列）	9			
加:投资收益（损失以"－"号填列）	10			
补贴收入	11			
营业外收入	12			
减:营业外支出	13			
四、利润总额（亏损以"－"号填列）	14			
减:所得税	15			
五、净利润（净亏损以"－"号填列）	16			

参考文献 | REFERENCES

[1] 张海林.财务管理[M].2 版.北京:高等教育出版社,2005.

[2] 陈炳勋.经济法律法规[M].2 版.北京:高等教育出版社,2005.

[3] 冯金祥,张再谦.市场营销知识[M].2 版.北京:高等教育出版社,2007.

[4] 王建民,李强,曹荣,等.市场营销基础[M].北京:中华工商联出版社,2007.

[5] 金永红,崔慧贤.创业工具箱[M].北京:中国致公出版社,2009.